Reinhart Stalmann

# Psychosomatik

Wenn die Seele leidet,
wird der Körper krank

Ein Therapeut erklärt Fälle
aus der Praxis

Fischer Taschenbuch Verlag

Vom Autor durchgesehene und um ein Kapitel
zur Gestalttherapie ergänzte Ausgabe

Veröffentlicht im Fischer Taschenbuch Verlag GmbH,
Frankfurt am Main, Juni 1984
Lizenzausgabe mit freundlicher Genehmigung
des Kindler Verlages GmbH, München
© Copyright 1979 by Kindler Verlag GmbH, München
© Copyright für das Kapitel Gestalttherapie
by Fischer Taschenbuch Verlag GmbH, Frankfurt am Main 1984
Umschlaggestaltung: Jan Buchholz/Reni Hinsch
Foto: Harro Wolter
Gesamtherstellung: Clausen & Bosse, Leck
Printed in Germany
880-ISBN-3-596-23332-1

# Inhalt

# Zweiter Teil

# Anstelle eines Vorworts:
## Für die Seele den Pfarrer?

Ich erinnere mich an einen Stabsarzt, der mir während des Krieges im Feldlazarett erklärte: »Mein Lieber, für den Körper ist der Mediziner zuständig, für die Seele der Pfarrer.« Obwohl ich damals noch sehr jung war, wußte ich, daß das nicht stimmen konnte. Der Mann hielt die Seele offenbar für eine Art religiöses Organ. Ich lag mit zerschossenem Bein auf einem Strohsack, wartete auf den Abtransport, und mein psychischer Zustand war miserabel; was hätte ich da mit einem Pfarrer anfangen sollen, zumal mit einem Militärpfarrer?

Tatsächlich kann man Körper und Seele nicht voneinander trennen. Denn der Körper reagiert immer auf seelische Vorgänge und umgekehrt. Wenn wir starke physische Schmerzen haben, leiden wir auch psychisch darunter, und wenn wir seelisch belastet sind, bleibt das nicht ohne Wirkung auf den Körper. Sind wir sehr traurig, dann verzerrt sich die Muskulatur unseres Gesichts und unsere Augen quellen über von einer salzigen Flüssigkeit, die wir Tränen nennen. Sind wir in heiterer Stimmung, dann ist unser Gesicht – ja die gesamte Muskulatur unseres Körpers – entspannt, wir lächeln sozusagen automatisch. Und sind wir besonders lustig, zieht sich unser Zwerchfell stoßweise zusammen, manchmal so heftig, daß uns nachher der Bauch weh tut. Niemand wundert sich darüber, weil wir das so gewohnt sind, obwohl es sich da doch um bemerkenswerte Reaktionen handelt.

Das Problem liegt nun darin, daß wir nicht genau wissen, was die Seele eigentlich ist und wo die genaue Grenze zwischen Leib und Seele liegt. Sigmund Freud machte sich eine Hilfskonstruktion und sprach vom »Psychischen Apparat«. Mit diesem hypothetischen Konstrukt konnte er ausgezeichnet arbeiten, doch war es nur für sein eigenes, noch heute umstrittenes Theoriengebäude brauchbar. Die Verhaltenspsychologen benutzen das Wort Seele oder Psyche überhaupt nicht, für sie sind seelische

Vorgänge nichts weiter als Reaktionen auf bestimmte Reize, die dann unser Verhalten steuern. Also haben wir gar keine Seele? Das wäre – global gesehen – wohl zu simpel, wenn auch ihre Existenz streng wissenschaftlich nicht bewiesen werden kann.

Wie körperliche und seelische Vorgänge ineinanderfließen, ist noch nicht erforscht. Wir wissen nur dies: körperliche Prozesse sind physikalisch-chemischer Natur, seelische Prozesse sind psychologischer Natur, d. h., sie äußern sich in Gefühlen, Gedanken, Empfindungen und können weder mit dem Elektronenmikroskop noch mit dem Voltmeter, noch im Reagenzglas beobachtet werden. Wir wissen ferner, daß die rund 12 Milliarden Nervenzellen unseres Gehirns auf uns unbekannte Weise mit dem »Seelischen« verbunden sind, daß sie alle Vorgänge im Körper auslösen, und daß andererseits diese Vorgänge wieder auf die Seele (das Gemüt, das Gefühl, den Geist) zurückwirken – im Positiven wie im Negativen.

Dies komplizierte Wissenschaftsgebiet nennen wir »Psychosomatik«. Jener oben erwähnte Stabsarzt hatte davon offensichtlich noch keine Ahnung, sonst hätte er vielleicht gesagt: »Für den Körper ist der Mediziner zuständig, für die Seele der Psychologe.« Aber auch das wäre nicht ganz richtig gewesen. Denn da Körper und Seele auf so geheimnisvolle Art miteinander verzahnt sind, bedarf es bei der Behandlung psychosomatischer Störungen einer engen Zusammenarbeit zwischen beiden Disziplinen.

Dies Buch ist für den sogenannten Laien geschrieben, womit in keiner Weise etwas Abwertendes gemeint ist, im Gegenteil: für mich hat der gebildete Laie immer höher gestanden als der ungebildete Fachmann. Meine Arbeit erhebt also keinen Anspruch auf wissenschaftliche Akribie oder gar Vollständigkeit; sie soll dem Leser die Zusammenhänge zwischen körperlichen und seelischen Funktionen so darstellen, daß er sie ohne Zuhilfenahme eines psychologischen oder medizinischen Wörterbuches verstehen kann. Natürlich zwang dies gelegentlich zu Vereinfachungen komplizierter Vorgänge (aber die vereinfachende – nicht oberflächliche – Darstellung eines Stoffes erfordert zuvor dessen gründliche Durchdringung).

Mich hat die Praxis immer mehr interessiert als die Theorie, mit anderen Worten: erst wenn ich die Praxis kannte, wurde ich neugierig auf die Theorie, die dahintersteckte. Ich vermute, daß es den meisten Menschen genauso geht. Aus diesem Grunde habe ich immer eine Fallgeschichte an den Anfang eines Kapitels gesetzt, um dann auf die ätiologischen (ätiologisch = die Ursachen betreffend), psychologischen und physiologischen Hintergründe einzugehen, soweit sie für das Verständnis notwendig waren.

Sofern die Falldarstellungen der Fachliteratur entnommen wurden, ist dies an Ort und Stelle angegeben. Alle übrigen Fälle stammen entweder aus meiner eigenen Praxis oder ich habe sie von Kollegen – Ärzten und Klinischen Psychologen – übernommen. Selbstverständlich sind die Namen und näheren Lebensumstände der Patienten so verändert worden, daß niemand sie wiedererkennen kann.

Die Behandlung psychosomatischer Erkrankungen läuft, wenn sie eine Erfolgschance haben soll, stets auf eine intensive Psychotherapie hinaus. Diese Selbstverständlichkeit ist den meisten Patienten und erstaunlich vielen Ärzten noch immer unbekannt. Weithin unbekannt scheint ferner, was man eigentlich unter Psychotherapie konkret zu verstehen hat; das gilt ebenfalls für einen großen Teil unserer Mediziner. Aus diesem Grunde werden am Ende des Buches die derzeit wichtigsten und verbreitetsten Formen der psychologischen Behandlung dargestellt. Auch hier habe ich mich des Verfahrens bedient, jeweils einen Fall möglichst lebensnah anhand von Therapie-Ausschnitten zu schildern und von den historisch-theoretischen Hintergründen nur das zu bringen, was zum Verständnis des therapeutischen Prozesses notwendig war.

Ich bin mir bewußt, daß mancher Fachkollege über eine so »feuilletonistische« Darstellungsweise die Stirn runzeln wird, nehme das aber leicht in Kauf in der Überzeugung, daß gerade im Bereich seelischer Störungen und ihrer Behandlung alle Gelehrsamkeit nichts nützt, wenn man die notwendigen Informationen nicht auf geeignete Art unter die Leute bringt.

Ein Bekannter bemerkte nach Lektüre des Manuskripts, nun habe er den Eindruck, als gebe es ausschließlich psychosomatische Krankheiten. Das ist natürlich nicht der Fall. Nach grober Schätzung dürften etwa 40 % aller Erkrankungen rein organisch bedingt sein. Also genügend Arbeit noch für jene Mediziner, die von Psychosomatik nichts hören mögen.

Großen Dank schulde ich für Rat und Kritik neben meiner Frau Mine den Freunden und Kollegen: Dipl.-Psych. Jon Baum-

hauer; Dipl.-Psych. Toni Forster; Dr. med. Ludwig Gangkof-
ner; Dr. med. Hubert Lohmer; Dipl.-Psych. Dr. phil. Dora Me-
nara; Dr. med. Wolfgang Stahl.

München, im März 1979                                          R. S.

# Vorwort zur Taschenbuchausgabe

Seit Erscheinen der Erstausgabe hat sich auf dem Gebiet der Psychosomatik weder theoretisch noch praktisch-empirisch Wesentliches verändert. Zu einer »Aktualisierung« des Buches bestand also kein Anlaß. Es wurde jedoch im zweiten Teil ein Kapitel über die Gestalt-Therapie hinzugefügt. Diese Behandlungsform hat während der letzten Jahre in der Klinischen Psychologie immer mehr Anhänger gewonnen und wird inzwischen auch an deutschen Universitäten in Theorie und Praxis angeboten.

München, im März 1983                                                   R. S.

# Erster Teil

## 1. Kapitel

# Der Mann, der nicht mehr hören und gehen konnte

## Ein Fall von Hysterie

Eines Morgens, als Werner Pohle aufstehen wollte, versagten ihm die Beinmuskeln. Er saß auf dem Bettrand und konnte nicht hochkommen, so sehr er sich auch anstrengte. Das gibt's doch nicht, dachte er und tastete Oberschenkel und Knie ab. Eine Lähmung? Bei dem Gedanken erschrak er. Er spürte seine Fingerspitzen auf der Haut. Das Gefühl war noch da, Gott sei Dank! Schmerzen? Keine. Merkwürdig.

Seine Frau erschien in der Tür. »Du mußt dich beeilen, Werner, es ist schon halb acht.«

»Komisch«, sagte er.

»Was ist komisch? Na komm schon zum Frühstück.«

Kaffeeduft zog von der Küche her ins Schlafzimmer. Pohles Geruchs- und Geschmacksnerven reagierten heftig darauf; und plötzlich ging es. Er sprang auf und lief ins Bad, als sei nichts gewesen. Aber beim Rasieren und später während des Frühstücks ging ihm die Sache nicht aus dem Kopf. Vielleicht die Bandscheiben, dachte er. Es war viel Angst dabei. Seit er über Fünfzig war, hatte er vor all den Dingen Angst, die mit dem vorrückenden Alter zusammenhingen. Es gab da nämlich noch etwas anderes, was ihm Sorgen machte. Seit einigen Monaten litt er unter einem unangenehmen Ohrensausen. Manchmal war es so stark, daß er nicht verstehen konnte, was ein anderer zu ihm sagte. Das war peinlich, besonders im Büro.

Beim Gedanken an das Büro überfiel ihn ein eigenartiges Unbehagen, das seinen ganzen Körper ausfüllte. Er legte das Brötchen hin, der Appetit war ihm jetzt gründlich vergangen.

Werner Pohle arbeitete seit 25 Jahren bei einer Versicherung. Er hatte sich von der Pike auf hochgedient und verstand seine Arbeit aus dem Effeff. Aber nun war ein neuer Abteilungsleiter gekommen, 15 Jahre jünger als er, Volljurist, wie es hieß. Pohle wußte nicht genau, was ein Volljurist ist, von solchen akademischen Feinheiten verstand er nichts, jedenfalls war der Neue ein sehr beschlagener, ziemlich ungeduldiger Herr. Er hatte zwei

Mitarbeiter nachgezogen, auch Akademiker, Betriebswirtschaft oder so ähnlich. Wie die redeten! Sie warfen mit Fremdwörtern um sich, die Pohle nie gehört hatte. Das machte ihn unsicher, er hatte ja nicht mal das Abitur. Da mußte er sich anstrengen, um ihnen zu zeigen, daß er seine Sache genauso gut beherrschte wie sie, wenn nicht besser. Und ausgerechnet jetzt hatte er diese Gehörstörungen. Schon öfter war ihm aufgefallen, wie die beiden neuen Kollegen einander zulächelten, wenn er sie nicht gleich verstand. Und einmal war der Abteilungsleiter sehr ärgerlich geworden, auf eine verletzende Art, die Pohle lange nicht vergessen konnte.

Er war daraufhin zum Ohrenarzt gegangen. Der hatte ihn gründlich untersucht, hatte den Gehörgang durchspült, das Trommelfell ausgeleuchtet und die Nebenhöhlen. Das war alles in Ordnung.

»Sie haben nichts«, sagte der Arzt. »Vielleicht sind Sie überarbeitet. Sie sollten einfach mal ausspannen, dann geht das schon von selber weg.« Und bereitwillig schrieb er ein Attest.

Werner Pohle machte Urlaub, 14 Tage, und in dieser Zeit war er ganz ohne Beschwerden. Ein guter Arzt, dachte er, der weiß, worauf's ankommt. Aber sobald er seine Arbeit wieder aufgenommen hatte, kam auch das Ohrensausen wieder. Es war zum Verrücktwerden. Und jetzt das mit den Beinen!

Er war sehr still, als er neben seiner Frau im Wagen saß. Wie jeden Morgen brachte sie ihn zur Straßenbahn. Sie selber fuhr dann weiter in das Großhandelsgeschäft, wo sie halbtags arbeitete. Zwischen dem Ehepaar Pohle war alles gut eingespielt. Sie hatten keine Kinder und verdienten genug, um sich ein angenehmes Leben zu machen.

Als er in die Tram einsteigen wollte, traf ihn der Schreck wie ein Schlag. Wieder dasselbe. Er konnte das Bein nicht heben, so sehr er sich auch bemühte, und die Bahn fuhr ohne ihn ab. Starr vor Entsetzen blieb er zurück, suchte verzweifelt nach einer Erklärung. War er nicht eben noch normal gegangen? Und stand er nicht fest auf beiden Beinen? Wenn es eine Lähmung war, müßte er doch eigentlich einknicken, müßte hinfallen! Aber das einzige, was er nicht konnte, war, das Bein heben, den Fuß auf das Trittbrett setzen. Voll Angst wartete er auf die nächste Bahn. Auch da schaffte er es nicht. Erst bei der dritten gelang es ihm einzusteigen.

Er kam zu spät ins Büro. Aus Furcht, die Lähmung könnte wieder eintreten, bewegte er sich langsam und vorsichtig wie ein ganz alter Mann. Die beiden jungen Kollegen musterten ihn erstaunt.

»Was ist denn mit Ihnen los, Herr Pohle?«

Er konnte nicht antworten, denn der Abteilungsleiter kam herein, legte ihm eine Akte auf den Tisch. »Das bitte sofort erledigen! Und denken Sie daran, daß …« Aus! Pohle starrte zum Chef hoch. Er sah, wie sich dessen Lippen bewegten, aber hören konnte er nichts, das Ohrensausen übertönte alles.

Am selben Tag meldete er sich krank. Wieder ging er zum Arzt, diesmal zu einem anderen. Der machte das gleiche wie sein Kollege und kam zum selben Ergebnis: »Das ist nervös. Sie brauchen einfach Ruhe.«

Doch diesmal ließ sich Pohle damit nicht abspeisen. »Das kann ja sein, Herr Doktor«, sagte er, »aber es muß ja einen Grund haben. Ich bin dreiundfünfzig und immer gesund gewesen. Nervös? So was habe ich nie gekannt. Und das mit den Beinen? Ist das auch nervös?«

Für die Beine, erwiderte der Arzt, sei er nicht zuständig, und er überwies ihn an einen Neurologen.

Der Neurologe untersuchte ihn noch gründlicher. Die Reflexe stimmten, die Motorik stimmte, alles stimmte. Auch ein Röntgenbild der Lendenwirbelsäule ergab nichts Auffälliges. Der Arzt verschrieb ihm ein Medikament zur Beruhigung und Entspannung. »Wenn es nicht besser wird, kommen Sie in vierzehn Tagen wieder.«

Es wurde nicht besser, auch nach weiteren 14 Tagen nicht. Das Medikament hatte überhaupt keine Wirkung. Der Neurologe nickte. »Es ist nichts Organisches«, sagte er. »Versuchen Sie es mal mit Psychotherapie. Vielleicht hilft Ihnen das.«

Werner Pohle war so verzweifelt, daß er zu allem bereit war. Er ging also zum Psychotherapeuten, obwohl er von dem, was ihn dort erwartete, nicht die geringste Vorstellung hatte.

Zu seiner Überraschung wurde er von diesem Herrn nicht untersucht, sondern lediglich aufgefordert, zu erzählen, und zwar so ausführlich wie möglich. Das tat er gern, es erleichterte ihn, und da der Therapeut ihm aufmunternd zunickte und ab und zu eine Frage einwarf, holte Pohle weit aus, kam vom Hundertsten ins Tausendste. Er sprach über seine Lebensumstände, seine Jugend, seine Ehe, seine Freizeit und ganz besonders über seine Arbeit. Das dauerte mehrere Sitzungen, Pohle kam immer an einem bestimmten Wochentag zur Behandlung, und die ganze Zeit hörte ihm der Therapeut geduldig zu. Es war eine neue Erfahrung für Pohle, stundenlang über sich sprechen zu dürfen, ohne den anderen zu langweilen, er spürte, wie sich allerlei Aufgestautes in ihm löste, das tat gut, er ging gern in die Therapie.

Natürlich berichtete er auch von dem neuen Abteilungsleiter, bei dem er sich nun doppelt anstrengen mußte, und von den beiden jungen Kollegen, mit denen er so schlecht zurechtkam.

»Ich verstehe nicht ganz«, sagte der Therapeut, »weshalb Sie sich doppelt anstrengen müssen. Sie kennen doch Ihre Arbeit aus dem Effeff?«

Das stimme schon, antwortete Pohle, es sei nur so: dem neuen Chef könne er nichts recht machen. Der habe so ganz andere Methoden, es müsse bei ihm alles sehr schnell gehen. »Und immer hat er was zu meckern.«

»Er meckert Ihnen jeden Tag die Ohren voll?«

»Ja. Es ist nicht mehr zum Aushalten.«

»Sie mögen das gar nicht mehr hören.«

»Stimmt. Aber ich muß eben.«

»Und die jungen Kollegen sprechen eine Sprache, mit der Sie nichts anfangen können.«

»Ich glaube, die mögen mich nicht. Für die gehöre ich schon zum alten Eisen. Sie haben studiert und wissen alles besser. Dabei können sie im Betrieb auch nicht mehr als ich. Aber sie reden so hochgestochen daher, daß ich mir ganz dumm vorkomme. Und heimlich grinsen sie über mich. Ich fühle mich da ganz allein, keine Ansprache, verstehen Sie? Manchmal denke ich, die wollen mich rausekeln.«

»Sie haben Angst, daß Sie Ihren Posten verlieren?«

»Ja. Und dann kriege ich keinen neuen. Dazu bin ich zu alt. Sie wissen ja, wie das heute ist. Ich muß mich eben verdammt anstrengen.«

»Und je mehr Sie sich anstrengen, desto schlechter geht's.«

»Genau. Die Arbeit macht mir keinen Spaß mehr.«

Die Sitzung war wieder mal um. Diesmal ging Pohle nicht so getröstet nach Hause wie bisher. Er war bei seinem akuten Problem angelangt, und nun wurde ihm klar, daß sich trotz der vielen Stunden an seinem Zustand noch nichts geändert hatte.

Beim nächsten Mal wollte der Therapeut wissen, wann eigentlich der neue Abteilungsleiter gekommen sei.

»Vor acht Monaten.«

»Und wann fing das mit dem Ohrensausen an?«

»Ein paar Wochen später.«

Der Therapeut schwieg eine lange Zeit. Dann sagte er: »Sie haben seine Meckerei ein paar Wochen ertragen, dann konnten Sie's kaum noch aushalten.«

»Ja. Es machte mich regelrecht krank.«

»Aber Sie konnten sich nicht dagegen wehren.«

»Natürlich nicht. Er ist ja der Chef.«

»Da hat sich Ihr Gehör gewehrt.«

»Wieso?«

»Sie bekamen Ohrensausen, so daß Sie sein Gerede nicht mehr hören mußten. Und die jungen Kollegen mit ihren hochgestochenen Redewendungen, die brauchten Sie auch nicht mehr zu hören. Ihre Ohren haben einfach nicht mehr mitgemacht.«

Werner Pohle lächelte ungläubig. »Ist das möglich?«

Darauf antwortete der Therapeut nicht. »Denken Sie mal an die Wochenenden, da haben Sie doch nie Ohrensausen gehabt.«

»Das ist richtig. Aber am Sonntagabend, da fängt es oft schon an.«

»Wenn Sie ans Büro denken.«

»Ja. Und Montag vormittags ist es immer am schlimmsten.«

»Da ist Ihnen klar, daß Sie eine ganze Bürowoche vor sich haben.«

»Tatsächlich. Die Woche liegt dann vor mir wie ein riesiger Berg.« Werner Pohle schüttelte den Kopf. »Ich kann das nicht glauben, daß die Ohren einfach nicht mehr mitmachen.«

»Warum nicht? Später haben ja auch Ihre Beine nicht mehr mitgemacht.«

»Sie meinen . . .?«

»Herr Pohle, Sie fürchten doch, Ihre Stelle zu verlieren. Deshalb haben Sie jeden Morgen Angst, ins Büro zu gehen, nicht wahr?«

»Das ist richtig.«

»Eigentlich wollen Sie gar nicht mehr hingehen, weil Sie solche Angst haben. Aber Ihr Kopf sagt Ihnen, daß Sie müssen, um die Stelle zu behalten. Das haben Sie monatelang geschafft, bis eines Morgens Ihre Beine streikten, erst beim Aufstehen und später, als Sie in die Straßenbahn steigen wollten, die Sie immer zum Büro bringt. Ihre Beine sind ein Teil von Ihnen, also sind Sie es selber, der da streikt. Ihr Unbewußtes, wenn wir das mal so nennen wollen. Oder haben Sie jemals so eine Lähmung gehabt, wenn Sie nach Hause fuhren oder zum Fußballplatz gingen?«

»Nein, nie.« Werner Pohle überlegte eine Weile. »Es ist kaum zu glauben. Aber wenn Sie recht haben, was kann ich dagegen tun?«

Der Therapeut sah nach der Uhr. »Das müssen wir uns zusammen überlegen. Die Zeit ist um. Bis zum nächsten Dienstag dann!«

Die nächste Sitzung sagte Herr Pohle ab mit der Begründung, er müsse Überstunden machen. Aber die Woche darauf kam er wieder. Er war vollkommen verändert. Elastisch betrat er das Sprechzimmer, gut gelaunt ließ er sich im Sessel nieder. »Ich bin wieder okay. Kein Ohrensausen mehr, und die Beine funktionieren wie in alten Zeiten.«

»Jetzt bin ich aber gespannt, was passiert ist.«

»Ich bin versetzt worden. In eine andere Abteilung. Die Kollegen da kenne ich seit zehn Jahren. Die sind froh, daß ich gekommen bin. Ich habe eine Menge aufzuarbeiten, da ist nämlich einer schon lange krank. Und seit dem Tag, an dem ich umgezogen bin – ob Sie's glauben oder nicht . . .«

»Sind alle Störungen wie weggeblasen.«

»Genau.«

»Herzlichen Glückwunsch!«

»Danke. Muß ich nun noch weiter in Behandlung kommen?«

»Nein. Die Ohren machen ja wieder mit. Und die Beine auch.«

Erleichtert stand Pohle auf. »Vielen Dank, Herr Doktor, daß Sie mir geholfen haben.«

»In erster Linie haben die Umstände Ihnen geholfen, Herr Pohle. Ohne Ihre Versetzung hätte die Behandlung sehr viel länger gedauert.«

Nachdem Herr Pohle gegangen war, schloß der Therapeut das Klientenblatt ab. Er schrieb: »Spontanheilung durch Milieu-Änderung.«

Der Fall des Herrn Pohle ist typisch für die große Gruppe von Störungen, die man unter der Bezeichnung »Psychosomatische Krankheiten« zusammenfaßt. Es ist sozusagen ein »Bilderbuchfall«, weil bei ihm Ursache und Wirkung so klar zutage liegen. Im allgemeinen liegen die Fälle komplizierter.

Befassen wir uns einen Augenblick etwas näher mit dem Begriff Psychosomatik. Die Wortbildung kommt aus dem Griechischen

(Psyche = Seele, Soma = Leib, Körper) und bedeutet: körperliche Krankheiten, die durch seelische Bedingungen entstehen.

Was der Körper ist, wissen wir, denn er ist anatomisch weitgehend erforscht, außerdem können wir ihn sehen, anfassen, fühlen. Der Begriff der Seele hingegen ist nicht leicht zu definieren. Seit Aristoteles (384 v. Chr.) sind zahlreiche Wälzer darüber geschrieben worden, ohne daß je wissenschaftliche Übereinstimmung erzielt wurde. Gehört beispielsweise der Geist, der Gedanke, zur Seele, oder handelt es sich um etwas Stoffliches, das im Großhirn produziert wird? Wir wissen es (noch) nicht.

Genaugenommen bilden Seele und Körper eine Ganzheit. Da wir aber ohne den Begriff der Seele hier nicht auskommen, wollen wir uns darauf einigen, daß alles Nichtgreifbare in uns, die Gefühle, Affekte, Empfindungen (also Freude, Trauer, Angst, Furcht, Liebe, Zorn, Wut, Verzweiflung) in den Bereich des Psychischen gehören.

Die Psychosomatik ist als Gebiet der Wissenschaft noch nicht alt. Zwar wies der deutsche Arzt Johann Christian Heinroth schon Anfang des 19. Jahrhunderts auf den klinischen Zusammenhang zwischen Seele und Körper hin, doch er konnte sich nicht durchsetzen, denn die Medizin war damals streng naturwissenschaftlich orientiert. Psychische Vorgänge blieben unbeachtet, man sah Krankheiten ausschließlich als physikalische und chemische Organstörungen an. Erstaunlicherweise tun dies viele Ärzte noch heute.

Sigmund Freud brachte den Begriff Psychosomatik Anfang unseres Jahrhunderts wieder ins Gespräch; aber bekanntlich wurde der Begründer der Psychoanalyse von den Schulmedizinern seiner Zeit abgelehnt oder sogar bekämpft. So gewann die Psychosomatik als Ergebnis psychologischer und medizinischer Erkenntnisse erst nach dem Zweiten Weltkrieg die ihr zustehende Bedeutung. Eine merkwürdige Tatsache, denn von dem funktionellen Zusammenhang zwischen Leib und Seele (funktionell = organbedingt, tätigkeitsbedingt) haben die Menschen schon seit Tausenden von Jahren gewußt. Davon zeugen die zahlreichen »psychosomatischen« Redensarten, die es in jeder Sprache gibt. Um nur einige zu nennen: Es verschlägt mir den Atem – Ein schweres Herz haben – Sich etwas zu Herzen nehmen – Es schlägt ihm auf den Magen – Sie ärgert sich ein Loch in den Bauch – Ihm läuft die Galle über – Er hat Schiß – Es geht ihm an die Nieren – Das macht mir Kopfschmerzen. Und im Fall des Herrn Pohle: Er hat zuviel um die Ohren – Seine Beine wollen nicht mehr.

Solche Redewendungen greifen auf individuelle menschliche Erfahrungen zurück, die auch wir noch täglich machen. Viele von uns kriegen Herzklopfen, wenn sie vor einem größeren Kreis oder gar öffentlich sprechen müssen (beim Schauspieler nennt man es Lampenfieber). Auch dem schüchternen Jüngling geht es so, wenn er der Angebeteten begegnet. Mancher bekommt Durchfall oder Harndrang, wenn eine wichtige oder unangenehme Besprechung bevorsteht. Auf seelische Belastungen reagieren manche mit Schlaflosigkeit, andere mit Kreuzschmerzen, wieder andere mit Magenverstimmung. Und es gibt starke Männer, die ohnmächtig werden, wenn sie Blut sehen. Der unangenehme Anblick verursacht eine vorübergehende Senkung des Blutdrucks, das Gehirn erhält für einen Augenblick zu wenig Sauerstoff, und der Mensch verliert das Bewußtsein.

Das sind normale Erscheinungen, über die sich niemand Sorgen zu machen braucht. Schlimm wird es erst, wenn es sich um lang andauernde seelische Bedrückungen handelt. Dann kann es zu chronischen körperlichen (funktionellen) Störungen kommen, ohne daß an dem betreffenden Organ eine krankhafte Veränderung festzustellen ist.

Welche Organe werden davon betroffen? Das geht schon aus den oben erwähnten Redensarten hervor: das Herz, die Atmung, der Magen, der Darm, der Kreislauf, die Galle, der Kopf und alle Muskelpartien, auf die sich der seelische Druck real oder auch symbolisch beziehen kann.

Nochmals zu Sigmund Freud: Er hat als erster Störungen der Nerven und Sinnesorgane aus psychischer Ursache beschrieben. In seinen frühen Veröffentlichungen findet sich der Fall des 24jährigen Fräuleins v. R. Die Patientin litt beim Stehen unter starken Schmerzen in den Beinen. Auch das Gehen fiel ihr sehr schwer, obwohl sie körperlich gesund und kräftig war. Ihrem Hausarzt war das absolut rätselhaft. Freud fand die psychischen Ursachen für diese Symptome in ihrer Lebensgeschichte:

Fräulein v. R. hatte eine langjährige Familientragödie hinter sich – Tod des Vaters nach langem Leiden, schwere Krankheit der Mutter, Tod der geliebten Schwester, Verlust des Verlobten. Sie stand nun allein in der Welt. Dieses *Alleinstehen* empfand sie als sehr schmerzlich. Und tatsächlich, wenn sie *stand*, taten ihr die Oberschenkel unerträglich weh. Ferner litt sie unter der Vorstellung, das wirkliche Leben sei für sie bereits zu Ende, sie werde nicht mehr *vorankommen*. Und so konnte sie sich nur gebückt und sehr mühsam *vorwärts* bewegen.

Freud nannte dies klinische Phänomen *Konversionshysterie* (Konversion = Umkehrung, Verwandlung psychischer Affekte in körperliche Symptome). Genau darum handelte es sich auch bei unserem Werner Pohle. Hysterie – das Wort hat noch heute im allgemeinen Sprachgebrauch einen bösen oder zumindest verächtlichen Beigeschmack. »Hysterische Ziege«, so pflegen Männer eine Frau zu nennen, deren emotionale Reaktionen ihnen auf die Nerven gehen, auch wenn die Frau psychisch kerngesund ist. Aber niemand käme auf die Idee, einen Mann »hysterischen Ziegenbock« zu nennen, selbst wenn er neurotisch bis zu den Haarspitzen wäre. Wie kommt das? Zur Erklärung müssen wir weit in die Geschichte zurückgreifen.

Die Bezeichnung stammt von Hippokrates (460–377 v. Chr.). Er nahm an, daß die Krankheit ihren Sitz in der Gebärmutter (hystéra) habe; folglich konnte es Hysterie nur bei Frauen geben. Diese Hypothese des berühmten griechischen Arztes hat sich bei Europas Medizinern bis zum Beginn unseres Jahrhunderts erhalten. Erst Freud wies nach, daß Hysterie genauso bei Männern vorkommt wie bei Frauen. Aber wie gewöhnlich bekam er mit den etablierten Medizinmännern seine Schwierigkeiten.

Er hatte ein paar Fälle männlicher Hysterie beschrieben, stieß indessen bei der Wiener Medizinischen Gesellschaft auf äußersten Unglauben und wurde von einem führenden Neurologen aufgefordert, einen solchen Fall in vivo vorzustellen. Freud bemühte sich gleich um mehrere Fälle, doch die Ärzte der Abteilung, in der er sie entdeckt hatte, weigerten sich, ihn die Patienten untersuchen oder mit ihnen arbeiten zu lassen. Begründung des Chefs: »Was reden Sie für einen Unsinn. Hystera bedeutet Uterus. Wie kann also ein Mann hysterisch sein?«

Inzwischen gehört es zum Allgemeinwissen jedes Psychologie- oder Medizinstudenten, daß Hysterie nicht geschlechtsgebunden und zudem eine ernstzunehmende Erkrankung ist. Eine Erkrankung übrigens, die den Therapeuten vor große, manchmal unüberwindliche Schwierigkeiten stellt, denn die Hysterie ist die schillerndste unter allen neurotischen Störungen, und Hysteriker sind gewöhnlich sehr begabt darin, ihre Konflikte vor sich selber zu verbergen, ja sie vollkommen aus ihrem Bewußtsein zu verdrängen.

Im Gegensatz zur volkstümlichen Auffassung, wie sie in Filmen, Theaterstücken und Romanen ihren Niederschlag findet, äußert sich diese Neurose nur selten in Anfällen von wildem Lachen, Schreien oder auffälligem »hysterischen« Gebaren, vielmehr sind ihre Symptome sehr verschieden und mannigfaltig, wobei Hypochondrie (Einbildung aller möglichen Krankheiten), diffuse Ängste (Angstneurosen), Phobien (spezifische neurotische Ängste) und Depressionen eine große Rolle spielen.

Voraussetzung für die Erkrankung ist zunächst die hysterische Persönlichkeitsstruktur, wie sie Fritz Riemann (1961, 1974) detailliert beschrieben hat. Zu ihr gehört eine narzißtische, egozentrische, geltungsbedürftige Einstellung und ein starkes Verlangen nach Anerkennung. Sie ist, wie auch andere psychische Dispositionen, wahrscheinlich genetisch vorprogrammiert, ergibt aber noch lange kein abnormes Charakterbild; wir finden im Gegenteil viele »normale«, ungemein erfolgreiche, geistsprühende und beliebte Menschen mit dieser Struktur. Erst durch psychische Fehlentwicklungen während der Kindheit erhält sie ihre abnorme Ausprägung.

Besondere seelische Belastungen in Vergangenheit oder Gegenwart führen dann zur Hysterie im klinischen Sinne. Immer handelt es sich dabei um den unbewußten oder halbbewußten Versuch des Patienten, aus dem nicht zu bewältigenden seelischen Konflikt in die Krankheit zu entfliehen, um daraus einen Gewinn zu ziehen, auch wenn dieser »Gewinn« mit außerordentlich schmerzhaften oder unangenehmen Folgen verbunden ist, die so weit gehen können, daß der Kranke von seiner Umgebung abgelehnt, verachtet oder gar für verrückt erklärt wird.

Die Konversionshysterie äußert sich, wie wir gesehen haben, nicht in seelischen, sondern in körperlichen Störungen, die keineswegs eingebildet, sondern real vorhanden sind. Psychologisch ist sie folgendermaßen zu erklären: Der Kranke befindet sich seelisch in einer Situation, der er nicht gewachsen ist oder zu sein glaubt. Der ständige Widerstreit zwischen Müssen und Nichtwollen führt schließlich zu einem Ausfall bestimmter körperlicher Funktionen, die ihn sozusagen kampfunfähig machen. Der »Gewinn«: Er kann eine wirkliche Krankheit vorweisen, andere sind gezwungen, sich seiner anzunehmen, und solange dies gegeben ist, braucht er sich mit seinem Konflikt nicht auseinanderzusetzen.

In anderen Fällen flüchtet er vor dem unlösbaren Problem unbewußt in einen Zustand totaler Hilflosigkeit. Er wird plötzlich an Armen und Beinen gelähmt, wird blind, taub oder stumm, obwohl Nerven und Muskulatur organisch in Ordnung sind. Solche Störungen werden erst dann beseitigt, wenn er das Problem in der Psychotherapie verarbeitet hat oder wenn sich der Konflikt – wie im Fall von Herrn Pohle – durch eine Veränderung der äußeren Umstände von selber erledigt.

Einer der interessantesten Fälle dieser Art wurde mir vor Jahren von einem Psychiater berichtet, der ihn von einem französischen Kollegen hatte. Mein Gewährsmann ist nicht mehr am Leben, und der Name des französischen Kollegen ist mir nicht bekannt. Krankengeschichtliches Material kann also nicht vorgelegt werden, ich zweifle aber nicht an der Zuverlässigkeit des Berichtes. Es handelt sich um den Fall der Yvonne B.

Yvonne war mit einem erfolgreichen Anwalt in einer provençalischen Stadt verheiratet. Obwohl ihr Mann mehr als 20 Jahre älter war, galt die kinderlose Ehe als glücklich. Yvonne war das, was man eine charmante Frau nennt. Stark extravertiert, liebte sie jede Art von Abwechslung – Sport, Geselligkeit und den Flirt – und verfügte, aus der Entfernung, über zahlreiche Verehrer. Ihren vielbeschäftigten Mann störte das nicht, zumal ernsthafte Komplikationen daraus nie entstanden.

Yvonne war Anfang vierzig, als sie eines Morgens, sie saß mit ihrem Mann beim Frühstück, von einer Sekunde auf die andere erblindete.

Eine gründliche Untersuchung beim Augenarzt und beim Neurologen ergab, daß Sehnerv, Retina, Glaskörper, Hornhaut und Pupille vollkommen in Ordnung waren. Ihr Mann gab sich mit dem Befund nicht zufrieden, er reiste mit ihr von einem Spezialisten zum andern, doch das Ergebnis blieb immer das gleiche.

Die Finsternis, die Yvonne so plötzlich überfallen hatte, veränderte ihr Leben vollständig. Kein Sport mehr, keine Flirts, und wenn sie, von ihrem Mann geführt, durch die Straßen der Stadt ging, war sie der Gegenstand nicht nur des allgemeinen Mitgefühls, sondern auch der Bewunderung. Denn sie trug ihr Geschick mit erstaunlichem Gleichmut.

Das, was die Leute später als ein reines Wunder bezeichneten, geschah etwa drei Jahre darauf. Ihr Mann starb nach kurzer

Krankheit an Darmkrebs. Drei Wochen nach seiner Beerdigung konnte Yvonne plötzlich wieder sehen.

Das Geheimnis ihrer Erblindung und der ebenso plötzlichen Heilung, das sie zunächst selber nicht begriff, deckte jener Psychiater auf, zu dem sie sich wegen einer schweren Depression in Behandlung begeben hatte, und der in einer langen Therapie ihre Lebensgeschichte mit ihr durcharbeitete.

Yvonne kam aus einer wohlhabenden Pariser Familie. Als Nachkömmling – die beiden Brüder waren 10 und 12 Jahre älter – wuchs sie wie ein Einzelkind auf. Obwohl sie sehr verwöhnt wurde, litt sie beständig unter den Streitereien ihrer Eltern, deren grundverschiedenes Naturell sie zudem häufig in Verwirrung und Zweifel brachte: Der Vater ein lebenslustiger Genußmensch, der abgesehen vom Geld nichts sehr genau nahm, die Mutter dagegen sittenstreng, in allem korrekt und kühl – eine regelmäßige Kirchgängerin.

Das Mädchen neigte verständlicherweise dem Vater zu, der immer liebevoll und überaus zärtlich zu ihr war. Das änderte sich abrupt und dramatisch kurz nach ihrem 13. Geburtstag. Die Mutter war verreist, da kam er eines Abends leicht angetrunken zu ihr ins Bett und verführte sie »mehr oder weniger gewaltsam«. Yvonne erinnerte sich später an ihren damaligen Gefühlssturm: ein Gemisch aus Neugier, Lust, Angst, und schließlich überwältigendes Entsetzen. Und sie erinnerte sich auch an die Szene des nächsten Morgens, als sie mit dem Vater beim Frühstück saß. Kein Wort sagte er über das schreckliche Ereignis der vergangenen Nacht. Er lächelte nur, und sein Lächeln kam ihr »satanisch« vor.

Sie sprach nie darüber, verdrängte das Ereignis so weitgehend aus ihrem Bewußtsein, daß sie zuweilen glaubte, es habe sich damals um einen schlimmen Traum gehandelt. Doch die Liebe zum Vater verwandelte sich in Abneigung und Haß. Sie fürchtete sich vor seinem Lächeln und vermied es fortan, ihm ins Gesicht zu sehen. Ihrer Mutter gegenüber empfand sie ein untergründiges Schuldgefühl.

Nach außen hin entwickelte sie sich in den folgenden Jahren zu einer lebhaften, attraktiven jungen Dame, die als Partnerin beim Sport und bei Tanzereien außerordentlich begehrt war. Zu aller Erstaunen heiratete sie aber dann einen Mann, der fast ihr Vater hätte sein können und zog mit ihm weit fort von Paris.

Ihre Ehe war, wie sie fand, »zufriedenstellend bis glücklich«, denn ihr Mann verwöhnte sie genauso, wie es seinerzeit ihre Eltern getan hatten. Zwar vermißte sie das, was man nach ihrer Vorstellung sexuelle Erfüllung nannte – sie hatte sie nie erlebt –, kompensierte aber dieses Defizit durch sportliche Aktivitäten und durch ihre Erfolge in der Gesellschaft.

Nach fünfzehn Ehejahren trat allmählich eine Wandlung in den Beziehungen zu ihrem Mann ein, den sie bis dahin »sehr sympathisch« gefunden hatte. Er war nun schon fast 60 und begann äußerlich rasch zu altern. Zum ersten Mal hatte sie das Gefühl, daß er gar nicht zu ihrer Generation gehörte, und es entwickelte sich bei ihr eine Abneigung gegen ihn. Sie mochte sein faltiges Gesicht nicht, und auch körperlich empfand sie einen immer größeren Widerwillen gegen ihn. Daraus entstand im Laufe der Zeit ein verdeckter Haß, den sie aber nicht wahrhaben wollte. Sie war materiell und gesellschaftlich vollkommen von ihm abhängig und konnte sich deshalb eine Existenz ohne ihn kaum vorstellen.

Er ertrug ihre »Kratzbürstigkeit« und ihre gelegentlichen Wutausbrüche mit lächelnder, väterlicher Überlegenheit, was ihre Abneigung gegen ihn noch verstärkte. Besonders qualvoll wurde für sie der sexuelle Verkehr, den er ein oder zweimal die Woche von ihr erwartete. Sie löschte dann das Licht, um ihn nicht sehen zu müssen und ließ »es« mit zusammengebissenen Zähnen über sich ergehen.

Eines Nachts, als er wieder zu ihr kam, verweigerte sie sich ihm. Er hatte getrunken, und sein süßlicher Kognak-Atem widerte sie an. Da zwang er sie. Es war eine durch die Ehe legalisierte Vergewaltigung. Den Rest der Nacht verbrachte sie in ohnmächtigem Haß und in Verzweiflung darüber, daß sie noch Jahre, vielleicht Jahrzehnte mit ihm verbringen und täglich sein Gesicht würde sehen müssen. Als er ihr am anderen Morgen beim Frühstück gegenübersaß und sie anlächelte (»es war ein satanisches Lächeln«), wurde ihr schwarz vor Augen, und die Schwärze hielt an, sie war blind.

Erst in der Therapie wurde ihr klar, daß dies die gleiche Szene gewesen war, die sie vor fast 30 Jahren mit ihrem Vater erlebt, aber vollständig aus ihrer Erinnerung verdrängt hatte. Und sie begriff, daß der Haß und die Abwehr gegen ihren Mann mit dem Haß gegen ihren Vater zusammenhing. Auch ihn hatte sie ja nicht mehr ansehen können, aber eine Flucht vor ihm war möglich gewesen, eine Flucht, die ihr bei ihrem Mann verwehrt schien. In dieser Situation absoluter Hilflosigkeit reagierte sie mit ihren Sehnerven. Nun brauchte sie wenigstens sein Gesicht nicht mehr zu sehen.

Nach seiner Beerdigung brauchte sie drei Wochen, bis es bis zu ihrem Unbewußten durchgedrungen war, daß er nun nicht mehr da war, daß auch dies Gesicht nie mehr da sein würde. Die Blindheit stellte für sie keinen Gewinn mehr dar. Sie konnte wieder sehen.

Die Konversionshysterie ist nur eines von vielen psychosomatischen Krankheitsbildern. Als einziges läuft sie über jene Nervenstränge, die vom Hirn bewußt gesteuert werden oder dort ihre Meldezentrale haben. Alle übrigen psychosomatischen Störungen werden über das vegetative (autonome) Nervensystem vermittelt. Das sind die Nerven, die unsere inneren Organe in Bewegung halten, ohne vom Großhirn dazu Befehle zu bekommen, zum Beispiel die Atmung, der Magen, der Darm, die Blutgefäße, die Drüsen, das Herz (näheres darüber im nächsten Kapitel). Da in der medizinischen und psychologischen Wissenschaft jedes Kind seinen lateinischen oder griechischen Namen haben muß: man nennt solche Erkrankungen »Psychovegetative Dystonie« oder – ein bißchen verständlicher – »Organneurosen«.

Gegen eine Organneurose vermag der beste Internist mit den besten Spritzen oder Pillen nichts auszurichten. Und auch der Psychologe kann hier allein nicht helfen. Eine Heilung oder Besserung hängt weitgehend von der Mitarbeit und Einsicht des Patienten in der Therapie ab.

## 2. Kapitel

# Es sind eben die Nerven!

## Über das komplizierte Nachrichtennetz unseres Körpers, von dem alles abhängt

»Es sind eben die Nerven!« pflegte meine Tante Lisbeth zu sagen, wenn ihre unverheiratete Schwester Erna sich wieder mal mit einem geheimnisvollen Leiden auf ihr Zimmer zurückgezogen hatte. Die Familie akzeptierte das als eine Diagnose, die keine Möglichkeit der effektiven Behandlung zuließ.

»Das ist nervös, sonst sind Sie ganz gesund«, sagten damals die meisten Ärzte, womit medizinisch der Fall abgeschlossen war (während heute kaum ein Doktor versäumt, den Rezeptblock zu zücken, um eine jener populären Pillen zu verschreiben, über die er nichts weiter weiß, als daß sie psychische Beschwerden für eine Weile einfach zudecken).

Mit der Erklärung etwas sei »nervös« oder liege »an den Nerven« ist im Grund gar nichts gesagt – oder alles. Denn in der Tat sind die Nerven immer beteiligt, ob wir Schmerzen haben oder uns pudelwohl fühlen, ob wir unsere Muskeln bewegen, etwas fühlen oder empfinden, sehen oder hören, uns erschrecken, nachdenken, lesen, atmen oder schlafen. Ohne unsere ständig unter Strom stehende neuronale Organisation können wir keine Sekunde existieren.

In dieser Beziehung kann man den menschlichen Körper mit einer hochtechnisierten Stadt wie etwa New York vergleichen. Angenommen, alle Kraftwerke, die die Metropole mit Energie versorgen, würden ausfallen, dann wäre sie mit einem Schlag vollständig gelähmt und würde in kurzer Zeit zu einem riesigen, langsam zerfallenden Leichnam. Allerdings muß dazu bemerkt werden, daß das Energie- und Nachrichtensystem von New York mit seinen hunderttausenden Kilometern von Kabeln und Röhren, mit seinen Fernsprechrelais, Computern, Rundfunk- und Fernsehstationen und den zahllosen drahtlosen Empfängern geradezu primitiv anmutet gegen die Größe, Kompliziertheit und Multiplizität des menschlichen Nervensystems.

Allein unser Gehirn enthält etwa 12 Milliarden Nervenzellen, auch Neuronen genannt – bestehend jeweils aus dem Zellkörper (Soma) und dem faserartigen Fortsatz (Axon) –, von denen jede wiederum durch Hunderte von Nebenfasern (Dendriten) mit anderen Neuronen verbunden ist. Das heißt, daß die grauweißliche Masse in unserer Schädelkapsel, abgesehen von den notwendigen Stütz- und Bindegeweben und den Blutgefäßen, aus nichts als Nervenzellen besteht.

Diese Zellen besitzen die Fähigkeit, Informationen in Form von Signalen aufzunehmen, sie zu integrieren, zu speichern und zu einem beliebigen Zeitpunkt wieder zu verwenden. Würden wir sie alle zu einem einzigen Kabel zusammenlegen, so würde dieses von der Erde bis zum Mond reichen. Die 12 Milliarden sind allerdings nur ein Schätzwert, andere Schätzungen gehen bis zu 25 Milliarden, woraus wir ersehen können, wie wenig man noch über das Gehirn weiß.

Aber nicht nur die Schädelkapsel, auch die Röhre der Wirbelsäule ist vollgestopft mit Neuronen, und von dort aus durchzieht unseren Körper ein dichtes, weitverzweigtes Nachrichtennetz, das »periphere Nervensystem« (Gehirn und Rückenmark bilden das »Zentralnervensystem«). Diejenigen Leitungen, welche die Informationen von der Außenwelt zur Zentrale geben – jede Art von Sinneswahrnehmung –, nennt man *sensorische*, diejenigen, die daraufhin die Befehle der Zentrale an die Muskulatur vermitteln, *motorische* Nerven.

## Wie funktioniert das?

Jede Nervenzelle ist sozusagen eine winzige Elektrobatterie und gleichzeitig ein chemisches Labor. Die Nachricht läuft auf elektrischem Wege an der Nervenfaser entlang, wird aber von einem Neuron zum andern durch chemische Stoffe übertragen. Diese Verbindungsstelle zwischen zwei Neuronen nennt man *Synapse*.

Die Entdeckung der synaptischen Übertragung durch den Österreicher Loewi (1921) ist für die neurophysiologische Forschung von entscheidender Bedeutung gewesen. Es gibt nämlich nicht nur »erregende« Überträgerstoffe, die den Impuls von einer Zelle zur anderen weiterleiten, sondern auch »hemmende«, die den Impuls stoppen. Wenn es diese Hemmungen nicht gäbe, würde unser Nachrichtennetz sehr bald heißlaufen, und die Befehlsempfänger – unsere Muskeln – würden sich total verkrampfen.

Auf diesem Sachverhalt beruht die Wirkung von Giften, von vielen chemischen Medikamenten und natürlich auch von Narkosemitteln. Sie verhindern nämlich entweder die erregenden oder die hemmenden Synapsen. Strychnin zum Beispiel schaltet die hemmenden Überträgersubstanzen aus, innerhalb kürzester Zeit treten auf diese Weise Krämpfe der Muskulatur auf, die bei entsprechender Dosierung zum Tode des Organismus führen.

Berühmt für die gegenteilige Wirkung ist das indianische Pfeilgift Curare. Es verhindert die Erregungsimpulse beim Übertritt vom Nervenende auf den Muskel, lähmt in wenigen Minuten Bewegungs- und Atmungsmuskulatur und führt zum sicheren Tode. Die Medizin bedient sich dieses Giftes bei Operationen in begrenzten Körperbereichen zur schnelleren Erschlaffung der Muskulatur, zur Behandlung des Wundstarrkrampfes und zur Vermeidung von Krämpfen bei Schockbehandlungen.

Auf dem gleichen Prinzip beruht natürlich auch die Wirkung der sogenannten Psychopharmaka, die entweder die Verfügbarkeit der chemischen Überträgersubstanz fördern, und dadurch den Kranken aktivieren (Antidepressiva, Weckamine), oder sie hemmen (Tranquilizer, Schlafmittel). Ihre Wirkungen sind aber zeitlich begrenzt, im übrigen decken sie die psychischen Probleme nur zu oder heben den Patienten temporär aus seiner Misere heraus, ohne an ihr etwas zu ändern. Deshalb ist der von der Industrie geprägte Begriff »Pharmakotherapie« höchst euphemistisch, denn von einer Therapie kann dabei keine Rede sein, es sei denn, daß man das Schnapstrinken (Wilhelm Busch: »Wer Sorgen hat, hat auch Likör«) ebenfalls als Therapie bezeichnen wollte.

Zum weiteren Verständnis unseres Melde- und Befehlsapparates müssen wir nun ein paar Unterteilungen vornehmen. Zunächst unterscheidet man zwischen dem somatischen (willentlichen, animalischen) und dem vegetativen (autonomen, unwillentlichen) Nervensystem. Das somatische System regelt die Beziehungen zur Umwelt, vermittelt jede Art von äußeren Reizen zur Zentrale und leitet Befehle von dieser Zentrale zur Muskulatur. Die Zentrale – das Großhirn – teilt also der Umwelt mit Hilfe von Sprache, Schrift oder Gestik seine Gedanken mit und wirkt mit der Skelettmuskulatur auf sie ein.

Das vegetative System hingegen steuert den eigenen Betrieb

(das »Innere Milieu«). Es hält die Tätigkeit der inneren Organe aufrecht, regelt Atmung, Kreislauf, Verdauung, Stoffwechsel, Drüsensekretion, Ausscheidung und Sexualität. Und es arbeitet unabhängig vom Willen des Großhirns, was allerdings nicht bedeutet, daß wir es nicht bei einiger Übung auch beeinflussen können (was die indischen Yogi schon seit Jahrhunderten wissen).

In Verbindung mit dem Thema dieses Buches interessiert uns primär das vegetative Nervensystem, da, wie schon gesagt, nahezu alle psychosomatischen Störungen über dessen Bahnen laufen. Seine Zentren liegen im Rückenmark und vor allem im Stammhirn, das ist jener Teil des Hirns, der entwicklungsgeschichtlich Millionen Jahre älter ist als das Großhirn (die Cortex).

Diese Tatsache ist psychologisch bedeutsam, weil das Großhirn als Sitz der Ratio, der sogenannten Logik, kurz aller intellektuellen Produktion häufig in Widerspruch gerät zu den Strebungen des archaischen Stammhirns, das unsere Gefühle steuert. Der Kampf zwischen Großhirn und Stammhirn (und dessen wichtigsten Teil, dem Zwischenhirn) pflegt den Menschen häufig in arge Konflikte zu bringen. Wenn beispielsweise Herr X sich leidenschaftlich in Frau Y verliebt, so wird der Wunsch, mit ihr ins Bett zu gehen, weitgehend vom Stammhirn gesteuert. Nun hat Herr X aber bereits eine feste Beziehung zu Frau Z, und da schaltet das Großhirn auf Gegenkurs und macht ihm klar, welche Konsequenzen moralischer, sozialer oder materieller Art ein Seitensprung mit Frau Y nach sich ziehen würde.

Siegt in dieser Auseinandersetzung das Stammhirn, so ist zwar die Sehnsucht des Herrn X befriedigt, aber das Großhirn wird mit Vorwürfen nicht sparen und immer wieder die Gegenrechnung aufstellen. Siegt das Großhirn, so hat er rational gehandelt, aber die irrationale Sehnsucht nach Frau Y wird ihn eine ganze Weile nicht zur Ruhe kommen lassen. So sind wir immer gezwungen, Kompromisse zwischen den beiden ungleichaltrigen Hirnteilen zu schließen, und je vernünftiger diese Kompromisse sind, desto besser kommen wir durch unser schwieriges Leben.

Zurück zur Neurophysiologie. Noch einmal machen wir eine Unterteilung: Wir unterscheiden beim Vegetativum das sympathische (Hauptnerv der Sympathikus) und das parasympathische System (Hauptnerv der Vagus). Diese beiden Teilsysteme haben in gewissem Umfang verschiedene Funktionen und stehen im wechselnden Verhältnis zueinander. Das eine ist vornehmlich auf Leistung spezialisiert, das andere vornehmlich auf Ruhe und Erholung.

Die sympathischen Nerven erhöhen z. B. die Aktivität des Herzens und der Lunge und erweitern gleichzeitig die Herzkranzgefäße und Bronchiolen. Bei dem Kämpfer im Boxring oder auf dem Sportplatz dominiert der Sympathikus. Herz, Lunge und Muskulatur werden alarmiert, sie arbeiten schneller, intensiver, ausdauernder als gewöhnlich, während die Funktionen des Magens, des Darms und der Geschlechtsorgane nahezu abgeschaltet sind.

Bei dem Menschen im Liegestuhl oder im Bett hingegen dominieren gewöhnlich die parasympathischen Nerven. Der Verdauungs- und Genitalapparat wird begünstigt, die Drüsentätigkeit wird in Gang gebracht, während Kreislauf, Atmung und Muskulatur mit kleiner Flamme arbeiten, ausruhen, neue Kräfte sammeln.

Durch das ständig wechselnde Gleichgewicht der beiden Teilsysteme kann sich der Organismus rasch den unterschiedlichen Anforderungen des Lebens anpassen. Jeder von uns hat schon erlebt, daß er durch ein unvorhergesehenes »aufregendes« Ereignis ganz plötzlich aktiviert und zu Leistungen befähigt wurde, die er sich normalerweise kaum zugetraut hätte, und daß andererseits ebenso schnell bei entsprechender Umgebung und unter entsprechenden Umständen seine neuronale Organisation auf Ruhe und Genuß umschalten kann.

Ist dieser ausgleichende Mechanismus nicht in Ordnung, dann kann es auf die Dauer zu somatischen Störungen kommen, von denen in diesem Buch eine Reihe der wichtigsten beschrieben werden. Wie wir wissen, sind ihre Ursachen seelischer Natur, und da erhebt sich gleich wieder die Frage, wo denn nun eigentlich diese Seele angesiedelt ist. Wir hatten festgestellt, daß Gefühle und Affekte ihre Repräsentanz im Stammhirn haben, genauer gesagt in seinen oberen Randarealen, von wo auch die Arbeit der inneren Organe und deren hormonale Steuerung beeinflußt werden. Tatsächlich hat die neurophysiologische Forschung der letzten Jahrzehnte durch zahlreiche Tierversuche bewiesen, daß durch elektrische und chemische Reizung dieser Areale Gefühle wie Wut, Angst oder Lust ausgelöst werden. Demnach könnte man sagen, daß das was wir Psychodynamik nennen, nichts weiter als die Folge elektrischer oder biochemischer Vorgänge sei. Ist die Seele also ein physikalisch-chemisches Phänomen?

Hier geraten wir in ein Gebiet, das weitgehend unerforscht und mehr oder weniger eine Sache des Glaubens ist. A. Jores (1973) bemerkt dazu: »Physikalische und chemische Vorgänge können ... nur immer wieder physikalische bzw. chemische Vorgänge in Gang setzen, aber nicht so etwas wie Gefühle und Affekte hervorzaubern. Wir können daher nur sagen, daß diese Hirnareale eine Bedingung für die Entstehung der Affekte sind, aber nicht diese unmittelbar verursachen. Wie das geschieht, bleibt im Grunde ein Geheimnis.«

Wenn wir das akzeptieren, dann wird klar, daß detaillierte neuroanatomische und -physiologische Kenntnisse für den psychotherapeutischen Prozeß bei weitem nicht so wichtig sind wie das gründliche empirische Wissen um psychologische Vorgänge und das behutsame Umgehen damit. Anders ausgedrückt: psychische Aktionen und Reaktionen laufen über das Nervensystem. Aber die Kenntnis des Nervensystems bedeutet noch nicht die Kenntnis des Seelischen.

Hierzu Sigmund Freud, der bekanntlich seine Karriere als Neurologe begann: »... ich weiß nichts, was mir für das psychologische Verständnis der Angst gleichgültiger sein könnte als die Kenntnis des Nervenweges, auf dem ihre Erregungen ablaufen.«

Dennoch habe ich die Erfahrung gemacht, daß für den Klienten mit psychosomatischen Beschwerden ein paar Informationen über das Funktionieren bzw. Dysfunktionieren seiner Nervenbahnen sehr hilfreich sein können.

## 3. Kapitel

# Wenn das Herz verrückt spielt

Über ein Leiden, das Todesängste verursacht
und dennoch nie zum Tode führt

Die Nacht, in der Erich Kluge den ersten Anfall bekam, war
zugegebenermaßen recht turbulent gewesen: Sommerfest im
Tennisklub, eine gelungene Veranstaltung mit Tanz im Freien
bei herrlichem Wetter. Seine Frau war, wie immer bei solchen
Veranstaltungen, eine begehrte Tänzerin gewesen. Ihm machte
das Spaß, es hob, wie er zu sagen pflegte, sein Prestige. Heiter
und ziemlich müde kamen sie nach Hause. Während er ihr hilfreich den Reißverschluß des Kleides öffnete, betrachtete er mit
Vergnügen ihren gebräunten Rücken. »Dieser Doktor Ka-
sten«, sagte er, »war ja mächtig hinter dir her. Das scheint ein
richtiger Ladykiller zu sein.«
Sie lachte zufrieden. »Ja. Nur gibt's bei mir nichts zu killen.
Außerdem prahlte er ein bißchen zuviel mit seinen Weltreisen
und seinem Haus an der Biskaya.« Sie gähnte. »Aber tanzen
konnte er wenigstens.«
»Sicher besser als ich«, sagte Kluge. In der Hinsicht plagte ihn
kein Ehrgeiz. Er hatte genügend andere Fähigkeiten vorzuwei-
sen. Er war ein erfolgreicher Industriekaufmann, ein »Aufstei-
ger« mit großen beruflichen Plänen. Und im Klub gehörte er
trotz seiner 38 Jahre noch zu den besten Spielern. Alles höchst
erfreulich. Erfreulich auch die Ehe mit dieser hübschen, ihm
ganz zugewandten Frau. Kein Wunder, daß er so an ihr hing.
Mit solch angenehmen Gedanken ging er ins Bett und schlief
augenblicklich ein.
Er wußte nicht, wie lange er geschlafen hatte, eine Stunde vielleicht. Als er wach wurde, dämmerte der Morgen. Er wurde
wach von einem starken Herzklopfen, es war wie nach einem
harten Trainingslauf und doch wieder anders. Was war los? Ein
Alptraum, der ihn erschreckt hatte? Keine Erinnerung. Er
legte sich auf den Rücken und atmete tief, um sich zu beruhigen. Vielleicht überanstrengt, dachte er, die Nacht ist doch zu
lang gewesen und am Nachmittag war ich noch auf dem Tennisplatz. Oder zuviel getrunken? Kaum. Er trank nie zuviel.

Das tiefe, ruhige Durchatmen half nicht, im Gegenteil, sein Herz fing an zu stolpern, setzte plötzlich für eine Sekunde aus, schlug dann um so heftiger. Und jetzt kam ein wundes, brennendes Gefühl, das bis zum Hals hinaufzog und sich steigerte zu unerträglichen Schmerzen. Dazu ein schwerer Druck, der ihm den Atem nahm. Angst überfiel ihn, eine eisige, tödliche Angst, wie er sie nie erlebt hatte. Herzinfarkt?

Die Atemnot trieb ihn aus dem Bett zum Fenster. Er riß den Vorhang zur Seite, drückte sein Gesicht in den offenen Spalt der Kippscheibe und holte sich die kühle Morgenluft in die Lungen. Nichts änderte sich. »Gisela«, keuchte er, »Gisela!« Aber seine Frau schlief fest.

Um mehr Luft zu bekommen, versuchte er, das Fenster ganz zu öffnen, doch fehlte ihm die Kraft, es zuzudrücken, bevor er den Kipphebel herumlegte, und der Rahmen sprang krachend aus den Angeln.

Von dem Lärm wurde sie wach. »Was machst du denn da?«
»Hilf mir! Ich sterbe . . .«
Sie war sofort bei ihm. »Um Gottes willen, was ist denn?«
»Mein Herz!« ächzte er. »Ich glaube . . .«
»Bleib ganz ruhig. Ich rufe den Notarzt.«
Er hörte, wie sie aufgeregt telefonierte. Als sie zurückkam, klammerte er sich an sie, als brächte das allein Hilfe. »Die kommen sofort«, sagte sie. »Willst du dich nicht solange hinlegen?«
Er wollte nicht liegen, er blieb am Fenster stehen und hielt sich verzweifelt an ihr fest.

Sie versuchte ihn zu beruhigen: »Ich glaube nicht, daß es ein Infarkt ist. Du bist überanstrengt. Du arbeitest zuviel, und dann noch diese Rennerei auf dem Tennisplatz. Du brauchst mal eine gründliche Erholung. Sobald es geht, fahren wir für ein paar Wochen weg. Die Kinder kommen solange zu den Großeltern.«

Das half ihm jetzt überhaupt nicht. Er achtete nur auf sein Herz. Jedesmal wenn es aussetzte, überflutete ihn neue Angst. Gleichzeitig das Brennen, der Schmerz, der Druck – unerträglich! Und halb horchte er nach draußen. Wann kommt der Arzt?

Endlich klingelte es, und sie lief hinaus. Er hörte Türenklappen in der Diele, dann ihre erregte Stimme und die gelassene eines Mannes. Da wurde ihm besser. Der Druck ließ nach, auch die Angst ebbte ab, und sein Herz schlug ruhiger. Als der Mann eintrat, war der Anfall vorüber.

Der Notarzt tat alles, was in solchen Fällen getan wird, er perkutierte, horchte sorgfältig ab, kontrollierte Blutdruck und Puls. Mit leisem Erstaunen schüttelte er den Kopf. »Eigentlich nichts Auffälliges, nur Ihr Puls ist etwas beschleunigt«, sagte er und holte eine Spritze aus der Bereitschaftstasche.

»Aber was war das denn?« fragte Kluge.

»Ein Infarkt wahrscheinlich nicht«, sagte der Arzt, während er ihm die Injektion gab. »Aber wir können Sie natürlich mitnehmen, um ganz sicher zu gehen.«

Jetzt, wo alles vorüber war, wollte Kluge lieber bei seiner Frau bleiben. Er fühlte sich sehr erschöpft, meinte auch schon die Wirkung der Spritze zu spüren, sehnte sich nur nach Ruhe.

»Glauben Sie, daß das nötig ist?«

»Nicht unbedingt. Nur möchte ich Ihnen raten, sich so bald wie möglich gründlich untersuchen zu lassen.«

»Das werde ich bestimmt tun, nach dem, was ich da eben erlebt habe.«

Kluge schlief bis in den Mittag hinein. Danach fühlte er sich vollkommen gesund. Er genoß die Fürsorge seiner Frau und die Rücksicht seiner Kinder – Papi muß geschont werden! – und schob die böse Erinnerung an die Nacht beiseite. Aber eine leise Unruhe blieb, und als seine Frau ihn am andern Tag drängte, meldete er sich bereitwillig bei einem Spezialisten an.

Dort durchlief er geduldig sämtliche Stationen einer internistischen Untersuchung. Zwei Tage später legte ihm der Arzt die Befunde vor: Elektrokardiogramm, Belastungs-EKG, Phonokardiogramm und alle übrigen Daten. »Ja, Herr Kluge, ich kann nichts finden. Ihr Herz ist so gesund, wie wir's uns nur wünschen können.«

»Und das neulich nacht?«

»Kann nur eine nervöse Störung gewesen sein. Manche Menschen neigen dazu.«

»Aber ich habe so was noch nie gehabt.«

»Um so besser. Nehmen Sie das nicht zu ernst.«

Kluge verließ die Praxis, einerseits erleichtert, andererseits irgendwie enttäuscht. Sollte das wirklich gar nichts gewesen sein? Während er das dachte, spürte er plötzlich sein Herz. Es tat nicht weh, er war sich nur auf merkwürdige Weise bewußt, daß es da war. Er tastete nach seinem Puls. Ruhig und gleichmäßig. Also wirklich nichts. Darauf fuhr er in seine Firma und versuchte das aufzuholen, was er durch diese unangenehme Sache versäumt hatte. Zeit war für ihn kostbar.

Doch die leise, untergründige Sorge war schwer zu vertreiben, und es vergingen Wochen, bis er sie über Beruf, Sport und Familie fast vergaß.

Dann kam der zweite Anfall -- an einem Samstagvormittag, als er auf dem Balkon die Zeitungen durchblätterte. Wieder der stolpernde Herzschlag, das sekundenlange Aussetzen, der brennende Schmerz, der Druck auf der Brust, die Todesangst. Seine Frau war mit den Kindern zum Einkaufen gefahren, und das Alleinsein machte alles noch schlimmer. Er schleppte sich zum Telefon und wählte die Nummer des Notarztes.

Diesmal nahmen sie ihn mit. Während er unter Sirenengeheul durch die Stadt gefahren wurde, ließen die Beschwerden nach, und als er auf dem Untersuchungstisch lag, waren sie verschwunden. Nur die große Erschöpfung blieb zurück wie beim erstenmal. Wieder eine Durchuntersuchung, danach dreitägige Beobachtung. Und wieder: kein klinischer Befund. Er wurde entlassen mit der Versicherung, es handle sich um eine nervöse Störung. Das hatte er schon einmal gehört, es beruhigte ihn nicht mehr.

Nun blieb die Angst immer in seiner Nähe. Sie konnte ihn mitten in einer Besprechung überfallen, er fing dann an, auf sein Herz zu horchen, hörte nicht mehr zu, mußte sich mühsam zur Konzentration zwingen. Und abends gelang es ihm nur schwer, einzuschlafen, weil ihn die Sorge quälte, er könnte über Nacht sterben. Stundenlang lag er dann wach, bis er schließlich zur Tablette griff.

Er hörte sich um, suchte Kapazitäten auf. Die sagten ihm nach langen, teuren Untersuchungen, deren Verlauf er schon kannte, immer dasselbe: nervöses Herz, funktionelle Störungen. Sein Mißtrauen gegen die Ärzte wuchs. Hatte nicht kürzlich ein Freund gesagt, von zehn Ärzten tauge nur einer etwas, die übrigen neun seien nichts als medizinische Handwerker, von Arbeit überlastet und auf ihre hochtechnisierten Apparate angewiesen?

Dennoch lief er von einem zum andern, konsultierte Erfahrene und weniger Erfahrene, schluckte dieses und jenes Medikament, das zur Beruhigung dienen sollte, aber nie dauernde Wirkung hatte. In seinem Medizinschrank häuften sich Fläschchen und Schächtelchen.

Den nächsten Anfall hatte er auf einer Reise. Er mußte ihn ohne Hilfe in einem Schlafwagenabteil überstehen, und er schwor sich, nie wieder allein zu fahren. Von nun an war die

Angst sein ständiger Begleiter. Nur seiner Frau gelang es gelegentlich, sie zu vertreiben, doch das dauerte nie lange, es kam dann bald die Angst vor der Angst, und dieser Teufelskreis war nicht mehr zu durchbrechen.

Es sprach sich herum: Der erfolgreiche Herr Kluge war herzleidend. Manche hielten ihn allerdings für einen eingebildeten Kranken, besonders im Tennisklub, denn er spielte, wenn er in Form war, noch immer erstklassig. Wie hätte ein Herzkranker das gekonnt? Auch bei seiner Frau spürte er nach der Besorgnis der ersten Monate Zwiespältigkeit, manchmal sogar Ungeduld. Je deutlicher das wurde, um so mehr klammerte er sich an sie. Denn da war plötzlich eine neue Angst, nämlich die, sie könnte ihn verlassen. Wie sollte er in diesem Zustand ohne sie leben?

Auf seiner Suche nach Hilfe geriet er schließlich an einen Arzt, der sich ganz anders verhielt als die übrigen Berufskollegen. Zwar bestätigte auch er, daß sein Herz organisch gesund sei. »Dennoch«, fuhr er fort, »sind Sie krank, Herr Kluge, ernsthaft krank. Das ist keine Einbildung.«

»Was ist es, Herr Doktor?«

»Man nennt so etwas eine Organneurose. In Ihrem Fall eine Herzneurose. Pillen oder Spritzen helfen da nicht. Sie sollten zu einem Psychotherapeuten gehen. Die Behandlung wird allerdings lange dauern.«

»Das ist mir egal, wenn nur irgend etwas geschieht«, antwortete Kluge. Er spürte eine große Erleichterung. Dieser Mann nahm seine Krankheit so ernst, wie er selber geglaubt hatte sie nehmen zu müssen. Zum erstenmal fühlte er sich verstanden.

Hier müssen noch ein paar Erläuterungen über die Organneurose eingeschaltet werden. Sie äußert sich durch Schmerzen oder andere tiefgreifende körperliche Störungen, ohne daß an dem betroffenen Organ unbedingt eine Schädigung oder Veränderung festzustellen ist.

Die Erklärung dafür liegt – wie schon im ersten Kapitel erwähnt – in dem Umstand, daß Körper und Seele ständig aufeinander einwirken. Starke Gemütsbewegungen drücken sich daher auch im Körperlichen aus, wobei sie sich jeweils an ein bestimmtes Organ heften. Man nennt das die »Organsprache«. Zorn zum Beispiel läßt durch Ausschüttung des Nebennierenhormons Adrenalin das Blut »aufwallen«, die Gefäße verengen sich, der Puls geht schneller. Er verursacht zudem eine Spannung der Muskulatur (man ballt vor Zorn die Fäuste).

Eine bestimmte Art von Angst schlägt voll auf das Herz (wir reden bei einem chronisch Ängstlichen zum Beispiel von einem »Hasenherz«). Andere Ängste gehen auf den Darm oder die Blase (»Er macht vor Angst in die Hose«). Ein scharfer, giftiger Ärger schlägt auf die Galle (»Sie spuckt Gift und Galle«). Ist der Ärger eher still und unterdrückt, geht er auf den Magen. Bei unterdrückter Wut ist es ähnlich (»Er hat den Bauch voll Wut«). Das alles läuft, wie wir wissen, über das vegetative Nervensystem, das selbsttätig arbeitet und durch unseren Willen nicht unmittelbar beeinflußt werden kann.

Solche körperlichen Reaktionen auf psychische Erregungen (in der Fachsprache »Affekte«) sind normal, und wir nehmen es als selbstverständlich hin, wenn uns gelegentlich »der Kragen platzt«, weil uns vor Zorn das Blut durch die Halsschlagader zu Kopfe steigt, oder wenn uns mal der »Angst«-Schweiß ausbricht. Zur Erkrankung kommt es erst, wenn die seelischen Belastungen – Ängste, aggressive Spannungen, Sorgen – von Dauer sind, weil dann auch die Reaktionen der betreffenden Organe – etwa des Herzens, des Magens, des Darms – chronische Formen annehmen.

Solange man die Ursachen solcher Belastungen leicht herausfinden kann, sind die Aussichten auf Heilung gut. Aber viele Menschen sind sich dieser Ursachen überhaupt nicht bewußt. Dies trifft besonders auf Herzneurotiker zu. Bei ihnen spielt die Angst die Hauptrolle, und sie stammt meist aus der konfliktreichen Kindheit. Die Erinnerung daran haben sie längst aus dem Bewußtsein verdrängt, doch untergründig ist sie vorhanden geblieben.

Der Fall Erich Kluge ist exemplarisch dafür. Er war als einziger Sohn eines kleinen Fabrikanten aufgewachsen. Sein Vater, ein verschlossener, unnahbarer Mann, kümmerte sich wenig um seine Erziehung, denn er interessierte sich ausschließlich für seinen Betrieb. Das einzige, was er von seinem Sohn verlangte, war Leistung. Die wenigen Sätze, die der Junge von ihm zu hören bekam, liefen meist so: »Wer nicht arbeitet, soll auch nicht essen«, oder: »Nur wer was leistet, kommt in dieser Welt vorwärts«, und schließlich: »Ein Mann zeigt keine Gefühle!«

Wie hätte zu diesem Vater eine warme Beziehung entstehen können? Um so mehr hängte der Junge sich an seine Mutter, eine weiche, etwas nervöse, ängstliche Frau, die oft »leidend« war. Um welche Leiden es sich handelte, wurde ihm nie recht klar. Entweder hatte sie Kopfschmerzen oder der Magen rebellierte oder das Herz machte nicht mit. Häufig sprach sie zu ihm von ihrer Sorge, daß sie sterben werde, bevor er erwachsen war (tatsächlich wurde sie uralt), und sie pflegte die vielfältigen Gefahren des Lebens in den düstersten Farben auszumalen. Kein Tag verging, ohne daß sie dem Sohn eine Warnung mit auf den Weg gab. Diese Warnungen fingen immer mit den Worten an: Sieh dich vor! – »Sieh dich vor, daß du dich nicht erkältest, daß du nicht hinfällst, daß du dich nicht überanstrengst, daß du dies oder jenes nicht verlierst, daß dir im Dunkeln nichts zustößt . . .«

Wenn er ihre Mahnungen oder Wünsche mißachtete, reagierte sie mit ihren »Leiden«. Der Patient erinnerte sich während der Therapie daran, wie oft er damals mit Herzklopfen nach Hause gekommen war aus Angst vor diesen Leiden, aus Angst, die geliebte Mutter könnte sterben.

Erich Kluge erfüllte die Forderungen des starken Vaters und die Wünsche der schwachen Mutter, weniger aus Überzeugung als aus Angst. Er machte ein glänzendes Abitur und ein noch glänzenderes Universitätsexamen. Nach dem Tod des Vaters blieb er bei der Mutter bis zu seiner Heirat.

Die Ehe mit Gisela wurde ein voller Erfolg. Er hing an ihr, wie er früher an seiner Mutter gehangen hatte, mit dem einen Unterschied nur, daß diese Beziehung heiter und unbelastet war. Mit der Ehe begann auch seine berufliche Karriere. Die Ängste seiner Jugend hatte er längst vergessen, und er wurde zu einem in jeder Hinsicht erfolgreichen Mann, geschätzt und beneidet von Freunden und Bekannten. Bis ihn die Herzanfälle fast zum Invaliden machten.

Die Angst des Herzneurotikers ist meist eine »Trennungs«- oder »Verlust«-Angst. Er kann nur einigermaßen unbelastet leben, wenn er einen Menschen hat, an den er sich klammern kann. Das ist in den meisten Fällen – wie auch bei Kluge – der Ehepartner. Die Quelle seiner Ängste ist der Mangel an »Urvertrauen« in die Welt. Dieses Urvertrauen kann ihm nur von einer liebenden (aber nicht überbesorgten, selber ängstlichen) Mutter oder Mutterfigur vermittelt werden. Fehlt sie und fehlt vor allem ihre wärmende, verständnisvolle Zuneigung, so nistet sich in der Kindheit die Angst vor der kalten, bedrohlichen Welt ein und kommt dann beim Erwachsenen aus irgendeinem oft

nichtigen Anlaß – dem »auslösenden Ereignis« – an die Oberfläche.
Bei Erich Kluge kamen, wie sich herausstellte, zwei solche Ereignisse zusammen. Das erste war die Nachricht vom Tod eines
Onkels. In dem begleitenden Brief stand, der alte Mann sei
nach langer Krankheit an Herzversagen gestorben. Kluge erinnerte sich, wie dieses Wort »Herzversagen« ihn plötzlich an
seine Mutter denken ließ und für Sekunden ein merkwürdiges
Gefühl von Unsicherheit und Ängstlichkeit hervorgerufen
hatte. Das zweite Ereignis war am darauffolgenden Tag der
harmlose Tanzflirt seiner Frau mit jenem »Ladykiller« Dr. Ka-
sten. Obwohl Kluge sich dessen überhaupt nicht bewußt wurde,
löste es die Angst in ihm aus, er könnte Gisela an diesen schwer-
reichen Erfolgsmenschen verlieren. Kurz darauf spielte das
Herz verrückt, und der Teufelskreis der Ängste und Anfälle
begann.
Die Frage, warum solche neurotischen Ängste sich an das Herz
heften und nicht an den Magen oder an den Darm, ist leicht zu
beantworten. Zum einen ist für uns das Herz seit Urzeiten Symbol der Lebenskraft. Wir empfinden es als Zentrum unseres
Körpers und wissen: wenn es zu schlagen aufhört, ist der
Mensch tot. Zum anderen ist es auch das Symbol der Liebe
(»Ein warmherziger Mensch« – »Sie herzten und küßten sich« –
»Ihr brach das Herz vor Liebeskummer« – »Ball der einsamen
Herzen«). Kein Wunder also, daß chronische Ängste, bei denen es um Liebe, Trennung oder Verlassensein geht, sich in
funktionellen Störungen dieses Organs bemerkbar machen.
Natürlich nicht bei allen Menschen. Wie immer muß eine Anlage, eine Bereitschaft dazu vorhanden sein.
Kluges Therapie dauerte Jahre. Die Erkenntnis der Krank-
heitsursachen half ihm allmählich, seine Ängste zu verarbeiten,
mehr Vertrauen zu sich und der Welt zu bekommen. Es gelang
ihm, wieder ein normales Leben zu führen. Er galt nicht mehr
als herzleidend und auch nicht als eingebildeter Kranker. Auch
die Schlafstörungen verschwanden. Allerdings trägt er heute
noch ein Beruhigungsmittel bei sich. »Für den Fall eines Falles«, sagt er. Irgendwo sitzt noch immer ein Quentchen der alten Angst. Doch der »Fall« ist nicht mehr eingetreten.

Nicht jede Behandlung ist so erfolgreich wie bei Erich Kluge; es
wäre falsch, in dieser Hinsicht einen unvertretbaren psychotherapeutischen Optimismus zu verbreiten. Eine Heilung hängt

weitgehend von der Fähigkeit des Patienten ab, Einsichten über sich selbst zu gewinnen und aus der Spirale Angst – Angst vor der Angst herauszukommen.

Übrigens:

Die Herzneurose unterscheidet sich grundsätzlich von den beiden gefürchteten Herzkrankheiten Angina pectoris und Herzinfarkt.

Die *Angina pectoris* entsteht durch organische Veränderungen (zum Beispiel Verkalkung) der Herzkranzgefäße. Die Folge: verminderte Blutzufuhr und dadurch Sauerstoffmangel. Der Kranke erfährt vernichtenden Schmerz und hochgradige Atemnot. Die Anfälle dauern nicht länger als zehn bis fünfzehn Minuten (die der Kranke freilich als Ewigkeit empfindet). Sie können tödlich ausgehen, wenn nicht mit gefäßerweiternden Mitteln eingegriffen wird.

*Herzinfarkt* bedeutet: Ausfall, Absterben und Vernarben eines Gewebebezirks im Herzmuskel infolge unterbrochener Blutzufuhr. Das geschieht in den meisten Fällen durch Verschluß einer blutzuführenden Arterie (Blutgerinnsel), manchmal auch durch Gefäßkrämpfe. Auch hier akute Lebensgefahr durch die Unterbrechung der Sauerstoffversorgung.

Bei der Herzneurose dagegen ist und bleibt der Herzmuskel auch nach schwersten Anfällen (die Stunden dauern können) organisch völlig intakt. Die Krankheit kommt beim Kind und im späteren Alter (über 65) praktisch nicht vor. Die meisten Fälle liegen zwischen dem 20. und 40. Lebensjahr. Die Erkrankung findet sich bei Männern viel häufiger als bei Frauen.

Patienten mit Angina pectoris und solche, die zum Infarkt neigen, haben zudem eine ganz andere Mentalität. Sie sind psychisch stabiler und leiden allgemein nicht unter den Ängsten, die den Herzneurotiker so quälen. Ein Trost – wenn auch ein schwacher – für die Betroffenen: Herzneurotiker sterben nie an einem Anfall. Und sie sind gegen den Infarkt nach aller Erfahrung immun. Ihre Lebenserwartung ist nicht geringer als die anderer Menschen. Sie bleiben arbeitsfähig und sollten sich auf keinen Fall aus dem Berufsleben zurückziehen. Denn das Herz wird – wie gesagt – durch noch so schwere Anfälle nicht geschädigt.

Bleiben wir noch eine Weile beim Herzen. Es hat noch andere psychisch bedingte Störungen anzubieten, wenn auch nicht so dramatische wie die Herzneurose: Die Tachykardie (Herzjagen), nervöses Herzklopfen, verschiedene Formen der Arrhythmie (Unregelmäßigkeit des Herzschlags) und die Herz-kreislaufschwäche.

Wir wissen nicht genau, inwieweit diese »funktionellen Herz-kreislaufstörungen« mit einer organischen Prädisposition zu-sammenhängen, aber wir wissen, daß ihr primärer Ursachen-faktor seelischer Natur* ist: Angst, Wut, Feindseligkeit sind Gefühlsregungen, die das Herz schneller schlagen, es »stol-pern« oder zeitweise aussetzen lassen (»Sein Herz raste vor Wut« – »Vor Angst stand ihr Herz still«).

Werden solche Gefühle ständig unterdrückt, gibt es keine Mög-lichkeit, sie herauszulassen oder zu verarbeiten, so können sie zu chronischen Störungen der Herztätigkeit führen. Dabei ist die Tatsache von Bedeutung, daß scheinbar so gegensätzliche Gefühlsregungen wie Feindseligkeit und Angst sozusagen Hand in Hand arbeiten; denn verdrängte Feindseligkeit erzeugt Angst, die wiederum die Feindseligkeit verstärkt. Der neuroti-sche Teufelskreis ist geschlossen.

Frau Lydia C. kommt nach langer vergeblicher ärztlicher Be-handlung in die Psychotherapie wegen Herzarrhythmie und Ta-chykardie. Beide Störungen überfallen sie in unregelmäßigen Abständen und machen ihr, wie sie sagt, das Leben zur Hölle, besonders deswegen, weil sie nie vorauszusehen sind. Die ver-schriebenen Beruhigungsmittel – Valium, Dociton, Isoptin – nützen nichts, dennoch nimmt Lydia sie seit Jahren, was nicht gerade zur Besserung ihres seelischen Gleichgewichts beigetra-gen hat.

Lydia ist eine attraktive, etwas zerbrechliche Frau mit sanften blauen Augen und blondem welligen Haar, das ihr bis auf die Schultern fällt. Der Ausdruck »engelhaft« drängt sich bei ihrem Anblick auf.

Sie ist verheiratet mit einem angesehenen Architekten, der viel älter ist als sie. Auch Lydia hat Architektur studiert, allerdings nur kurze Zeit. Während der Semesterferien arbeitete sie in seinem Büro, um Geld zu verdienen. Nach wenigen Wochen machte er ihr einen Heiratsantrag. Sie nahm sofort an. Mit ei-nem so bewundernswerten Mann hatte sie im Traum nicht ge-rechnet. Wie sie sagt, sorgt er sich sehr um sie, womit sie aus-drücken will, daß er ihr jeden Wunsch erfüllt.

---

* Ich sehe hier von den Fällen ab, bei denen solche Störungen auch rein organische Ursachen – z. B. entzündliche Prozesse am Herzmuskel etc. – haben können.

Sie hat einen zehnjährigen Sohn, der etwas schwierig ist, in der Schule nicht recht vorwärts kommt und in letzter Zeit angefangen hat zu »klauen«. Doch sie nimmt das nicht so tragisch, sie liebt den Jungen sehr und meint, daß die Klauerei wohl eine Übergangserscheinung sei, die sich wieder legen wird.

Lydia ist vielseitig interessiert, besonders für Kunstgeschichte. Sie gibt sich viel Mühe mit der Erziehung des Jungen und versucht, auch ihn für Kunst zu interessieren. »Ich möchte, daß er einmal ein großer Architekt wird.«

So weit, so gut – fast ein Entwurf für einen Frauenroman: Die blonde Werkstudentin, die den bewunderten Chef heiratet und in ein sonniges, erfülltes Ehedasein geht. Woher aber kommen die quälenden Herzstörungen?

Lydias Lebensgeschichte enthüllt dies während der Therapie, in der die schöne Fassade ihrer bürgerlichen Existenz nach und nach auseinanderbricht:

Ihre Mutter war eine fromme Frau, sie predigte Demut und Güte. Lydia hatte ein »gutes« Kind zu sein. Wenn sie nicht »gut« war, wurde sie hart bestraft. Die schlimmste Strafe war: Einsperren in eine stockdunkle, fensterlose Kammer, in der die Angst wohnte. »Gut« war Gehorsam, Sanftheit, Freundlichkeit. »Böse« war Lärm, Übermut, Widerstand gegen den Willen der Mutter oder gar Schimpfen und Weinen. Der Vater war ein »schwacher« Mann. Er kümmerte sich um seinen Beruf als Anzeigenaquisiteur und überließ die Erziehung ganz seiner Frau. Das einzige, was er von seinen Kindern verlangte, war gute Laune, weil er im Büro »genug Ärger« habe. Auch bei ihm mußte man also »gut« sein. Lydias schwärmerische Liebe wehrte er ab. Sein Liebling war ihr jüngerer Bruder, der auch von der Mutter vorgezogen wurde. »Ein sonniger Knabe«, wie die Eltern sagten. Zeigte Lydia Symptome der Eifersucht, so war das »böse« und wurde mit scharfen Worten getadelt.

Als Lydia zwölf war, schickten die Eltern sie in eine Klosterschule. Der Bruder durfte bei ihnen bleiben und das städtische Gymnasium besuchen. Auch im Internat hatte sie »gut« zu sein, das verlangten die frommen Schwestern. Sie straften subtiler als die Mutter, aber nicht weniger hart.

So war Lydias Kinder- und Jugendzeit erfüllt von dem ständigen Bemühen, »gut« zu sein und die »bösen« Eigenschaften, Haß und Feindseligkeit, zu verdrängen. Die aber waren in ihrer Seele reichlich vorhanden: gegen die Mutter, gegen den bevorzugten Bruder, gegen den abweisenden, treulosen Vater, gegen die frommen, lieblosen Nonnen. Und beides, ständig unterdrückt, erzeugte chronische Ängste, die das Kind sich nie erklären konnte.

Lydias überstürzte Traumheirat war nichts als eine Flucht aus ihrer Familie, von der sie während des Studiums noch vollständig abhing und zu der sie weiterhin »gut« sein mußte.

Nach kurzer Ehezeit spürte sie, daß sie ihren Mann überhaupt nicht liebte. Aber auch jetzt bemühte sie sich, »gut« zu sein. Sie spielte sich und der Welt etwas vor: die liebende Gattin, die gute Mutter und Hausfrau. Nichts von alledem stimmte. In Wahrheit haßte sie die Hausarbeit und war erfüllt von Feindseligkeit gegen ihren Mann, den sie körperlich verabscheute. Kein Wunder, daß sie gerade an solchen Tagen ihre Herzanfälle bekam, an denen sie damit rechnen mußte, daß er abends den »Verkehr« mit ihr verlangen würde. Feindseligkeit – Angst – erhöhte Feindseligkeit – der Teufelskreis drehte sich schneller und schneller.

Über diese Zusammenhänge gewinnt Lydia C. in der Therapie verhältnismäßig bald Klarheit. Ihre Anfälle halten dennoch an. Erst viel später kommt ihr eine entscheidende Erkenntnis: sie haßt in Wahrheit auch ihren Sohn, der von ihrem Mann verwöhnt wird, so wie ihr kleiner Bruder einst von ihrem Vater verwöhnt wurde. Die zarte, engelhafte Lydia ist so voll von Haß und Angst, daß in ihr kein Platz für Liebe geblieben ist. Und ihr Sohn reagierte entsprechend auf ihre geheime Ablehnung, er kam in der Schule nicht mit und fing schließlich an zu »klauen«.

Als sie die Therapie beendet, hat sich ihr Zustand gebessert. Ihr Problem ist durch ihre Erkenntnis aber nur zur Hälfte gelöst. Es bleibt die andere, schwierigere Hälfte: ihre Feindseligkeit, ihre Ängste so zu bearbeiten, daß endlich Raum geschaffen wird für ein wenig Liebesfähigkeit den Menschen und dem Leben gegenüber.

Und schließlich noch ein Fall, über den ich nicht ungern berichte, weil es ein Paradefall ist, der in erfreulich kurzer Zeit geheilt werden konnte (über die vielen Halb- oder gar Mißerfolge, mit denen jeder Psychotherapeut leben und sich abfinden muß, berichtet man außerhalb des Kollegenkreises ja nicht so gern):

Peter A., 32 Jahre alt, verheiratet, zwei Kinder, von Beruf technischer Zeichner, wurde eines Tages an seinem Arbeitsplatz von einem beängstigenden Schwindelgefühl überfallen. Es schien ihm, als verlöre er »den Boden unter den Füßen«, gleichzeitig fiel sein Kreislauf stark ab. Er mußte mit dem Taxi nach Hause fahren, erholte sich über das Wochenende und beruhigte sich mit der Erklärung, daß er wohl am Vorabend zu viel Bier getrunken habe. Bald aber bekam er einen ähnlichen Anfall und wurde ins Krankenhaus gebracht. Dort konnte man nichts Organisches finden. Herz und Kreislauf waren ohne klinischen Befund. Man entließ ihn unter Mitgabe von Beruhigungstabletten.

Die Schwindelanfälle ließen nach, dafür verschob sich die Symptomatik. Peter bekam nun Anfälle von starkem Herzklopfen, die mit großen Ängsten verbunden waren. Er ging zu einem Neurologen, der ihm als Mittel gegen die Ängste Ludiomil verschrieb. Das Medikament half nichts, und Peter suchte verschiedene andere Ärzte auf. Diese Besuche brachten ihn in arge Verwirrung, denn der eine Doktor stellte zu hohen Blutdruck fest, der andere zu niedrigen, der dritte erklärte, daß der Blutdruck völlig normal sei. Und das EKG ergab immer dasselbe: das Herz war in Ordnung. Kein pathologischer Befund.

Seine Ängste wuchsen und damit auch die Anfälle, zu denen weitere Folgesymptome kamen: Ein Körpervibrieren, »als ob das Blut gekocht hätte«, massive Schlafstörungen, hervorgerufen durch ein beklemmendes Gefühl im Brustbereich, »so daß mir war, als wäre die Bettdecke aus Blei«. Er mußte mehrmals in der Nacht aufstehen und umhergehen, bis er sich beruhigt hatte. Danach konnte er lange nicht einschlafen, aus Angst vor neuen Anfällen. Die von den verschiedenen Ärzten verschriebenen Tranquilizer halfen natürlich nichts. Die Ängste verstärkten sich oft zur Panik, und seine Frau machte sich ernsthafte Sorgen.

Das alles geschah innerhalb eines Zeitraumes von etwa sechs Wochen. Da riet ihm ein Freund, in Psychotherapie zu gehen. Dieser Freund war zwei Jahre zuvor bei mir wegen einer psychogenen Sexualstörung in Behandlung gewesen, und er schwor deshalb auf mich (keineswegs alle Klienten schwören auf mich!). So brachte Peter, als er zur ersten Sitzung kam, ein beträchtliches Vertrauen mit, was sich von Anfang an auf die therapeutische Zusammenarbeit positiv auswirkte.

Als weiteres prognostisches Positivum war zu werten, daß der Klient sich so rasch nach dem ersten Auftreten seiner Symptomatik in Therapie begeben hatte. So bestand für ihn gute Aussicht, aus der sich mit der Zeit verengenden Angstspirale herauszukommen. Diese Angst konnte Peter sich nicht erklären, da er im Beruf erfolgreich war, gute Freunde hatte und ein sehr befriedigendes Familienleben führte.

Die Anamnese ergab folgendes Bild:

Peter A. wuchs in einer relativ »heilen« Familie auf. Er hatte, seit er sich erinnern konnte, ein sehr gutes, fast liebevolles Verhältnis zu seinem 7 Jahre älteren Bruder, den er bewunderte. Sein Vater, ein Handwerker, war ein geachteter Mann und wurde von seinen Söhnen geschätzt und respektiert. Am meisten liebte Peter seine Mutter (sie war, wie sich herausstellen sollte, die eigentliche »Symptomerzeugerin«). Sie behandelte den Jungen immer zärtlich und liebevoll, litt aber häufig unter Depressionen und sprach gelegentlich davon, daß sie am liebsten »nicht mehr da« wäre. Das erzeugte in dem Jungen die Furcht, sie könnte sterben. Darüber hinaus litt er beständig unter der Angst, sie zu enttäuschen und dadurch ihre Liebe zu verlieren, denn er war nicht besonders gut in der Schule. Die Mutter war auch körperlich anfällig und häufig krank. Sie wurde, als Peter in die Pubertät kam, mehrfach operiert, u. a. Uterus-Totaloperation und Strumektomie (Kropfoperation). Die Sorge um sie wurde in jener Zeit dadurch gemildert, daß der geliebte Bruder da war, der sich seiner annahm.

Als Peter 16 war, ging die erste Ehe des Bruders in die Brüche. Darauf verfiel die Mutter in eine schwere Depression und machte einen Suizidversuch. Peter erinnerte sich während der Therapie, wie sehr er damals von der Sorge um Bruder und Mutter gequält und geängstigt wurde. Später, als er anfing, »mit Mädchen zu gehen«, belasteten ihn die übertriebenen Bedenken der Mutter. Sie ließ ihn nur ungern abends fort, weil sie große Sorge hatte, er könnte, wie der Bruder, »an die Falsche geraten«. Während dieser Zeit litt Peter ständig »unter der Angst vor der Angst meiner Mutter und ihren sorgenvollen Blicken«.

Als er 24 war, scheiterte die zweite Ehe des Bruders. Wiederum geriet die Mutter in eine schwere Depression und mußte für sechs Monate in die Nervenklinik. Gerade zu diesem Zeitpunkt wurde Peter durch einen Stellenwechsel beruflich stark beansprucht. Die Folge der vielen seelischen Belastungen: eine psychogene Gastritis, die erst nach einem Jahr abheilte, als nämlich der Bruder die Krise überwunden hatte und die Mutter aus ihrer Depression heraus war.

Kurz danach heiratete Peter. Mit der Ehe ging es im Anfang nicht gut. Schon nach 14 Monaten verließ ihn seine Frau mit einem anderen. Diesen Schock konnte er jedoch schnell überwinden, denn sie kehrte nach wenigen Wochen zu ihm zurück, weil es mit dem anderen nicht so gegangen war, wie sie sich das vorgestellt hatte. »Seitdem«, sagte Peter, »lief mit uns alles prima«. Ein Sohn und eine Tochter kamen kurz hintereinander, und er war, als die Therapie begann, der Ansicht, daß er mit seinem Leben – Beruf, Ehe, Familie, Freunde – vollauf zufrieden sein konnte.

Indessen war er sich nicht bewußt, daß unter der friedlichen Oberfläche seines gegenwärtigen Daseins die Ängste der Vergangenheit unverarbeitet existierten, jene Verlustängste vor allem, die für den Herzneurotiker typisch sind, nämlich einmal die, seine Mutter könnte sterben (diese alt gewordene Mutter, die noch immer unter Depressionen litt und häufig vom Tode sprach), und zum anderen, seine Frau könnte ihn noch einmal verlassen.

Peters psychologische Behandlung verlief – fast möchte man sagen – reibungslos. Sie dauerte insgesamt 10 Sitzungen im Abstand von je einer Woche. Während dieser Zeit gab es einen schweren und zwei leichtere Rückfälle. In der achten Stunde erklärte er, daß er seit 14 Tagen absolut beschwerdefrei sei. Bis zur zehnten veränderte sich das Bild nicht. Eine Nachuntersuchung acht Wochen später ergab keine Veränderung.

Die Wirkung dieser ebenso kurzen wie erfolgreichen Therapie ist unter fünf Aspekten zu betrachten:

1. *Die Motivation des Klienten.* Er war überzeugt, daß ihm geholfen werden konnte, sofern er selber nach Kräften mitarbeitete, was er natürlich tat. Ohne diese Motivation wäre der Erfolg kaum möglich gewesen.

2. *Die Lebensgeschichte (verhaltenspsychologisch: »Lerngeschichte«).* Aus der Durcharbeitung und Reflexion seiner Vergangenheit gewann er Erkenntnisse und Einsichten über sich selber und die Beziehungen zu seiner Familie, die ihm halfen, die Ursachen seiner Störungen zu verstehen.

3. *Psychologische Informationen.* Durch fachliche Informationen des Therapeuten lernte Peter, alltäglichen Konflikt- und Streßsituationen dadurch zu begegnen, daß er seinen Ärger oder seine Ängste sofort verbal ausdrückte, anstatt sie wie bisher herunterzuschlucken. Gespräche mit Arbeitskollegen, mit seiner Frau und vor allem mit seiner Mutter (die sich

als erstaunlich verständnisvoll erwies) halfen latente und offene Spannungen abzubauen.

4. *Übende Verfahren.* Von Anfang an wurde die Therapie begleitet von der Einübung des Autogenen Trainings. Der Klient sprach sehr gut darauf an – was leider nicht jeder tut – und bekam so nach und nach die Reaktionen seines Vegetativums in den Griff, d. h. er lernte, bei auftretenden Ängsten oder Anfällen sich psychisch und physisch zu entspannen, wodurch er die funktionellen Störungen immer mehr verkürzen konnte.

5. *Verstärkung.* Jeder Erfolg verminderte seine Ängste und verstärkte sein Selbstvertrauen. Dadurch konnte er bald aus dem Circulus vitiosus *Angst – Anfall – mehr Angst* ausbrechen.

Therapeut und Klient rechnen mit möglichen Rückfällen. Da Peter aber weiß, daß er jederzeit wieder in die Therapie kommen kann, sieht er dieser Möglichkeit »mit Gelassenheit entgegen«.

## 4. Kapitel

# Der Magen, der sich selbst verdaut

### Die überwiegende Mehrheit aller Magenleiden ist psychischen Ursprungs

Der Brief kam am Samstag morgen, als Dr. Grassner mit Frau und Tochter beim Frühstück saß. Während er ihn las, sah Birgit am Gesicht des Vaters, daß nichts Gutes darin stand. Der Brief war von Heinz, ihrem älteren Bruder. »Er hat wieder einen Anfall gehabt«, sagte Grassner bedrückt, »es ist zum Verzweifeln. Natürlich hat er die Tabletten nicht regelmäßig genommen. Und nun jammert er!«

Der Sohn litt, seit er als 15jähriger mit dem Moped gestürzt war, unter gelegentlichen epileptischen Anfällen. Das war vor sechs Jahren gewesen, und seither war er das Sorgenkind der Familie. Den Plan, Arzt zu werden wie sein Vater, hatte er aufgeben müssen. Er machte nun eine Banklehre in Hannover.

Grassner gab den Brief an seine Frau weiter. »Schreib ihm, daß wir alle großes Verständnis für ihn haben, aber daß er trotzdem – verdammt noch mal – regelmäßig das Mittel nehmen muß!« Seufzend stand er auf. »Ich muß noch einen Krankenbesuch machen«, sagte er. Im Vorbeigehen legte er seiner Tochter die Hand auf die Schulter. »Was bin ich froh, daß wir dich haben. Auf dich kann man sich verlassen. Ein richtiges Antisorgenkind bist du.« Er küßte sie auf die Stirn und ging hinaus.

In diesem Augenblick fühlte Birgit, wie sich ihr Magen schmerzhaft verkrampfte. Der Schmerz war so groß, daß sie sich am liebsten zusammengekrümmt hätte, aber sie wollte ihre Mutter nicht erschrecken und verließ eilig das Zimmer.

Draußen zog der Vater gerade den Mantel an. »Hör mal«, sagte er, »willst du nicht mitkommen?« Dann sah er ihr Gesicht. »Was ist denn mit dir los?«

»Mir ist nicht gut. Bauchweh.«

Er musterte sie besorgt. »Hast du was Verkehrtes gegessen?«

»Nein, überhaupt nicht.« Sie atmete tief. »Ist schon vorbei.«

»Hast du das öfter?«

»Hm – manchmal.«

»Kind, warum hast du mir das nicht schon früher gesagt!«

Grassner verschob den Krankenbesuch und nahm seine Tochter mit ins Untersuchungszimmer. Er nahm sich viel Zeit, konnte aber nichts Ernsthaftes feststellen. »Nervöser Magen«, sagte er beruhigt, »den hast du von mir. Jeder hat nun mal seine empfindliche Stelle.«

Birgit war sein ganzer Stolz. Vor kurzem hatte sie sich endgültig entschlossen, Medizin zu studieren. Seitdem träumte er davon, daß sie einmal seine Praxis übernehmen würde. Die Aussichten waren gut. Auf dem Gymnasium gehörte sie zu den drei besten Schülern der Kollegstufe. Sie lernte leicht, ohne sich zu überanstrengen. Und kerngesund war sie auch. Er sah schon das künftige Praxis-Schild an seiner Tür: Dr. med. Helmut Grassner – Dr. med. Birgit Grassner, Ärzte für Allgemeinmedizin. In der kleinen Stadt bürgte der Name Grassner für ärztliche Qualität, denn auch sein Vater und Großvater hatten hier praktiziert.

Er gab ihr eines der üblichen Mittel. »Dreimal am Tag, nach dem Essen. Dann wird das schnell besser.«

Das Mittel wirkte nur vorübergehend. Bald traten die Beschwerden wieder auf, und im Laufe der nächsten Monate wurden sie häufiger und stärker: Unbehagen beim Essen, danach diese stechenden Schmerzen, die manchmal so heftig waren, daß Birgit sich hinlegen mußte. Und zwischen den Mahlzeiten – oft auch nachts – quälte sie ein lästiges Sodbrennen. Das alles führte zu einem allgemeinen Appetitverlust.

Für den Vater war der Fall nun klar: Gastritis hyperacida, Magenschleimhautentzündung infolge chronischer Übersäuerung. Um ganz sicher zu gehen, besprach er sich mit einem befreundeten Internisten. Der bestätigte Grassners Diagnose. Das Röntgenbild zeigte inzwischen eine deutliche Vergröberung des Schleimhautreliefs.

Wie es denn sonst mit ihr stünde, fragte der Kollege, zum Beispiel Schule oder andere Belastungen?

Grassner winkte ab. »Ich weiß, was Sie meinen. Der berühmte psychogene Faktor. Da ist nichts, mein Lieber. Schulsorgen sind bei uns unbekannt. Birgit schreibt fast nur Einser. Und sonst? Sie hat einen netten Freund und genügend freie Zeit. Von uns wird sie zu nichts gezwungen. Nein, das ist ohne Zweifel eine Organschwäche.«

Der Kollege empfahl ein neues Mittel, das sich in seiner Praxis bewährt hatte, und gemeinsam stellten sie für Birgit eine Diät zusammen.

Es kamen die großen Ferien, und Birgit fuhr mit Freunden nach

Griechenland. Ihr Jahresabschlußzeugnis war vorbildlich gewesen, Notendurchschnitt 1,5. Sie hatte versprochen, sich möglichst an die Diät zu halten, aber auf der ersten Postkarte, die zu Hause eintraf, stand: »Leute, ich futtere wie ein Scheunendrescher. Der Retsina schmeckt wunderbar. Und mein Magen benimmt sich fabelhaft.«

Ihres Vaters Bedenken erwiesen sich als unbegründet, denn auf allen weiteren Kartengrüßen las er dasselbe: »Alles o. k.« Es ging ihr glänzend.

Braungebrannt und gesund kehrte sie zurück. Aber noch bevor das neue – und für sie letzte – Schuljahr begann, kamen die alten Beschwerden wieder, so vehement wie vorher. Trotz strenger Diät, trotz zusätzlicher Rollkur wurde das nicht besser. Und im November brachte eine Magenspiegelung bei dem internistischen Kollegen den niederschmetternden Befund: Ulcus ventriculi – Magengeschwür.

Nach aller Erfahrung wäre das beste ein mehrwöchiger Klinik- oder Kuraufenthalt gewesen. Viel Ruhe, wenig Belastung, darauf kam es jetzt an. Doch davon wollte Birgit nichts wissen. »Wie stellst du dir das vor?« sagte sie zu ihrem Vater. »Dann muß ich sämtliche Klausuren und Exen nachschreiben. Laß man, ich schaffe das schon, es sind ja nur noch sechs Monate bis zum Abitur.«

Sie schaffte es, wie es schien mühelos, wenn auch unter quälenden Schmerzen. Abiturnote 1,4. Der Studienplatz war gesichert.

»Meine Tochter Birgit«, sagte Dr. Grassner stolz, wenn man ihm zu dem Erfolg gratulierte, »die wird's ihren männlichen Kollegen noch zeigen.«

Schon kurz nach dem letzten Prüfungstag hatten die Schmerzen deutlich nachgelassen. Während des nun folgenden faulen Urlaubssommers verschwanden sie ganz, und im Herbst ergab eine Untersuchung, daß das Geschwür nahezu abgeheilt war. Das altbewährte Rezept hatte mal wieder geholfen: viel Ruhe, wenig Belastung und eine vernünftige Diät.

Hatte es wirklich geholfen? Wenige Wochen, nachdem Birgit die Universität bezogen hatte, fing alles von vorn an, und diesmal schien gegen ihre Beschwerden kein Kraut gewachsen zu sein, allenfalls während der Semesterferien gab es vorübergehende Besserungen. Dr. Grassners Hoffnungen verdunkelten sich. Nun hatte er neben dem epilepsieanfälligen Sohn eine magenkranke Tochter.

Ehe wir den Fall Birgit Grassner näher untersuchen, sind einige physiologische und psychologische Erklärungen notwendig.

*Zum Physiologischen:* Der Magen braucht für die Zersetzung der Speisen salzsäurehaltigen Verdauungssaft. Dessen Produktion wird durch einen Nerv des vegetativen Nervensystems, den Vagus, reguliert. Ist diese Regulation gestört, so gibt es entweder zu wenig oder zu viel Säure. Im ersten Fall wird die Speise schlecht oder gar nicht verdaut, sie liegt »wie ein toter Hund« im Magen. Im zweiten Fall erfolgt eine Übersäuerung des Magens (in der Fachsprache »Hyperacidität«). Auf die Dauer kann dieses Zuviel an Säure die Schleimhaut angreifen, sie wird wund und schmerzt, wenn der Magen Arbeit bekommt. Weitere Symptome: Sodbrennen, Aufstoßen, Blähungen. Die Gastritis (Gaster, griechisch der Magen) ist da.

Wird sie chronisch, so kann sich ein Magengeschwür (Ulcus) entwickeln: Der Magen verdaut sich sozusagen selbst, indem seine Säure – meist trichterförmige – Wunden in die Schleimhaut ätzt. In schweren Fällen kommt es dabei zu Blutungen oder gar zu einem Durchbruch (Perforation) der Magenwand. Nahezu das gleiche gilt für den Zwölffingerdarm (Duodenum), der sich an den Magenausgang anschließt.

*Zum Psychologischen:* Die Mehrzahl der Magenleiden, besonders die »hyperaciden«, sind psychogen, das heißt, sie haben seelischen Ursprung. Da Körper und Seele voneinander abhängig sind und ständig aufeinander einwirken, rufen starke Gefühlsbewegungen deshalb immer Reaktionen in bestimmten Organen hervor. (Die schon erwähnte »Organsprache«.) Der Magen reagiert nun vor allem auf zwei Arten von starken Gefühlsbewegungen:

● Auf den dringenden (unerfüllten) Wunsch nach Anlehnung, Hilfe, Versorgtheit,
● auf ständig unterdrückten Ärger.

Geht man in die früheste Kindheit zurück, so bedeutet der Wunsch nach Anlehnung und Versorgtheit das Verlangen, gefüttert zu werden. Bekommt der Säugling die Mutterbrust oder die Flasche, so wird sein Wunsch erfüllt, er fühlt sich umsorgt. Bei manchen Menschen bleibt dieser frühkindliche Wunsch aus bestimmten entwicklungspsychologischen Gründen auf Dauer bestehen; das verträgt sich aber schlecht mit dem Streben ihres Erwachsenen-Ichs nach Unabhängigkeit und Leistung. Deshalb verbergen sie das Verlangen nach der behüteten Existenz des Kleinkindes vor sich selber und verdrängen es ins Unbewußte.

Das verdrängte Verlangen nach Anlehnung und Versorgtsein, der unbewußte Wunsch also, gefüttert zu werden, mobilisiert die Magennerven. Der Magen verhält sich so, als ob Speise aufgenommen würde oder zu erwarten sei. Er produziert unablässig Verdauungssaft, der gar nicht benötigt wird. Die Folge: Übersäuerung, chronische Reizung der Schleimhaut – Magengeschwür.

Zurück zum Fall Birgit Grassner. Sie war als behütetes Kind aufgewachsen, von der Mutter geliebt, vom Vater verwöhnt. »Unser kleines Mädchen«, hieß es in der Familie. Birgit fühlte sich in der Rolle des »kleinen Mädchens« wohl, zumal ihr drei Jahre älterer robuster Bruder die Rolle des »großen Jungen« perfekt spielte. Bei aller Rauhbeinigkeit behandelte er sie meist zärtlich und beschützend. Für sie stand fest, daß Heinz einmal der Nachfolger des Vaters werden würde. Für sich selber sah sie in der Zukunft eine Frauenrolle, ähnlich ihrer Mutter, an der Seite eines starken Partners.

Der Unfall des Bruders veränderte diese Situation vollständig. Plötzlich war Heinz nicht mehr der große starke Junge, sondern der pflegebedürftige Patient, der nie würde Arzt werden können. Und Birgit mußte eine Rolle übernehmen, die sie nicht gewohnt war: die der »großen Tochter«. Das tat sie mit Konsequenz.

Sie erlebte nun den Kummer des Vaters darüber, daß er keinen Nachfolger haben würde. Aus Liebe zu ihm begann sie sich für Medizin zu interessieren. Zwar war dieses Interesse nie besonders intensiv, aber als sie seine hoffnungsvolle Begeisterung sah, identifizierte sie sich so sehr damit, daß sie schließlich selber glaubte, kein anderer Beruf komme für sie in Frage. Neben der Rolle der »großen Tochter« übernahm sie also noch die des Sohnes und Nachfolgers. Das war emotional zuviel für sie. Denn die geheime Sehnsucht nach der behütenden Fürsorge ihrer Kindheit ließ sich zwar verdrängen, blieb aber unbewußt vorhanden. Je näher sie dem Abitur kam und damit der endgültigen Lebensentscheidung, desto stärker reagierte ihr Magen.

Während der langen Urlaubszeit nach dem Abitur – ebenso während des Griechenlandaufenthalts – ließ das angenehme Gefühl, versorgt zu sein, ihr Problem weit in den Hintergrund treten. Sie hatte kein Verlangen danach, »gefüttert« zu werden, und ihr Magen reagierte mit normaler Funktion. Mit dem Wechsel zur Universität aber war das unbewußte Problem wieder da. Die Krankheitsspirale: symbolischer Hunger – Überproduktion an Magensäure – Gastritis – Ulcus begann von neuem sich zu drehen.

Natürlich stellt sich die Frage nach den Heilungschancen eines solchen Falles. Da gibt es vier Möglichkeiten:

1. Birgit ändert ihre Berufspläne und entscheidet sich für eine Tätigkeit, die ihren unbewußten Wünschen entspricht. Eine solche Veränderung ist nach Lage der Dinge ziemlich unwahrscheinlich.

2. Birgit macht von selber einen Reifungsprozeß durch, der den Konflikt zwischen ihrem Erwachsenen-Ich und den frühkindlichen Wunschvorstellungen beseitigt. Diese Möglichkeit besteht, muß aber der Zeit und dem Zufall überlassen bleiben.

3. Birgit lernt, mit ihrem Magenleiden zu leben. Vermutlich wird sie sich dann irgendwann einer Operation unterziehen. Von allen Eingriffen dieser Art hat sich bisher die sogenannte Vagotomie am besten bewährt. Dabei werden die den Magen versorgenden Äste des Vagusnervs zum großen Teil durchtrennt, wodurch die Säureproduktion gedrosselt wird. Sofern der psychische Konflikt aber weiterbesteht, ist es möglich, daß sich die körperliche Symptomatik mit der Zeit auf ein anderes Organ verschiebt.

4. Birgit kommt zu der Einsicht, daß seelisch etwas mit ihr nicht stimmt. Sie beschreitet den steinigen Weg einer Psychotherapie. Wieweit der erfolgreich ist, hängt von ihrer Fähigkeit ab, durch geduldige Arbeit an sich selber den unbewußten Konflikt aufzulösen.

Nicht bei allen psychogenen Magenkranken gehen die Wurzeln ihres Leidens bis in die Kindheit zurück. Es genügt auch – wie schon gesagt – langanhaltender, immer wieder unterdrückter Ärger. Den Ärger »frißt man in sich hinein«. Er ist schwer zu verdauen. Mit schwer verdaulicher Speise hat sich, wie jeder weiß, der Magen ganz schön abzuplagen. Er muß immer mehr Säure produzieren, um damit fertig zu werden. Da der Vagusnerv aber auf seelische Brocken genauso reagiert wie auf tatsächliche, ist die häufige Folge chronisch unterdrückten Ärgers Gastritis oder ein Magengeschwür.

Hierzu der Fall des Journalisten Paul Kampe, 33 Jahre alt, verheiratet, zwei kleine Kinder. Er hatte von seinem Großonkel ein prachtvolles Jugendstilhaus geerbt, zweistöckig, zehn Zimmer, mit einer großzügigen offenen Treppenhalle. Er ließ es herrichten, bezog mit den Seinen das Parterre und vermietete, da er Geld brauchte, den ersten Stock an einen Oberstudienrat samt dreiköpfiger Familie. Doch bald stellte sich heraus, daß er mit dem Mieter die falsche Wahl getroffen hatte.

Kampe hatte abends häufig Gäste, er war auch sonst kein Kind von Traurigkeit. Der Mieter hingegen war ein pedantischer, etwas griesgrämiger Mann, der über seine Familie nach alter Patriarchensitte herrschte und auf jede Art von Störung ungemein aggressiv reagierte. So mußten die Kampes, wenn Gäste da waren, immer häufiger erleben, daß der Oberstudienrat abends nach zehn bei ihnen anrief und sich über den »unglaublichen Lärm« beschwerte.

Paul Kampe war bei aller Fröhlichkeit ein dünnhäutiger Mensch, ihm gingen diese Querelen bald auf die Nerven, genauer gesagt, auf den Vagus. Das Frühstück schmeckte ihm nicht mehr so wie früher, und oft meldete sich der Magen durch einen ziehenden Schmerz. Er versuchte, auf dem Verhandlungsweg bei einem Steinhäger Frieden zu schaffen. Doch der Versuch scheiterte an dem Übelwollen des Hausgenossen, und es blieb ihm nichts übrig, als die Fehde durchzustehen.

So kam es zu einem Dauerkrieg, bei dem der Oberstudienrat einen erstaunlichen Einfallsreichtum an den Tag legte. Er setzte dafür nicht nur seine Söhne ein – täglich zweistündiges Klavierüben bei angelehnter Tür sowie häufiges Die-Treppe-herauf-und-herunter-Poltern, wenn Kampes Kinder schliefen –, auch seine Frau beteiligte sich durch hinterlistiges Reizen von Kampes Hund zu harmlosen Aggressionen. Ihre nachfolgenden Hilferufe pflegte dann die Familie Kampe mit Schuldgefühlen zu beladen. Der Patriarch selber focht aus dem Hinterhalt mit Anrufen, Briefen und Klopfzeichen.

Paul Kampe hatte schließlich genug, und er schickte einen formgerechten Kündigungsbrief. Das brachte ihm eine sarkastische Ablehnung ein, und er mußte sich von seinem Anwalt belehren lassen, daß nach dem neuen Mietgesetz eine Kündigung praktisch unmöglich geworden sei. Inzwischen hatte der Arzt bei ihm eine chronische Gastritis festgestellt. Kampe lebte diät, mied Alkohol und Zigaretten, was ihm äußerst schwerfiel, und hatte immer seltener Gäste.

Nach und nach fiel er vom Fleisch und mit der Zeit lief er Gefahr, genauso griesgrämig zu werden wie sein Mieter. Ein letzter Versuch, denselben zum Auszug zu überreden mit dem Angebot, alle Kosten zu übernehmen, mißlang.

Die Aussicht, mit diesem Mann und seiner Familie noch Jahre, vielleicht Jahrzehnte zusammenleben zu müssen, stürzte Kampe samt Frau in tiefe Verzweiflung. Als kurz darauf eine durch den Mieter erwirkte Einstweilige Verfügung eintraf, die dem Hausherrn untersagte, seinen Hund frei im Garten oder in der Treppenhalle herumlaufen zu lassen, landete er mit unerträglichen Schmerzen im Krankenhaus. Diagnose: akutes Magengeschwür.

Paul Kampe würde wahrscheinlich noch heute mit seinem Magen herumlaborieren, wenn nicht ein gütiges Geschick eingegriffen hätte. Ein Liebhaber bot ihm einen extrem günstigen Preis für sein Jugendstilhaus. Kampe verkaufte es und erwarb dafür einen Bungalow mit hübschem Grundstück am Stadtrand.

Am Tag des Einzugs, als er die Gartentür hinter sich geschlossen und den Hund von der Leine gelassen hatte, waren die Schmerzen verschwunden. Drei Monate später ließ er sich noch einmal untersuchen. Das Geschwür war abgeheilt.

Seitdem ißt und trinkt Paul Kampe, wonach es ihn gelüstet. Er ist wieder der fröhliche Mensch von ehedem, denn sein Magen braucht sich nicht mehr mit unverdaulichen seelischen Brocken abzuplagen.

## 5. Kapitel

# Asthma – der Schrei nach der Mutter

## Über den engen Zusammenhang
## zwischen Seele und Atmung

Stellen Sie sich vor: Sie sind in freudiger Erregung, allein oder in Gesellschaft mit anderen, und plötzlich bleibt Ihnen der Atem weg. Sie »ringen« nach Luft, buchstäblich. Das kann in einem geschlossenen Raum vorkommen, aber auch im Freien, zum Beispiel an der See oder im Gebirge. Frische, sauerstoffhaltige Luft ist reichlich vorhanden, trotzdem – Ihre Lungen schaffen es nicht.

Besonders schwer fällt Ihnen das Ausatmen, es geht nur stoßweise, Sie müssen sich ungeheuer anstrengen, den Atem herauszupressen. Sie hören nichts als Ihr eigenes Keuchen. Dieses Keuchen ist es, was Ihre Umgebung am meisten erschreckt. Aber Sie interessieren sich in diesen Momenten nicht für Ihre Umgebung, denn alles in Ihnen konzentriert sich auf den Atemvorgang. Und je mehr Sie sich darauf konzentrieren, um so hilfloser sind Sie. Es scheint, als hätten Sie plötzlich verlernt, richtig Luft zu holen. Ihr Zwerchfell tut so, als wolle es einatmen, während Sie ausatmen wollen. Nichts geht mehr. Sie versuchen, sich zu beruhigen, sagen sich, daß Sie das seit Ihrer Geburt richtig machen, ohne darüber nachzudenken. Aber auch solche Überlegungen nutzen nichts, Angst legt eine Klammer um Ihren Brustkorb, die Angst, zu ersticken, die Angst zu sterben.

Und nachher, wenn der Anfall vorüber ist, wenn Sie wieder Luft kriegen, ganz normal, wissen Sie nicht, was es war und warum es gerade in diesem Moment kam. Und nie mehr sind Sie sicher, ob die Atemnot wiederkommt, wenn sie wie aus heiterem Himmel über Sie herfällt und wie lange es dauern wird, Minuten, Stunden oder Tage. – Asthma.

Konrad Jensen, 24 Jahre alt, Maschinenschlosser, überfiel es an einem Frühlingstag bei seiner Ankunft auf dem Hamburger Flughafen. Er hatte drei Monate im Auftrag seiner Firma in Saudi-Arabien gearbeitet. Nun freute er sich unbändig auf seine Freundin Inge, mit der er seit zwei Jahren sehr glücklich zusammenlebte.

Nachdem er alle Kontrollen hinter sich hatte, lud er sein Gepäck auf, wischte sich mit einem Erfrischungstuch über Stirn und Bart und schob fröhlich den Kofferkuli dem Ausgang zu. Schon von weitem sah er Inge. Verlockend stand sie da in einem roten Pulli und grünen Samthosen und unterhielt sich lachend mit einem Flughafenangestellten. Dann entdeckte sie ihn und kam winkend auf ihn zu.

In diesem Augenblick bleibt ihm der Atem weg. Keine Luft, Erstickungsgefühle, Todesangst. Er begreift überhaupt nicht, was mit ihm los ist. Die merkwürdigsten Gedanken schießen ihm durch den Kopf. Klimawechsel, denkt er, die Hitze in Saudi-Arabien und nun der kühle Hamburger Wind. Infektion, denkt er, was mag ich da eingeatmet haben, irgendein giftiges Gas, mein Gott! Gekrümmt steht er und hält sich am Griff des Gepäckwagens fest.

Er hört Inges Stimme: »Um Gottes willen, was hast du denn, Konny?« Leute sammeln sich um ihn. »Einen Arzt!« schreit Inge. Ein Sanitäter erscheint, der ruft den Notarzt. Man bringt Jensen ins Krankenhaus. Dort spritzen sie krampflösende Mittel, und nach einer Stunde kann er wieder atmen.

»Das war das Schlimmste, was ich je erlebt habe«, sagt er zum Stationsarzt.

»Asthma bronchiale«, antwortet der. »Haben Sie schon mal so einen Anfall gehabt?«

»Nein.«

»Lassen Sie sich mal gründlich untersuchen.«

Bei der Untersuchung kommt nichts heraus. Sie machen alle möglichen Tests mit ihm und finden nichts. »Wahrscheinlich psychogen«, sagt einer der Ärzte. Und Konrad Jensen ist so klug wie zuvor.

Asthma bronchiale – wie wird diese Krankheit verursacht und wie verläuft sie? Das Wort Asthma kommt aus dem Griechischen und bedeutet Atemnot, Keuchen. Die Bronchien, das sind die Atemwege, die am Ende der Luftröhre nach beiden Seiten in die Lungenflügel abzweigen und sich dort immer weiter verästeln, um die Lungenbläschen mit Luft zu versorgen. Die kleinsten Verästelungen nennt man Bronchiolen.

Bei einem Anfall verengen sich krampfartig die Bronchiolen und erschweren oder verhindern das Atmen. Gleichzeitig schwellen die Bronchialschleimhäute an und bilden ein zähes Sekret. Das führt zu einer weiteren Verengung und löst bei vielen Kranken einen harten, quälenden Husten aus.

Diese Vorgänge, hervorgerufen durch einen äußeren Reiz, werden vom Nervus Vagus gesteuert. Es handelt sich also um eine Abwehrreaktion gegen bestimmte Reizstoffe, die mit der Luft eingeatmet werden. Der Asthmatiker ist gegen solche Stoffe »allergisch«. Die Reizstoffe nennt man daher »Allergene«.

Die Auswahl an Allergenen ist groß: Blütenpollen, Erdsporen, Tierfelle, aromatische Öle oder einfach Hausstaub. Auch die Bestandteile bestimmter Medikamente (Brom, Jod) oder einzelner Nahrungsmittel (Eier, Schellfisch, Schokolade) können als Allergene wirken. Warum das so ist, weiß niemand. Sicher ist, daß eine gewisse körperliche Veranlagung vorhanden sein muß. 50 Prozent aller Asthmatiker leiden zum Beispiel an einer Geruchsüberempfindlichkeit. Und die meisten von ihnen neigen zu Hautallergien – Abwehrreaktionen der Haut, die sich in Ausschlägen, Ekzemen, Nesselfieber und so weiter äußern.

Ursprünglich hat man in der Medizin das Asthma als eine nervöse Krankheit angesehen. Als man dann die Wirkung der Allergene entdeckte, glaubte man eine endgültige Erklärung gefunden zu haben. Doch es stellte sich heraus, daß Asthma medikamentös zwar bekämpft, aber nur in seltenen Fällen geheilt werden kann. Erst mit dem Fortschritt der Psychologie kam die Theorie von der nervösen Ursache wieder zu Ehren. Allerdings wurde nun das Wort »nervös« durch »psychisch« ersetzt.

Fest steht inzwischen, daß bei der Auslösung eines Asthmaanfalls emotionale Faktoren eine wesentliche Rolle spielen. Das können plötzliche und starke Gefühlsbewegungen sein: sexuelle Erregung, Angst, Schrecken, Eifersucht, Wut. Fest steht ferner, daß seelische und körperliche Faktoren dabei in Wechselwirkung stehen, wobei die seelischen meist die ursprünglichen sind. Asthma gehört also zu den psychosomatischen Krankheiten.

Psychologisch gesehen ist das Problem des Asthmatikers ein Mutterproblem. Das heißt, daß er als Erwachsener unbewußt noch immer unter Trennungs- oder Zuwendungsängsten leidet. Solche Ängste, in der frühen Kindheit normal, verankern sich im Unbewußten, wenn die Mutter – tatsächlich oder scheinbar – ihr Kind ablehnt, so daß es in der ständigen Besorgnis aufwächst, ihre Zuwendung zu verlieren.

Besonders gefährlich können solche Mütter sein, die ihren Söhnen unbewußt eine verführerische Haltung zeigen, sie aber äußerlich zurückweisen. Das Kind weiß dann nicht, woran es ist (liebt sie mich oder liebt sie mich nicht?). Es möchte schreien oder weinen, unterdrückt aber solche Regungen, aus Furcht, es könnte von der Mutter noch mehr zurückgewiesen werden.

Die Tiefenpsychologie erklärt deshalb den Asthma-Anfall als unterdrückten Schrei nach der Mutter. Einige Psychoanalytiker weisen auch auf die Beziehung zwischen dem Asthma und dem Weinen hin. Unterdrücktes Weinen führt bei Kindern zu Atmungsschwierigkeiten. Der vergebliche Versuch, mit dem Weinen aufzuhören, verursacht oft ein erstickungsartiges Keuchen – wie beim Asthma-Anfall.

Tatsächlich zeigen die Krankengeschichten vieler Asthmatiker eine starke Bindung an die Mutter, wobei deren ablehnende oder ambivalente (zweideutige) Haltung oft eine entscheidende Rolle spielte. Und hier liegt wahrscheinlich die Erklärung für den Fall Konrad Jensen. Auch er hatte, wie sich bei einer späteren Behandlung herausstellte, eine enge Bindung an seine Mutter gehabt. Sie war eine schöne, sehr reinliche Frau, die immer ein wenig nach Kölnisch Wasser duftete. Jensen erinnerte sich, daß er ihr Liebling war und nicht sein älterer Bruder. Er erinnerte sich aber auch daran, daß sie häufig, wenn sie mit ihm »geschmust« hatte, sich unvermittelt dem Bruder zuwandte, intensiv mit ihm sprach und scherzte, während sie den kleinen Konny überhaupt nicht mehr beachtete.

Der Junge litt schmerzlich unter diesem jähen Wechsel. Er fühlte sich dann im Stich gelassen, brennende Eifersucht erfüllte ihn. Am liebsten hätte er vor Trauer und Wut geschrien, was er aber nie tat, weil er fürchtete, ihre Liebe dann ganz zu verlieren.

Später übertrug Konrad Jensen diese Abhängigkeitsgefühle auf seine Freundin Inge. Sie war ein paar Jahre älter als er und übernahm mit »mütterlicher« Hand die Führung in der Partnerschaft. An jenem Tag auf dem Flughafen nun trafen für ihn zwei auslösende Reize zusammen. Den Kölnisch-Wasser-Duft des Tuches, mit dem er über Stirn und Bart gefahren war, hatte er noch in der Nase, als er freudig erregt nach Inge Ausschau hielt. Sie beachtete ihn jedoch nicht, sondern sprach und scherzte mit dem Flughafenangestellten. Der Mann verkörperte in diesem Moment den älteren Bruder von damals. Die beiden Reize, der körperliche des Kölnisch Wassers und der psychische, verursachten die Initialzündung des Anfalls: der aus Wut und Eifersucht gemischte unterdrückte Schrei nach der Zuwendung der Mutter.

Aber nicht nur die Angst um mütterliche Zuneigung, auch eine Haß-Liebe-Beziehung kann als psychischer Faktor für diese Krankheit von Bedeutung sein. Dafür ist der Fall der 17jährigen Hilde K. ein Beispiel*.

Sie litt seit ihrer Kindheit an Asthma bronchiale und an einer Überempfindlichkeit gegen Hausstaub und Bettfedern. Während eines Krankenhausaufenthaltes brachte man ihr ein für sie umgearbeitetes Kleid ihrer Mutter. Als sie es anzog, bekam sie einen äußerst schweren Anfall. Die behandelnden Ärzte stießen bei ihren Nachforschungen auf folgendes »Urerlebnis«:

Hildes Verhältnis zu ihrer strengen Mutter war, seit sie sich erinnern konnte, gespannt gewesen. Als Kind mußte sie nach dem Essen immer für eine Stunde ins Bett, während die Mutter ihren Mittagsschlaf hielt. Da Hilde aber nie schlief, sondern heimlich spielte, zwang die Mutter sie eines Tages, sich neben sie ins Bett zu legen. Es war ein heißer Tag, die Mutter schwitzte, und das Kind ekelte sich vor dem Geruch. Da bekam es seinen ersten Asthma-Anfall. Der Konflikt des Kindes ist offensichtlich: Die Mutter, die ich liebe, deren Hilfe ich brauche, einerseits; und die Mutter, die mich tyrannisiert und vor deren Geruch mich ekelt, andererseits.

Die Ärzte machten bei Hilde K. gezielte Tests mit Lösungen aus Stoffen und Schweißblättern verschiedener Personen. Hilde reagierte nur auf einen: den mit dem Achselschweiß ihrer Mutter.

Ganz anders lag der Fall der 16jährigen Gisela F.**. Als sie eines Morgens von ihrem Lehrer in der Deutschstunde aufgerufen wurde, konnte sie nicht antworten, der Atem stockte ihr, und sie bekam zum erstenmal in ihrem Leben einen Asthma-Anfall. Er war so schwer, daß sie mehrere Tage im Bett bleiben mußte. Sie erinnerte sich nachher, daß der Fußboden des Klassenzimmers frisch geölt war, ein Geruch, den sie nicht besonders mochte, den sie aber jahrelang gewohnt gewesen war. Die leichte Abneigung dagegen konnte unmöglich die Ursache des schweren Anfalls gewesen sein. Die Erklärung dafür fand sich viel später während einer psychotherapeutischen Behandlung, als sie sich intensiv mit ihrer Schulzeit beschäftigte:

Gisela war die beste Schülerin der Klasse gewesen. Sie ging

* Dieser Fall wurde von W. Hollmann und H. Erdmann (1955) beschrieben.
** Dieser Fall wurde von W. Bräutigam (1954) beschrieben.

gern in die Schule, denn zu Hause wurde sie nicht besonders liebevoll behandelt. Ihre guten Leistungen und das Lob, das sie dafür erntete, entschädigten sie für die Kühle und Interesselosigkeit ihrer Eltern. Mit 15 bekam sie in Deutsch, ihrem Lieblingsfach, einen neuen Lehrer, der sie nicht leiden konnte. Dieser Lehrer begann sie im Laufe der Zeit regelrecht zu schikanieren. Er rief sie häufig auf, kritisierte sie bei jeder Gelegenheit, machte sie vor der Klasse lächerlich, kurz, nichts konnte sie ihm rechtmachen. Und das ausgerechnet in dem Fach, in dem sie vorher geglänzt hatte.

Als er an diesem entscheidenden Morgen auf sie zutrat, sah sie sich in einer verzweifelten Situation, aus der sie allein nicht herauskommen konnte. Sie fürchtete sich so sehr vor den hinterhältigen Fragen des Lehrers, vor seiner Kritik, vor seinem Hohn, daß der Anfall sie plötzlich überfiel. Eine wirkliche Abneigung gegen Fußbodenöl hatte sie erst von diesem Tag an, und es blieb eine Neigung zu Atembeschwerden, wenn sie mit terpentinhaltigen Stoffen in Berührung kam. Anfälle bekam sie nur immer dann, wenn sie sich in konflikthaften Lebensumständen befand.

Ein seelischer Konflikt ist bei nahezu allen Asthmatikern im Spiel. Dabei muß nicht unbedingt eine Mutterfigur im Vordergrund stehen. Manchmal ist es so, daß der Kranke sich in einer Lage befindet, aus der er keinen Ausweg sieht, wie der Fall Gisela F. zeigt. Der Anfall ist dann symbolisch eher ein unterdrückter Schrei nach Hilfe aus Not und Bedrängnis.

Asthma bronchiale kann in schweren Fällen zum Tod führen, wenn nicht rechtzeitig ärztliche Hilfe da ist. Die Krankheit kommt in jedem Alter vor, am meisten jedoch im ersten Lebensjahrzehnt. Bei Knaben ist sie übrigens doppelt so oft zu finden wie bei Mädchen. Die Hälfte der Fälle heilt mit der Pubertät aus.

Die Häufigkeit der Erkrankung im Kindesalter bestätigt die Annahme, daß die familiäre Situation, insbesondere das Kind-Mutter-Verhältnis, für ihre Entstehung von großer Bedeutung ist. Das würde auch die Tatsache erklären, daß überwiegend Knaben davon betroffen werden, denn ihre Bindung an die Mutter ist während der »ödipalen Phase« (Freud) sehr viel intensiver als die der Mädchen. Der prominenteste Asthmatiker unseres Jahrhunderts war der Dichter Marcel Proust. Er hatte eine massive Mutterbindung und ist an Asthma gestorben. – Die armen Mütter. Es ist ihr Schicksal, daß sie das erste Liebesobjekt ihrer Kinder sind und daß ihnen damit die Verantwortung für deren frühe Entwicklung aufgebürdet wird.

Störungen des Atmungsvorganges sind deshalb so besonders angsterregend, weil Atmen, Lebendigsein und Seele in der Vorstellung des Menschen eng zusammenhängen. »Er hauchte seine Seele aus«, das war früher eine häufig gebrauchte poetische Wendung für das Sterben. Und die Römer hatten gar für die drei Begriffe Atem, Leben und Seele ein und dasselbe Wort: Anima.
Bedeutsam in diesem Kontext ist zudem die Tatsache, daß das Atmen als einzige lebenswichtige Körperfunktion sowohl willentlich, also intentionell vom Großhirn, als auch unwillkürlich, durch das vegetative Nervensystem, gesteuert wird. Wir können bewußt tief atmen und, wenn wir zum Beispiel tauchen oder einen störenden Geruch vermeiden wollen, den Atem anhalten. Im Schlaf aber brauchen wir uns um unsere Atmung nicht zu kümmern; das Vegetativum übernimmt automatisch die Verantwortung dafür.
Berücksichtigen wir nun noch, daß drei unserer wichtigsten emotionalen Ausdrucksformen – das Sprechen, das Singen, das Schreien – nur durch die Atmung möglich sind, so wird klar, wie sehr Atmung und psychische Befindlichkeit miteinander zusammenhängen. Jeder »normale« psychische Affekt läßt unseren Atem schneller gehen. Handelt es sich um einen langandauernden seelischen Erregungszustand, für den es keine Abfuhr gibt, so können lästige Störungen der Atmung auftreten, die in der Fachsprache als »Nervöses Atemsyndrom« zusammengefaßt werden.
Im einzelnen sind zu unterscheiden: Die Hyperventilation (Überatmung), die als Anfall zur Hyperventilations-Tetanie wird, das Seufzeratmen, das »Atmungskorsett« und der nervöse Husten, auch »Protesthusten« genannt. Die psychischen Ursachen sind meist Angst oder das Gefühl, mit irgend etwas nicht fertig werden zu können.
Die Hyperventilation äußert sich in einem chronischen Lufthunger, einem Zwang, tief durchatmen zu müssen, so als wenn der Mensch eine schwere Arbeit zu verrichten hätte oder sie gerade in Angriff nehmen wollte. Die schwere Arbeit, das ist ein seelisches Problem, dem er nicht gewachsen ist. Bei manchen Personen tritt die Hyperventilation in Form von starken Anfällen auf, dabei erfolgt durch Abatmung von $CO_2$ (Kohlen-

dioxyd) eine Verkrampfung (Tetanie) der Muskulatur, äußerlich erkennbar an der »Pfötchenhaltung« der Hände und einem Erkalten der Extremitäten.

Viele Ärzte führen solche Symptome noch immer auf biochemische Störungen zurück und spritzen daher Kalzium. Meist erreichen sie damit einen Placebo-Effekt*. Der Patient fühlt sich in der Obhut des Doktors geborgen und glaubt natürlich an die Wirkung der Injektion. Dadurch setzt allmählich eine Besserung ein, und der Arzt fühlt sich durch den Erfolg in der Anwendung des nutzlosen Mittels bestätigt. Ein akuter Anfall kann jedoch nur durch $CO_2$-Rückatmung aus einer Plastiktüte oder mit Hilfe eines vorgehaltenen Taschentuchs gestoppt werden, womit natürlich die psychischen Ursachen der Hyperventilationstetanie nicht beseitigt sind.

Typisch für die verdeckten seelischen Hintergründe solcher Störungen ist der Fall Claudia R., 19 Jahre alt. Claudia wuchs in einer sogenannten »guten« Familie auf, wurde von beiden Eltern sehr geliebt, hatte in der Schule keine Schwierigkeiten und schien keinerlei außergewöhnliche Probleme zu haben. Dennoch litt sie ab 17 unter gelegentlichen Anfällen von Hyperventilations-Tetanie. Der Hausarzt gab Kalziumspritzen, was offenbar half. Als die Anfälle sich verstärkten, riefen die Eltern einen ihnen bekannten Internisten, der Claudia in seine Privatklinik aufnahm und ebenfalls mit Kalzium behandelte. Auch diesmal ließen die Symptome nach, und der Professor verordnete ein Kalziumpräparat zum Einnehmen.

Zwei Jahre darauf trennten sich die Eltern, beide sehr erfolgreich berufstätig, im gegenseitigen Einvernehmen, und der Vater zog in eine andere Stadt. Dort besuchte ihn Claudia, die inzwischen ein Universitätsstudium begonnen hatte. Während die beiden in bester Stimmung beim Abendessen in einem Restaurant saßen, kam wieder ein Anfall. Der erschrockene Vater packte das Mädchen in seinen Wagen und fuhr sie zur Notaufnahme des nächsten Krankenhauses.

Zu seinem Entsetzen gab der diensthabende Arzt nicht die gewohnte Spritze, sondern stülpte der Patientin eine Plastiktüte über das Gesicht, worauf sich ihr Zustand rasch besserte. Dennoch protestierte der Vater lautstark gegen diese »brutale« Behandlung seiner geliebten Tochter. Der Horizont dieses jungen

---

* Placebo (lateinisch): Ich werde gefallen. Placebo-Effekt: Positive Wirkung eines Scheinmedikaments.

Arztes ging offenbar über den Bereich des Naturwissenschaft-lich-Medizinischen weit hinaus. Er setzte den Vater kurzer-hand vor die Tür und fragte Claudia vorsichtig nach ihrem »Kummer«. Und als sie zögernd andeutete, daß es sich um ihre Eltern handelte, gab er ihr die Adresse eines Klinischen Psychologen.

Hier Claudias Kummer: Sie war zusammen mit ihren Ge-schwistern in dem Bewußtsein aufgewachsen, daß zu Hause al-les »stimmte«, ja nahezu perfekt war. Der Vater schien ihr ein Ideal-Vater, die Mutter eine Ideal-Mutter zu sein. Tatsächlich lief keineswegs alles perfekt zwischen den beiden, doch Ehe-krisen wurden grundsätzlich vor den Kindern geheimgehalten. Als sie älter wurden, begann Claudia die geheimen Spannun-gen zwischen den gleichermaßen geliebten Eltern zu spüren, und ihr Ideal-Bild bekam die ersten Risse, die sie zu übertün-chen suchte. In dieser Zeit setzten die ersten Anfälle ein. Die Anfälle verstärkten sich, nachdem sie erfuhr, daß ihr Vater eine Affäre mit einer anderen Frau gehabt hatte. Das war et-was, was sie sich von dem geliebten, immer freundlichen und zärtlichen Mann kaum vorstellen und deshalb nicht verkraften konnte.

Die Trennung der Eltern wurde mit den Kindern sachlich be-sprochen und schien zunächst eine befreiende Wirkung zu ha-ben, zumal es bei Vater und Mutter keine Konkurrenzgefühle ihnen gegenüber gab.

An jenem Abend im Restaurant der anderen Stadt nun sprach der Vater in etwas weinseliger Stimmung offen mit Claudia über seine Situation. Er sagte, daß er sich als Junggeselle ziemlich einsam fühle, daß er eine Frau brauche, aber keine geeignete finden könne. Und scherzhaft fügte er hinzu: »Wenn ich einer Frau begegnete, die so ist wie du, Claudia, dann wäre alles gut.«

Sie versuchte auf seinen Ton einzugehen. »Mein Gott«, sagte sie, »such dir doch eine, sei nicht so faul, es gibt ja genügend, und so alt bist du doch noch nicht.«

Kurz danach kam der Anfall.

Claudia erinnerte sich später: An diesem Abend brach ihr ideales Vaterbild endgültig zusammen. Die Vorstellung, daß er auf der Suche nach einer Frau war, daß er Frauen sozusagen »nachstieg«, dazu der paradoxe Wunsch, die zu finden, die so war wie sie, seine Tochter, und nicht wie ihre Mutter, das war rational noch eben zu akzeptieren, aber ihr Gefühl revoltierte, und unter der Belastung dieses unlösbaren Widerspruchs setzte der Anfall ein.

Sie brauchte nur drei Therapiestunden, um sich über ihren nur halbbewußten seelischen Konflikt ganz klar zu werden und die Trümmer ihres Vaterbildes beiseite zu räumen. Sie wandte sich eine Weile ganz ihrer Mutter zu, ehe sie begann, ein neues Bild ihres Vaters aufzubauen, das realistische Bild eines normalen Mannes mit vielen menschlichen Fehlern und Mängeln, den sie auf eine neue Weise wieder lieben konnte. Einen Anfall hat sie seitdem nie wieder gehabt.

Ähnliche seelische Ursachen wie die Hyperventilation haben die »Seufzeratmung« und das »Atemkorsett«. Bei der Seufzeratmung wird der normale Atem immer wieder durch ein tiefes hörbares Ein- und Ausatmen unterbrochen. Dieses Seufzen drückt unbewußt einen seelischen Kummer aus, mit dem der Patient sich herumschlägt, ohne einen Ausweg zu finden. Und starke seelische Bedrückung äußert sich manchmal auch darin, nicht richtig durchatmen zu können, man hat das Gefühl, einen Ring oder ein Korsett um die Brust zu haben. Dieses Korsett symbolisiert den seelischen Druck, unter dem der Betreffende steht, von dem er sich ohne fremde Hilfe nicht befreien kann.

Und schließlich der nervöse Husten. Wir haben die psychosomatische Redewendung »Ich huste dir was«, womit wir unsere Aggression oder unseren Protest gegen andere ausdrücken wollen. Und genau das tut der Mensch, der seine Aggression oder seinen Protest auf andere Weise nicht loswerden kann. Der Protesthusten ist auffallend laut, wirkt aggressiv und störend und ist durch Medikamente nicht zu behandeln, denn es liegt keine bakterielle Ursache vor. Nur die Ausschaltung des Protest- oder Aggressionsobjektes kann ihn zum Verschwinden bringen.

A. Jores (1973) beschreibt den Fall eines 65jährigen Segelmachers, der mit seinem Sohn das traditionsreiche Handwerk in der dritten Generation betrieb. Der Sohn war kürzlich in das Geschäft eingetreten und verhielt sich den Kunden gegenüber in einer Weise, die der Vater nicht billigte. Da der Sohn aber in absehbarer Zeit das Geschäft ohnehin allein führen würde, meinte der Vater, daß es zwecklos sei, ihm noch dreinzureden. Sein Protest gegen das Verhalten des Sohnes drückte sich deshalb in einem harten, trockenen Husten aus. Der Therapeut riet ihm, sich sofort aus dem Geschäft zurückzuziehen. Das tat er, und der Husten verschwand prompt.

Hierzu noch ein Fall aus meiner eigenen Erfahrung, dessen Ursachen und Symptome freilich vielfältiger und komplizierter lagen:

Frau Ingrid D., 38, geschieden, Direktrice einer Modefirma in einer mittleren westdeutschen Stadt, kam mit einer depressiven Neurose in die Behandlung. Gleich zu Anfang fiel ihre Seufzeratmung auf, die deutlich darauf hinwies, daß sie mit einem seelischen Problem nicht fertig wurde. Sie klagte zudem über einen chronischen trockenen Husten, der sie jeden Morgen nach dem Aufwachen für längere Zeit überfalle; kein Mittel habe bisher dagegen geholfen. Dazu kam noch ein heftiges »Schütteln«, das manchmal – ebenfalls morgens – ihren ganzen Körper ergriff.

Der akute Anlaß ihrer Depression war offenbar die Trennung von einem Mann, mit dem sie 13 Jahre eine enge Beziehung gehabt hatte, der sie aber nicht hatte heiraten können, weil seine Frau in die Scheidung nicht einwilligen wollte; doch mußten noch andere, ältere Ursachen vorliegen, denn die Depression dauerte schon über ein Jahr, und Ingrid hatte sich mit der Trennung ziemlich rasch abgefunden, zumal sie von beiden Seiten halb und halb gewünscht worden war. Diese Ursachen wurden beim Durcharbeiten ihrer Lebensgeschichte nach und nach aufgedeckt.

Ingrid wuchs als Einzelkind bei ihrer verwitweten Mutter auf. An ihren Vater, einen Handelsvertreter, konnte sie sich nicht erinnern, er war kurz nach ihrer Geburt an Blutkrebs gestorben. Die Mutter arbeitete in einem Ladengeschäft »mit Familienanschluß«. Das Verhältnis zu ihr war immer gut, liebevoll, ja herzlich, »das ist es eigentlich heute noch«. Daß sie damals berufstätig war, fiel nicht ins Gewicht, denn das Kind konnte im Haus der Geschäftsinhaber ein und aus gehen, durfte dort seine Schulaufgaben machen und spielen, und war so immer in der Nähe der Mutter.

Diese Mutter »tat alles« für ihre Tochter, Ingrid konnte sich ein Leben ohne sie überhaupt nicht vorstellen. »Später, wenn du mal groß bist«, pflegte die Mutter öfters zu sagen, »wirst du für mich sorgen. Wir werden immer zusammenbleiben.« Diese Prophezeiung ging leider in Erfüllung.

Ingrid hatte keine Schwierigkeiten in der Schule, sie machte die Mittlere Reife, besuchte die Handelsschule als beste Schülerin und wurde danach in verschiedenen Textilfirmen eine geschätzte Kraft. Ihre sexuelle Entwicklung war, wie sie angab, normal. Jedoch hatte sie kein besonderes Interesse an Männern; die waren ihr »zu aggressiv«, wollten »immer gleich das eine«, das war »irgendwie abstoßend«, und Ingrid meinte damals, sie könne auch ganz gut ohne sie auskommen.

Sie lebte, nun ganz erwachsen und voll berufstätig, mit ihrer Mutter zusammen in einer gemütlichen kleinen Wohnung. Sie war als auffallend hübsches, etwas scheues Mädchen überall beliebt und im Geschäft wegen ihrer Tüchtigkeit geachtet. Ingrid fand dieses Leben »sehr befriedigend«.

Mit 21 lernte sie ihren Mann kennen, der in der gleichen Firma arbeitete. Mit 22 heiratete sie, und das Paar bezog zunächst ein möbliertes Zimmer, denn eine Wohnung war damals so leicht nicht zu bekommen. Die Ehe wurde ein Fiasko. Ihr Mann mochte die Mutter nicht, und die Mutter mochte ihn nicht, ein gutes Verhältnis zu ihr aber war für Ingrid eine Bedingung sine qua non. Auch sexuell war das Zusammenleben eine Enttäuschung, nicht zuletzt deshalb, weil Ingrid, noch ohne Erfahrungen, höchst romantische, unrealistische Erwartungen mitbrachte. »Ich fühlte mich total überfordert.« Schon nach einem Jahr wurde die Ehe geschieden. Ingrid zog zu ihrer Mutter zurück, und beide waren glücklich, die gewohnte Symbiose wieder aufnehmen zu können.

Zwei Jahre später begegnete Ingrid einem Mann, »bei dem alles ganz anders lief«. Er war ein wohlhabender Textilfabrikant, schon Ende Vierzig, sehr gebildet, »und er wollte nicht gleich das eine«. Aus der anfänglichen Vater-Tochter-Beziehung wurde mit der Zeit ein festes Liebesverhältnis, das für alle Beteiligten schlechthin ideal zu sein schien. Ingrid wohnte weiterhin mit ihrer Mutter zusammen, die inzwischen eine Rente bezog und den kleinen Haushalt führte. Das Verhältnis zwischen ihnen war nach wie vor »liebevoll und herzlich« und wurde durch die neue Beziehung in keiner Weise gestört, »ganz im Gegenteil«. Ingrid traf den Geliebten ein- oder zweimal in der Woche, machte mit ihm Wochenendausflüge an die See und gelegentlich kleinere Reisen durch Holland, dessen saubere, altmodische Städtchen beide liebten. Sie wurde nie von ihm überfordert und überforderte auch ihn nicht, denn da war ja noch ihre Mutter, der sie gerne einen Teil ihrer freien Zeit widmete, »weil ich alles so schön mit ihr bereden konnte«.

Den Jahresurlaub verbrachte der Geliebte immer mit seinem Sohn und dessen Familie. Ingrid nahm ihm das nicht übel. Sie ihrerseits machte währenddessen Bildungsreisen mit ihrer Mutter, die sie zuvor mit ihm besprochen hatte. Trotz zahlreicher

Gelegenheiten knüpfte sie auf solchen Fahrten nie Bekanntschaften an. »Andere Männer interessierten mich nicht, ich hatte ja ihn, und wenn wir von so einer Reise zurückgekehrt waren, kam am nächsten Tag schon ein Blumenstrauß von ihm.« Sie fühlte sich vollkommen geborgen im Bewußtsein seiner Zuneigung und im Zusammenleben mit ihrer Mutter. Freundinnen gab es in diesem Dasein nicht, »dafür hatte ich weder Zeit noch Interesse«.

Während dieser Zeit begann Ingrid ihren beruflichen Aufstieg. Im Laufe der Jahre brachte sie es zur leitenden Angestellten der angesehensten Modefirma der Stadt. Ihre kühle, freundliche Distanziertheit Kollegen und Untergebenen gegenüber erwies sich für diese Karriere nur als förderlich. Ihren geheimen Wunsch nach Kindern verdrängte sie. »Ich sagte mir, daß man nicht alles haben kann, und auf das Leben, das ich führte, so unabhängig und selbständig einerseits, und so geborgen und sicher andererseits, wollte ich nicht verzichten.«

Ihre Mutter bestärkte sie nach Kräften in dieser Einstellung. Ingrid erinnerte sich: »Wenn wir eine Frau mit Kinderwagen oder überhaupt mit kleinen Kindern auf der Straße oder beim Einkaufen sahen, sagte sie oft: ›Sieh dir das an. Die hat überhaupt nichts vom Leben, den ganzen Tag muß sie sich mit ihren Gören abplagen. Und später, wenn sie sie großgezogen hat, gehen sie weg. Da hast du's doch besser!‹«

Als der ebenso bequeme wie großzügige Geliebte die Sechzig überschritten hatte, starb seine Frau, und mit einem Mal veränderte er sich auf merkwürdige Weise. Im Laufe weniger Monate verlor er das Interesse an Ingrid, es zog ihn immer mehr zur Familie seines Sohnes. Die einst so schöne Beziehung wurde schal, und nach mehreren häßlichen Auseinandersetzungen wurde sie »im beiderseitigen Einvernehmen« beendet.

Ingrid, die »Karrierefrau«, redete sich ein, daß sie keinen Mann mehr brauche. Hatte sie nicht ihre Mutter und hatte sie nicht ihren Beruf, in dem sie so tüchtig und anerkannt war? Doch dieser Beruf befriedigte sie nicht mehr so wie früher, und »mit schlechtem Gewissen« spürte sie, daß sie auch ihre Mutter nicht mehr so liebte, ja, daß sie sich manchmal durch sie heftig gestört fühlte. Denn wen immer sie gelegentlich nach Hause brachte, eine Bekannte, einen Kollegen, immer war die Mutter dort, alt geworden inzwischen, ein wenig hilflos schon, aber noch eifrig besorgt um den Haushalt und »das Wohlergehen« der Tochter. Morgens stand sie in aller Frühe auf, sie konnte

nicht mehr so lange schlafen, klapperte nebenan mit dem Früh-
stücksgeschirr, und wenn Ingrid dann später das gemeinsame
Wohnzimmer betrat, saß die alte Frau schon wartend da – fast
wie ein Vorwurf. Aber ich liebe sie doch, sie ist ja der einzige
Mensch, der es wirklich gut mit mir meint – so wehrte Ingrid
ihre geheimen Aggressionen gegen sie ab.

Langsam rutschte sie in die Depression hinein, deren Ursachen
sie nicht ganz verstand (bis auf die Trennung von dem Mann
hatte sich doch nichts verändert!). Und gleichzeitig stellte sich
dieser unangenehme Husten ein, ohne Auswurf, ohne manifeste Infektion. Der behandelnde Arzt verschrieb immer neue
Tabletten und Säfte, ohne daß eine Besserung in Sicht kam.

Das, was Ingrid D. nicht verstanden oder nur halb verstanden,
aber stets verleugnet hatte, wurde ihr im Laufe der Therapie
immer klarer. Sie erkannte, daß sie die schönsten Jahre ihres
Lebens in Abhängigkeit verbracht, daß sie sie der Mutter und
diesem Manne geopfert, daß sie nie den Mut und die Kraft gefunden hatte, sich frei und wirklich selbständig zu machen,
kurz, daß sie, die 38jährige, im Grunde ohne Identität geblieben war. Die beruflichen Erfolge hatten es ihr leicht gemacht,
sich einzureden, sie sei eine selbständige, unabhängige Frau.
Nun, wo der Mann nicht mehr da war, begriff sie, daß sie nach-
holen mußte, was sie schon vor 15 Jahren hätte tun sollen: ihr
Ich aufbauen, sich einen eigenen Bereich schaffen, von dem aus
sie offene und angstfreie Beziehungen zu anderen, vielleicht
auch zu einem neuen Partner, aufnehmen konnte.

Aber nach so langer Dependenz und selbstgewollter Isolation
war sie allein nicht fähig, sich zu befreien. Und da war ihre Mutter, von der sie nicht mehr einfach fortgehen und gegen deren
beständige Gegenwart sie sich auch nicht wehren konnte, sie
saß ihr buchstäblich auf der Pelle.

Das alles hatte sie seit langem unbewußt gefühlt, und es hatte
sie in die Depression getrieben. Sie sah sich gefangen in einem
System, das die Mutter in ihrem Egoismus und in ihrer Angst
vor dem Alleinsein im Laufe der Jahrzehnte planmäßig aufge-
baut hatte. Ingrids Widerwillen gegen die alte Frau, den sie rational verleugnete (ich liebe sie doch, sie hat ja immer alles für
mich getan), äußerte sich in jenem Protesthusten, der sie Morgen für Morgen überfiel. Und der heimliche Schauder vor der
Ausweglosigkeit ihrer Existenz machte sich bemerkbar in dem
Schütteln, das gelegentlich ihren ganzen Körper ergriff.

Nach den ersten zehn Therapiestunden begann Ingrid D. (»zum

ersten Mal in meinem Leben«) sich offen mit ihrer Mutter auseinanderzusetzen, und sie machte ihr harte Vorwürfe wegen ihres in ständige Liebe und Fürsorge verkleideten Egoismus. Diese Gespräche fielen ihr schwer (»die alte Frau tut mir ja auch leid«), aber sie hielt durch, nahm kein Blatt mehr vor den Mund, und »wie durch ein Wunder« verschwand der quälende Husten. Dafür verstärkten sich nun die morgendlichen Schüttelanfälle, denn der Schauder vor der Zukunft, die Angst, isoliert zu bleiben, hatten sich durch die Erkenntnis ihrer realen Situation vermehrt. Auch die Seufzeratmung hielt noch an.

Im weiteren Verlauf der Therapie begann sie, sich systematisch von der Mutter zu lösen. Sie nahm eine neue Wohnung, in der sie beide ihren abgeschlossenen Bereich hatten, denn eine Unterbringung der alten Frau in einem Seniorenheim war nicht möglich (»da würde sie nicht mitmachen«). Allmählich fing sie auch an, selbständig und ohne Rücksicht auf die Mutter etwas zu unternehmen, wozu sie sich allerdings zwingen mußte, Kino, Theater, Konzerte, Einkaufsbummel, und mit fortschreitender Individuation bekam sie ein neues Verhältnis zu ihrer Umwelt, versuchte, sich anderen Menschen gegenüber zu öffnen, fühlte sich nicht mehr ganz so isoliert.

Als sie die Therapie verließ, hatte sie die Depression weitgehend überwunden, die Schüttelanfälle traten nicht mehr auf und der Protesthusten war nicht wiedergekehrt. Nur gegen die Seufzeratmung kam sie noch nicht ganz an. Es lag ja auch noch ein schwerer Weg vor ihr.

## 6. Kapitel

# Die »Wunschneurose«

### Scheinschwangerschaften und andere
### psychogene Störungen der weiblichen Genitalien

Frau Grote war im neunten Monat, das sah man auf den ersten Blick. Sie hatte sich kurzfristig bei Dr. Wendel angesagt. Der Arzt kannte sie nicht. »Es ist nämlich so, Herr Doktor«, sagte sie, »das Kind kommt wahrscheinlich nächste Woche. Mein Mann hat mich in der Klinik schon angemeldet. Und die haben gesagt, ich muß mich vorher noch mal untersuchen lassen.«

»Wann sind Sie denn zum letztenmal untersucht worden?«

»Ungefähr vor einem halben Jahr, von Doktor Müller in Niederdorf, da wohnen wir nämlich. Doktor Müller ist aber auf Urlaub.«

Ein halbes Jahr, meinte Dr. Wendel, das sei ja ziemlich lange her.

Frau Grote nickte schuldbewußt. Aber sie habe überhaupt keine Beschwerden gehabt, bloß ganz zu Anfang sei ihr ein bißchen übel gewesen. Warum hätte sie da dem Arzt die Zeit stehlen sollen?

»Schön«, sagte Dr. Wendel, »dann machen Sie sich bitte frei.«

»Dauert es lange?« fragte die Frau, während sie sich hinter dem Wandschirm auszog.

»Wenn nichts Besonderes ist, nur ein paar Minuten.«

»Mein Mann wartet nämlich im Wagen, er steht im Parkverbot.«

Dr. Wendel warf einen Blick aus dem Fenster. Draußen stand ein Mercedes, auf dessen Dach ein Kinderwagen geschnallt war. »Sie haben ja schon für alles gesorgt«, sagte er lächelnd.

Frau Grote kam hinter dem Schirm hervor. »Sie meinen den Kinderwagen? Den haben wir gerade gekauft. Mein Mann kann's nämlich gar nicht erwarten.«

Sie legte sich auf die Liege, und Dr. Wendel begann mit der üblichen Untersuchung. Er setzte das Stethoskop auf den gewölbten Bauch der Patientin und schob es bedächtig von einem

Punkt zum andern. Schließlich nahm er es hoch, runzelte die Stirn. Keine Herztöne des Kindes. Der Arzt begann von neuem, er hielt den Atem an, lauschte. Nein, wieder nichts. Er legte das Stethoskop weg und tastete den Bauch ab. Die Bauchdecke war auffallend glatt, sie gab überall gleichmäßig nach – er fühlte nichts, weder Kopf noch Steiß. Er schob den Bauch hin und her, um bei dem Kind eine Bewegung zu provozieren. Nichts rührte sich.

Dr. Wendel war noch jung. Er hatte seine gynäkologische Praxis erst vor kurzem eröffnet. Sekundenlang spürte er den Wunsch, der Chef, bei dem er vier Jahre lang in der Universitätsklinik gelernt hatte, möge jetzt an seiner Seite sein und ihm bestätigen, was er vermutete. Aber er war allein mit Frau Grote und ihrem erwartungsvollen Gesicht. Er lächelte ihr zu und begann noch einmal von vorn. Ganz fern hörte er die Herztöne der Mutter, aber das war auch alles. Und beim erneuten Abtasten kam er zum selben Ergebnis: kein Kopf, kein Steiß und nicht die geringsten Kindsbewegungen.

Nun gab es keinen Zweifel mehr: Frau Grote war nicht schwanger. Aber woher der aufgetriebene Bauch? Auf Druck reagierte sie nicht, keine schmerzempfindliche Stelle. Da gab es eigentlich nur eine Möglichkeit: ein Myom im Uterus. Er hatte während seiner Assistentenzeit einmal ein Myom von der Größe eines Fußballs erlebt; auch jene Patientin hatte ausgesehen, als sei sie im neunten Monat.

»Wann hatten Sie Ihre letzte Periode?« fragte er.

Frau Grote sah ihn erstaunt an. »Na, vor neun Monaten natürlich. Ist was nicht in Ordnung?«

»Hm, ich muß da noch was nachsehen. Würden Sie sich bitte auf den Stuhl setzen?«

»Ach, das schreckliche Ding«, sagte sie, stieg aber gehorsam auf den gynäkologischen Stuhl.

Er untersuchte vaginal, sehr sorgfältig und behutsam. Das einzige, was er feststellen konnte: die Gebärmutter hatte den Umfang einer Faust, also die doppelte Normalgröße. Sonst nichts. Kein Myom. »Danke, Sie können sich wieder anziehen.«

Er trat zum Waschbecken, wusch sich die Hände und ging währenddessen alle Möglichkeiten durch, die er aus dem Lehrbuch kannte. Es blieb nur eine.

Als die Patientin wieder vor ihm stand, sagte er: »Frau Grote, Sie sind nicht schwanger.«

Sie lächelte töricht, als hätte er einen unverständlichen Witz gemacht. »Wie bitte?«

»Ich sagte, Sie sind nicht schwanger. Sie bekommen kein Kind. Es ist nichts da. Wirklich nicht.«

Sie sah auf ihren gewölbten Leib, blickte dann zu ihm auf. »Ach ...«

»Es ist eine eingebildete Schwangerschaft, Frau Grote.«

»Eine eingebildete ...?« Sie war vollkommen verwirrt, bewegte sich rückwärts von ihm fort zur Tür hin. »Also ich weiß nicht ...«

»So was kommt vor, Frau Grote.«

Sie griff nach der Klinke. »Das ist aber komisch. Nein, wirklich, das verstehe ich nicht. Ja, dann auf Wiedersehen, Herr Doktor.«

»Vielleicht sollten wir darüber sprechen«, sagte er, da war sie schon hinaus.

Er wollte sie zurückrufen, dachte dann an sein volles Wartezimmer und griff nach der Karteikarte der nächsten Patientin, las sie sorgfältig durch. Aber noch ehe er auf den Klingelknopf drücken konnte, hörte er draußen eine zornige Männerstimme: »Wo ist der Doktor? Ich will ihn sofort sprechen!« Die Tür wurde aufgerissen, und herein trat ein großer, bulliger Mann. »Sie sind das also!« Der Mann war ungemein wütend, er faßte den Arzt bei den Revers seines weißen Kittels und schüttelte ihn. »Wollen Sie mich verarschen?« schrie er. »Wollen Sie meine Frau verarschen?«

Erschrocken machte Dr. Wendel sich los und retirierte hinter seinen Schreibtisch. Der Mann folgte ihm wutschnaubend, und da Wendel für die Einrichtung seines Sprechzimmers fürchtete, griff er zum Telefonhörer. »Herr Grote«, sagte er so laut er konnte, »wenn Sie sich hier nicht vernünftig benehmen, rufe ich die Polizei.«

»Soweit kommt das noch!« schrie Grote. »Wenn einer die Polizei holt, dann bin ich das. Einsperren müßte man Sie, wegen Unfähigkeit. Jeder Depp sieht auf hundert Meter Entfernung, daß meine Frau ein Kind kriegt, nur Sie nicht!«

»Ein Depp sieht das vielleicht«, sagte Dr. Wendel, »aber ich bin eben kein Depp!« Er hielt Grote den Hörer hin. »Da, rufen Sie an und lassen Sie mich verhaften.«

Damit hatte der Mann nicht gerechnet, er wurde plötzlich zahmer. »Unsinn«, sagte er, »da müßte ich ja Beweise gegen Sie haben. Also erklären Sie mir erst mal ...«

»Das«, sagte Wendel, »wollte ich gerade tun. Aber ich fürchte, Sie werden mir nicht glauben.«

»Das fürchte ich auch«, sagte Grote.

»Dann mache ich Ihnen einen Vorschlag. Sie gehen zu einem anderen Arzt und lassen Ihre Frau von ihm untersuchen. Auf diese Weise können wir beide viel Zeit und Ärger sparen.«

Wendel schrieb die Adresse eines Kollegen auf ein Rezeptformular und reichte es Grote.

Der riß ihm das Blatt aus der Hand und warf einen Blick darauf. Halb beruhigt, halb noch immer empört, auf jeden Fall froh, einen fairen Abgang zu haben, grollte er: »Das werde ich tun, und zwar sofort. Sie werden noch von mir hören, Herr Doktor.«

Und mit Würde verließ er die Praxis.

Wendel hörte nie wieder von ihm.

Drei Wochen später rief ihn der Kollege Müller aus Niederdorf an. Ob er sich noch an die Patientin Edith Grote erinnere. Wendel erinnerte sich lebhaft. »Die Scheinschwangerschaft«, sagte er.

Ja, sagte der Kollege, er habe das im dritten Monat natürlich noch nicht erkennen können, und später sei die Patientin ja nicht mehr zur Untersuchung gekommen. Nun sei sie wieder bei ihm gewesen. Die Schwangerschaftssymptome seien restlos verschwunden, und die Menstruation habe wieder eingesetzt.

Es war also alles wieder in Ordnung mit ihr. Nur den Kinderwagen hatte ihr Mann umsonst gekauft.

Der Fall Edith Grote – er liegt übrigens 25 Jahre zurück und könnte heute kaum noch in dieser Form passieren – zeigt auf ganz andere Art als die bisher beschriebenen Fälle die gegenseitige Abhängigkeit von seelischen und körperlichen Vorgängen. So wie chronische psychische Belastungen zu Lähmungen, Magengeschwüren, Herzbeschwerden, Asthma führen können, so ist es auch möglich, daß besonders heftige positive Gemütsbewegungen eine »Fehlschaltung« des vegetativen Nervensystems hervorrufen.

Edith Grote war seit sechs Jahren glücklich verheiratet. Was zu ihrem Glück noch fehlte, war ein Kind, und das ließ auf sich warten. Aber nicht nur sie wünschte sich Nachwuchs, sondern mehr noch ihr Mann, der ihre Sehnsucht durch ständiges Nachfragen und häufige Schwärmerei vom künftigen Stammhalter extrem verstärkte.

Man könnte also von einer von außen forcierten »Wunschneurose« sprechen. Die führte eines Tages dazu, daß die zuständigen Organe das »Spiel« der Seele mitmachten, das heißt, der gesamte hormonale und vegetative Haushalt stellte sich auf die so heiß gewünschte Schwangerschaft ein:

Die von der Hypophyse (Hirnanhangdrüse) gesteuerte Produktion des schwangerschaftsaktivierenden Hormons Progesteron steigerte sich ebenso wie die allgemeinen Stoffwechselprozesse. Die Menstruation setzte aus, die Schleimhaut des Uterus verdickte sich und tat so, als habe sie ein Embryo zu versorgen. Dadurch verdoppelte sich der Umfang der Gebärmutter. Das gesamte Gewebe wurde mit mehr Flüssigkeit durchsetzt, auch die Brüste vergrößerten sich. Zudem aß Frau Grote für das nicht vorhandene Kind mit, nahm also auch allgemein beträchtlich zu, besonders dort, wohin sich ihre gesamte Hoffnung konzentrierte, im Fettgewebe der Bauchhöhle.

Die Tatsache, daß sie aus ihrem Zustand hohen Gewinn zog, indem ihr Mann sie liebevoller denn je umsorgte, wirkte als weitere Verstärkung dieser psycho-physiologischen Prozesse. Sie bot schließlich das Bild einer Hochschwangeren, und ihr kamen nicht die geringsten Zweifel, daß sie in Kürze ein Kind gebären würde. Erst als man sie davon überzeugte, daß dies alles nur Einbildung war, als das Gebäude aus Wünschen und Hoffnungen zusammenbrach, funktionierte ihr vegetativ-hormonales System wieder wie früher.

Edith Grote hatte ein Kind gewollt, und da es damit nicht klappte, bekam sie es in der Einbildung. Es gibt jedoch auch Frauen, die sich zwar ein Kind wünschen, es tatsächlich aber gar nicht wollen, und da läuft der psychosomatische Prozeß andersherum. Dafür ist der Fall der 28jährigen Anneliese Born ein Beispiel.

Frau Borns Ehe ging, wie sie zu sagen pflegte, mehr schlecht als recht. Da sie wirtschaftlich von ihrem Mann abhängig war, mochte sie sich nicht von ihm trennen, auch scheute sie die Kritik ihrer Familie, in der eine Scheidung als etwas Anstößiges galt. Um ihre Misere etwas aufzuhellen, wollte sie »wenigstens« Kinder haben, davon versprach sie sich ein sinnvolleres Leben, hoffte auch, daß dadurch ihre Ehe erträglicher würde.

Ihr Mann war einverstanden, aber ein Kind kam nicht. Sie ging zum Arzt, und sicherheitshalber ließ sich auch ihr Mann untersuchen. Beiden wurde attestiert, daß sie gesund und zeugungsfähig seien. Eine Kontrolluntersuchung bei einem anderen Arzt brachte denselben Befund. Dennoch, die gewünschte Schwangerschaft blieb aus.

Die Ehe schleppte sich unter dieser neuen Belastung noch zwei Jahre hin, dann brach sie auseinander.

Kurz nach der Scheidung lernte Anneliese Born einen Mann kennen, in den sie sich heftig verliebte. Er machte ihr schon nach wenigen Wochen einen Heiratsantrag, doch wollte sie sich nach ihren schlimmen Eheerfahrungen so schnell nicht wieder binden. Die Heirat erfolgte dann doch sehr bald, denn Frau Born mußte dem neuen Partner nach weiteren sechs Wochen gestehen, daß sie ein Kind erwarte. Worüber dieser keineswegs traurig war.

Die psycho-physiologische Erklärung: Anneliese Born hatte sich in ihrer Ehe zwar ein Kind gewünscht. Da sie aber ihren Mann ablehnte, sogar haßte, sträubte sich ihr Unbewußtes so sehr gegen ihn, daß ihr vegetativ-hormonales System bei einer Empfängnis nicht mitmachte. Bei dem neuen Partner gab es solche Gefühlshindernisse nicht, wie das rasche Ergebnis der beiderseitigen Zuneigung zeigt.

Hier muß allerdings gesagt werden, daß eine solche psychische Hemmung der Empfängnisfähigkeit nicht die Regel ist, sonst würde eine Frau durch eine Vergewaltigung nie schwanger werden.

Andererseits steht nach den jüngsten Forschungsergebnissen fest, daß über 50 Prozent aller unfruchtbaren Frauen organisch intakt sind, daß also ihre Sterilität seelische Ursachen hat. Und fest steht schließlich, daß rund die Hälfte aller sogenannten Frauenleiden psychogen sind. Dies betrifft besonders die Adnexitis (Entzündung von Eileitern oder Eierstöcken) und die Parametritis (Entzündung des Beckenbindegewebes, das die Gebärmutter umgibt). Dabei handelt es sich oft gar nicht um eine wirkliche Entzündung.

Ein Gynäkologe erzählte mir kürzlich von einer Patientin, die alle paar Monate zu ihm kam mit den typischen Schmerzempfindungen einer Adnexitis. Er fand nie die geringsten Anzeichen eines entzündlichen Prozesses und empfahl ihr eine psychotherapeutische Behandlung. Die Patientin – nennen wir sie Gertrud Schmidt – lehnte das energisch ab mit der Begründung, sie sei erstens nicht psychisch gestört und zweitens würde ihr Mann das nie zulassen. Es blieb dem Arzt nichts anderes übrig, als ihr jedesmal ein harmloses Medikament zu verschreiben. Das wirkte als »Placebo« jeweils für ein paar Wochen, dann kamen die Schmerzen wieder und die Prozedur begann von neuem. Schließlich konnte der Arzt Frau Schmidt samt

Ehemann davon überzeugen, daß eine Psychotherapie wohl der einzige Ausweg sei.

Die Behandlung dauerte nicht länger als acht Sitzungen, danach waren die Schmerzen verschwunden und kamen nicht wieder. Ein Wunder? Eine Glanzleistung des Psychotherapeuten? Ganz und gar nicht, sondern die Auflösung eines leicht erkennbaren psychischen Konflikts, der die organische Störung verursachte:

Gertrud Schmidt hatte als Sechzehnjährige ihren ersten sexuellen Kontakt mit einem amerikanischen Soldaten, der acht Tage später in seine Heimat zurückkehrte. Kurz danach warnte ihre Mutter sie vor den Männern: Ein Verkehr vor der Ehe sei äußerst gefährlich, denn sie könne davon geschlechtskrank werden; in diesem Fall würden die Eierstöcke durch die Krankheitsbakterien zerstört, und nie würde sie Kinder bekommen.

Gertrud erschrak tief bei dieser Eröffnung, und als sie nicht lange darauf Schmerzen im Unterleib bekam, war sie davon überzeugt, daß sie geschlechtskrank sei. Sie wagte nie darüber zu reden, auch nicht mit einem Arzt. Als sie dann heiratete, traute sie sich auch nicht, mit ihrem Mann darüber zu sprechen, aus Furcht, er könne sie deswegen verlassen.

Erst als sie ein Kind bekam und damit der Beweis geliefert war, daß ihre Ovarien funktionierten, vergaß sie die Sache. In ihrem Unbewußten blieb jedoch die Angst vor der bösen Krankheit. Während der Therapie berichtete sie, daß sie oft den gleichen angsterregenden Traum gehabt habe: Ein Weinstock, dessen Trauben von ekelhaften Insekten zerfressen wurden. Man braucht kein studierter Psychologe zu sein, um dieses Traumbild auf Anhieb deuten zu können.

Erst das Ausgraben und Durcharbeiten ihrer chronischen unbewußten Ängste befreiten Gertrud Schmidt endgültig von ihren Beschwerden.

Wie aus diesen Beispielen zu ersehen, hat die Gefühlsökonomie der Frau einen entscheidenden Einfluß auf ihre Geschlechtsorgane. Umgekehrt wirkt natürlich auch die organische Belastung durch die Menstruation auf ihr Gefühlsleben ein. Das sollte sich jeder Mann mindestens einmal im Monat vor Augen halten.

Noch deutlicher aber ist die »Organsprache«, wenn es um die reinen Sexualfunktionen geht. Hier reagiert der Mann nicht weniger empfindlich als die Frau.

## 7. Kapitel

# Sex und Seele

## 95 Prozent aller sexuellen Störungen
## sind psychisch bedingt

Martin Worak war einer, der beim andern Geschlecht beneidenswert gut ankam: breit in den Schultern, schmal in den Hüften, dunkles Haar, blaue, treuherzige Augen. Frauen gab es also genug, die sich für ihn interessierten, auch er interessierte sich für sie, und es sah alles ganz einfach aus. Aber es war nicht einfach. Denn die Liebe war für Martin Worak eine schwierige Sache: er war impotent.

Er sprach mit niemandem darüber, außer mit drei oder vier Ärzten und Heilpraktikern. Er nahm alle Mittel, die sie ihm verordneten, von der Testosterontablette * bis zum Yohimbimpräparat und zur Ginsengwurzel. Nichts half.

Martin Worak blieb einsam. Es fiel ihm leicht, die Frauen bis zu einem bestimmten Punkt zu bringen, aber er wußte, was dann geschah: an diesem entscheidenden Punkt nämlich versagte er jedesmal kläglich. So gelangte er nie zu einer festen Beziehung, denn welche Frau mag sich auf die Dauer mit einem Mann abgeben, der kein richtiger Mann ist?

Nach und nach verlor er die Hoffnung, daß es je bei ihm klappen würde, und allmählich machte ihm das Dasein keine Freude mehr. Immer häufiger kam ihm der dunkle Gedanke, Schluß zu machen, obwohl er erst dreißig war.

Um diese Zeit verliebte er sich heftig in eine Frau, die in jeder Beziehung seinen Idealvorstellungen entsprach und die ihrerseits die gleiche starke Zuneigung für ihn empfand. Doch wiederum versagte er im entscheidenden Augenblick, obwohl sie Geduld und liebevolles Verständnis zeigte. In seiner Angst, auch sie zu verlieren, suchte er einen Neurologen auf, den man ihm empfohlen hatte. Der erklärte ihm klipp und klar, mit Pillen und Naturheilmitteln sei da nichts zu machen. »Anatomisch und physiologisch ist bei Ih-

---

* Testosteron, stärkstes der männlichen Geschlechtshormone (Androgene)

nen alles in Ordnung«, sagte er, »die Sache ist psychisch bedingt.«

Psychisch bedingt sind mindestens 95 Prozent aller sexuellen Störungen, denn in keinem Bereich ist die Abhängigkeit zwischen seelischen und körperlichen Prozessen so stark wie in dem der Sexualität. Der Grund dafür liegt in der Tatsache, daß die Sexualfunktionen der Willkür des Menschen weitgehend entzogen sind. Willentlich kann er nur entscheiden, ob er einem sexuellen Verlangen nachgeben soll oder nicht. Alles weitere hängt von seiner Gemütslage, der »seelischen Temperatur« ab, die über das vegetative Nervensystem den körperlichen Vorgang entscheidend beeinflußt. Deshalb ist der störungsfreie Ablauf des sexuellen Aktes nur möglich, wenn er ohne hemmende Hintergedanken vor sich geht, vor allem ohne Schuldgefühle oder Ängste. Angst ist der größte Feind jeder gesunden und befriedigenden Sexualität, beim Mann und bei der Frau.

Die sexuelle Aktivität wird vom Hirn gesteuert, präziser gesagt vom Zwischenhirn, wo sich die Hauptzentrale für Gefühlserregung befindet. Von dort geht die nervliche Nachrichtenleitung über das Rückenmark zu den Genitalien, wie auch umgekehrt von den Genitalien Rückmeldungen an die Zentrale gelangen. Ohne diese Nachrichtenverbindung läuft nichts.

Physiologisch sieht das beim Mann so aus: Im Penis sitzt eine Reihe von Gefäßen, Gummischwämmen ähnlich, die sogenannten Schwellkörper. Jedes dieser Gefäße wird von einem Bündel Adern gespeist und hat zwei Ventile, eines zum Füllen, das andere zum Entleeren. Bei sexueller Erregung öffnen sich durch Nervenimpulse die Einlaßventile, die Schwellkörper füllen sich mit Blut, der Penis erigiert und ist zum Koitus bereit. Wenn die Erregung vorüber ist, öffnen sich die Auslaßventile, und das Blut strömt in den Kreislauf zurück, bis bei der nächsten Reizung sich die Einlaßventile wieder öffnen.

Das ist der normale Verlauf. Wird aber die Nachrichtenverbindung gestört, dann funktioniert das Einfüllsystem nicht oder nur unvollkommen, der Mann ist unfähig, den Sexualakt zu vollziehen. Solche Störungen sind Folge gegenläufiger seelischer Affekte wie Scham, Ekel, Schuldgefühle und vor allem Ängste.

Jeder von uns hat schon die Erfahrung gemacht, daß sexuelle Erregung durch furchteinflößende Ereignisse oder nur durch den Gedanken daran augenblicklich verschwinden kann, und wer den Krieg erlebt hat, weiß, daß es unter »Feindeinwirkung«

keine Sexualprobleme gibt, denn angesichts körperlicher Gefahr ist die Selbsterhaltung wichtiger als die Fortpflanzung, das Zwischenhirn schaltet den Sexualtrieb solange aus, bis die akute Bedrohung vorüber ist. Sind derlei seelische Hemmungen chronisch, dann spricht man beim Mann von Impotenz (lateinisch: potentia = das Können, das Vermögen).

Martin Worak ging auf den Rat des Arztes zu einem Verhaltenspsychologen. Der förderte zunächst in einer gründlichen Anamnese die Ursachen zutage: Martin war als jüngster von vier Brüdern aufgewachsen. Seine Mutter, die sich immer eine Tochter gewünscht hatte, behandelte den hübschen Jungen lange Zeit wie ein kleines Mädchen. Sie zog ihm Kleider an und nannte ihn bis zum sechsten Lebensjahr »Martina«. Von seinen Brüdern wurde er deshalb nie für voll genommen, und sein autoritärer Vater verachtete ihn. »Du wirst nie ein richtiger Mann!« Das war seine stehende Redensart. Dieser Vater ertappte den Jungen eines Tages beim Onanieren. Nachdem er ihn verprügelt hatte, schrie er: »Wer so etwas tut, kriegt nie eine Frau!«

Kein Wunder also, daß Martin Worak, als er herangewachsen war, nicht gerade über viel männliches Selbstbewußtsein verfügte. Frauen gegenüber war er extrem schüchtern, und wie er sich ihnen sexuell nähern sollte, das wagte er sich überhaupt nicht vorzustellen.

Ein Freund riet ihm, es doch erst mal mit einer Prostituierten zu versuchen. Das tat er, hatte aber das Unglück, an die Verkehrte zu geraten; die Dame war nämlich angetrunken. Als er in angstvoller Aufregung nackt und bloß vor ihr stand, brach sie in schrilles Gelächter aus und rief genau das, was ihn am tiefsten treffen mußte: »Kleiner, du bist ja gar kein richtiger Mann!« In fliegender Hast zog er sich an und ergriff die Flucht.

Dieses Schockerlebnis schloß den Teufelskreis, aus dem er sich nicht mehr befreien konnte: Auch wenn er sich noch so sehr nach körperlicher Liebe sehnte, wenn er noch so entschlossen war, zur Tat zu schreiten, die Angst zu versagen, kein »richtiger Mann« zu sein, blockierte jedesmal im entscheidenden Moment die Nachrichtenverbindung vom Hirn zum Sexualorgan.

Sexuelle Störungen beim Mann sind in unserer Zivilisation ungemein häufig. Nach einer amerikanischen Schätzung aus dem Jahre 1969 sind in den Vereinigten Staaten wahrscheinlich mehr als die Hälfte aller Männer über dreißig chronisch impotent. Wenn wir die in dieser Schätzung enthaltenen Fälle von

»ejaculatio praecox« (vorzeitiger Samenerguß) und andere Grenzfallvarianten ausklammern, wenn wir ferner annehmen, daß der deutsche Mann in rebus sexualis weniger anfällig ist als sein überseeischer Geschlechtsgenosse, so bleiben in unserem Lande immer noch ein paar Millionen übrig, die entweder längst aufgegeben haben oder ihre Männlichkeit durch alle möglichen pharmakologischen Mittel zu restaurieren trachten. Natürlich sind dies untaugliche Heilungsversuche. Sofern sich dennoch spärliche Erfolge einstellen, dürften sie mit dem bekannten Placebo-Effekt zu erklären sein, d. h., der Patient glaubt fest an die Wunderdroge, gewinnt dadurch die verlorene Zuversicht zurück – und plötzlich geht's wieder.

Einige der Hauptursachen psychogener Impotenz sind:

- Allgemeiner Streß (und in dessen Gefolge Alkohol- oder Tablettenmißbrauch)
- Neurotische Ängste
- Mißerfolge im Beruf (die das Selbstbewußtsein des Mannes am meisten zu treffen pflegen)

Seit durch die Aufklärungswelle der letzten 15 Jahre das sexuelle Anspruchsniveau der Frau erheblich gestiegen ist, kommt eine neue Ursachenkomponente hinzu: Jahrhundertelang war es der Mann, der mehr oder weniger bestimmte, wann und wie der Sexualverkehr stattzufinden hatte. Inzwischen verlangen immer mehr Frauen auch hier die Mitbestimmung; sie stellen Ansprüche, die früher dem Herrn der Schöpfung vorbehalten waren. Das beeinträchtigt das männliche Selbstbewußtsein, es macht vielen Männern, die bisher die autonome Rolle des Gockels spielten, Angst – Angst, den Anforderungen der Frau nicht gewachsen zu sein.

Martin Woraks Versagensängste konnten allein mit Hilfe einer speziellen Therapie gelöscht werden. Ein solches Verfahren, von den Amerikanern Masters und Johnson entwickelt, ist im allgemeinen nur erfolgversprechend, wenn die Partnerin mitmacht und wenn ein männlicher und ein weiblicher Therapeut die Behandlung zusammen durchführen.

Die Therapie dauert zwei Wochen, und während dieser Zeit sollte das Paar möglichst in einem Hotel wohnen, so als sei es auf Urlaub. Die Isolierung von der gewohnten Umgebung hat den Vorteil, daß sich beide entspannen und aufeinander konzentrieren können. In den ersten Tagen werden die Klienten von beiden Therapeuten gründlich interviewt und erhalten die

Anweisung, jeden Versuch eines sexuellen Verkehrs zu unterlassen. Ängste, alte Vorstellungen aus der Kindheit und falsche Verhaltensweisen werden sorgfältig besprochen und wenn möglich ausgeräumt.

Darauf folgt eine Phase des wortlosen Umgangs miteinander. Ihr Zweck ist es, die Freude am Berühren und Fühlen zu wecken oder zu verstärken, ohne daß irgendeine sexuelle Leistung gefordert wird. Diese »sensitiven« Sitzungen werden allmählich auf wachsende sexuelle Wirkungen hingelenkt, dabei ist die Berührung von Brust und Genitalien erlaubt. In jedem Stadium ist die Stärkung von Selbstvertrauen und der Abbau von Angst Behandlungsziel. Die gesamte Therapie ist darauf ausgerichtet, die Bedeutung der sexuellen Leistung zurückzunehmen und auf den vielschichtigen gesamtkörperlichen Umgang zwischen Mann und Frau zu verlegen. Dadurch verliert der eigentliche sexuelle Akt an Wichtigkeit, ist immer weniger angstbesetzt und erfolgt schließlich »wie von selber«.

Martin Worak hatte das Glück, daß seine neue Freundin verständnisvoll und einfühlsam mitmachte. Die Therapie führte zum Erfolg, und an ihrem Ende war er zum erstenmal in seinem Leben fähig, ohne Versagensangst zu lieben.

Eine andere Variante männlicher Impotenz zeigt der Fall Herbert G., 38, verheiratet, zwei Kinder. Er kam zu mir in die Praxis und klagte über depressive Verstimmungen und allgemeine Lebensunlust. Beides könne er sich nicht so recht erklären, denn eigentlich habe er allen Grund zufrieden zu sein, sowohl mit seinem Beruf als erfolgreicher Anwalt wie auch mit seiner Familie. »Übrigens«, bemerkte er zögernd am Schluß des Erstinterviews, »bin ich seit Jahren impotent. Aber das ist wohl ein medizinisches Problem.«

Der Hinweis, daß 95 Prozent solcher Fälle psychisch bedingt seien und daß er mit Sicherheit dazu gehöre, brachte ihn einerseits in Verwirrung, gab ihm aber andererseits auch Hoffnung auf Heilung.

Bei chronischer Impotenz gegenüber dem Ehepartner handelt es sich oft um schlichte körperliche Abneigung. Gegen derlei Störungen ist selten ein Kraut gewachsen, weil da die Zentrale grundsätzlich ihr Veto einlegt. Von solcher Abneigung konnte aber bei Herbert G. nicht die Rede sein. Offenbar litt er unter einem tiefersitzenden Gefühlskonflikt, der ihm nicht bewußt war, im Zwischenhirn aber gleichwohl registriert wurde. Denn seine Frau war, wie er sagte, attraktiv und »äußerst liebenswert«. Trotzdem – bei aller Zuneigung, bei aller Energie, es klappte seit drei Jahren überhaupt nicht mehr.

Im Laufe der Therapie stellte sich heraus, daß für ihn die Ehe eine unerträgliche Einengung bedeutete, da sie ihm streng verbot, andere Frauen anziehend zu finden. Mit anderen Worten, er sah sie als ein lebenslanges Gefängnis, aus dem es keine Befreiung mehr gab. Klar, daß dabei seine Frau wider Willen den Part des Gefängniswärters übernommen hatte, und das ist ja gemeinhin eine Figur, die man eher haßt als liebt.

Da Herbert G. aufgrund seiner Erziehung aber von der Ehe als »heiliger, unantastbarer Institution« zutiefst überzeugt war, hatte er seine negative Einstellung vor sich selber strikt verleugnet und sich krampfhaft um die Rolle des guten Ehemannes bemüht. In der Sexualität siegt jedoch immer das (auch unbewußte) Gefühl über den Verstand. So war es bei ihm zu diesem chronischen Dilemma gekommen. Sein Konflikt konnte in der Therapie zusammen mit seiner Frau bearbeitet werden. Die allmähliche Befreiung von der zwanghaften »Gefängnis«-Vorstellung löste mit der Zeit auch seinen sexuellen Zwangskomplex auf.

Der männlichen Impotenz entspricht die weibliche Frigidität (lateinisch: frigidus = kalt)\*. Da im allgemeinen die Frau emotional differenzierter und empfindsamer ist, spricht sie auf seelische Hemmnisse sehr leicht an. Ihre sexuelle Erregung wird genau wie beim Mann durch nervliche Impulse vom Zwischenhirn gesteuert, die wiederum von ihrer seelischen »Temperatur« abhängig sind. Zwar ist die Frau, da eine Erektion bei ihr nicht stattfinden muß, auch bei Störungen der Nachrichtenverbindung zum sexuellen Verkehr fähig, doch empfindet sie dabei nichts und ist froh, wenn »es« vorüber ist.

Gelegentlich spürt sie allerdings auch Abscheu oder Ekel, der manchmal so groß ist, daß sich ihr ganzer Körper auf Abwehr einstellt. Sie bekommt eine Gänsehaut bei der Berührung durch den Mann, die Lubrikation\*\* bleibt aus, und ihre Scheide kann sogar mit Schmerzempfindung reagieren. Solche Abwehrreaktionen sind natürlich in furchterregenden Situationen oder wenn die Frau den Mann seelisch oder körperlich

---

\* Ich benutze diesen allgemein gebräuchlichen Terminus nur mit Unbehagen, denn tatsächlich »kalt« sind nur ganz wenige Frauen, und bei ihnen handelt es sich wahrscheinlich um ein organisches Defizit.
\*\* Lubrikation: Absonderung einer Gleitsubstanz aus der Scheidenwand.

ablehnt. Ein brutales Wort kann sie hervorrufen oder auch abstoßender Körpergeruch. In diesem Sinne ist jede Frau irgendwann einmal »frigide«, ebenso wie jeder Mann aus ähnlichen Gründen irgendwann einmal »impotent« ist.

Chronische Frigidität aber kommt aus tiefer liegenden Schichten. Ihre beiden häufigsten Ursachen sind:

1. Sexualangst, hervorgerufen durch prüde, körperfeindliche Erziehung oder frühe Schockerlebnisse.
2. Harte und abweisende Behandlung durch die Eltern, insbesondere durch die Mutter, die das Gefühlsleben des Kindes unterdrückt, verkümmern läßt und einpanzert. Frauen mit derart liebeleerer Kindheit sind häufig nicht fähig, sexuell befriedigend zu empfinden, ihr Gefühlspanzer läßt das nicht zu.

Solche seelisch bedingten Sexualstörungen gehören strenggenommen noch nicht in den Bereich der psychosomatischen Leiden, doch können sie durchaus zu akuten organischen Erkrankungen führen. Und da die weiblichen Geschlechtsorgane komplizierter, weiter verzweigt und durch den menstruellen Zyklus auch anfälliger sind, da überdies die weibliche Psyche besonders auf diesem Gebiet noch verletzlicher ist, werden davon eher Frauen als Männer betroffen.

Welches Ausmaß derlei psychosomatische Störungen erreichen können, zeigt der Fall der Marion Z., 34 Jahre alt, unverheiratet:

Marion war als Kind sehr streng erzogen worden, besonders was das sogenannte Pflichtbewußtsein betraf. Alles, was außerhalb der Pflichten lag, galt als »Müßiggang« und wurde mit Stirnrunzeln oder kritischen Kommentaren begleitet. Wenn sie Bücher las oder Gitarre spielte, hieß es: »Tu was Vernünftiges!« Ihre Mutter pflegte ihr Zimmer gelegentlich nach Briefen und sonstigen Heimlichkeiten zu durchsuchen. Als sie eines Tages ein selbstverfaßtes schwärmerisches Gedicht fand, zeigte sie es dem Vater, und beide überschütteten die Tochter mit Spott. Ein Gedicht, das war natürlich nichts »Vernünftiges«. Marion: »Eigentlich hatte ich damals zu Hause immer Angst, etwas falsch zu machen.«

Über Sexualität und alles, was damit zusammenhing, wurde nicht gesprochen, es sei denn mit Verachtung und Abscheu. Und selbstverständlich wurde das Mädchen von den Eltern nicht hinreichend aufgeklärt, das besorgten ein paar Mitschülerinnen, mehr schlecht als recht; im Schulunterricht war man damals noch nicht soweit.

Mit achtzehn kam Marion als kaufmännische Angestellte in die Großstadt. Sie war fleißig, anstellig und – was Wunder – pflichtbewußt. Doch fühlte sie sich sehr einsam und wäre in das ungeliebte Elternhaus zurückgekehrt, hätte ihr Chef, ein flüchtiger Bekannter des Vaters, sich ihrer nicht angenommen. Er verschaffte ihr ein Einzimmer-Appartement, lud sie auch öfter in seine Familie ein, und unter seinem Schutz gelang es dem Mädchen, sich in die beängstigende Großstadtwelt einzuleben.

Eines Abends erschien er in ihrer Wohnung, »um mal nach dem Rechten zu sehen«, setzte sie unter Alkohol und verführte sie. Marion, die seinem Drängen nur aus Dankbarkeit für seine Hilfsbereitschaft und aus Angst, ihn zu verletzen, nachgegeben hatte, litt danach unter überwältigenden Schuldgefühlen. Sie hatte sich einem verheirateten Mann hingegeben, den sie gar nicht liebte und der überdies ein Bekannter ihres sittenstrengen Vaters war. Und sie hatte seine Frau, die immer warmherzig und gastfreundlich gewesen war, hintergangen und beleidigt. Die mühsam aufgebaute neue Welt brach für sie zusammen. Sie fühlte sich »beschmutzt«, »sündig«, »durch und durch verdorben« und sah sich in größerer Verlassenheit als je zuvor.

Ein paar Tage später bekam sie eine Adnexitis (Entzündung der Eierstöcke), die so schwer war, daß sie operiert werden mußte. »Der Eiter floß nur so aus mir heraus«, erinnerte sie sich später. Nach dem Eingriff wechselte sie die Stellung, um dem Chef nie wieder zu begegnen.

Lange Zeit hielt Marion sich von den Männern fern, was ihr nicht schwerfiel, denn der Schock wirkte ein paar Jahre nach. Sie war schon dreiundzwanzig, als sie die erste freiwillige Beziehung zu einem Mann aufnahm. Das Verhältnis dauerte nicht lange, denn bald darauf wurde sie wieder krank: Adnexitis.

Die Ängste und Schuldgefühle, durch ihre Erziehung gepflanzt, durch das Erlebnis mit dem Chef ins Unermeßliche vergrößert, waren nicht überwunden. Sexualität war noch immer etwas Geheimnisvolles, Bedrohliches, etwas Sündiges für sie, und noch immer fühlte sie sich »beschmutzt«, wenn sie mit einem Mann verkehrt hatte, obwohl sie sich dessen nicht mehr bewußt war. Alle weiteren Männerbeziehungen endeten auf die gleiche Weise: Ovar- oder Tubenvereiterung (Ovarium = Eierstock, Tube = Eileiter). Die psychosomatische »Organsprache« drückte es nur zu deutlich aus: Greifbares Symbol für ihre seelische Beschmutzung war der Eiter, der aus ihr herausfloß.

Um die organischen Symptome bei Marion Z. zu beheben, dazu bedurfte es in der Psychotherapie nur weniger Monate. Neue Informationen und Erkenntnisse halfen, sie aus dem Labyrinth von Schuldvorstellungen zu befreien, in das sie geraten war. Aber der Weg zu ihren verschütteten Gefühlen und damit zu einer gesunden sexuellen Erlebnisfähigkeit war lang, er dauerte noch Jahre.

Zu der in diesem Kapitel behandelten Thematik gehört auch der sogenannte Vaginismus, der den davon befallenen Frauen ein normales Sexualleben unmöglich macht.

Beim Vaginismus ziehen sich in bestimmten Situationen die Muskeln des Beckenbodens und der Scheide krampfartig zusammen, und die Vulva ist, wie einmal der Ehemann einer Klientin sagte, »wie zugenäht«. Die Kontraktion erfolgt reflexhaft auf die versuchte oder auch nur vorgestellte Einführung des Penis. Der Koitus ist deshalb unmöglich oder – wenn in Ausnahmefällen eine Immissio erfolgt – mit großen Schmerzen verbunden. Ursachen für den Vaginismus sind »moralische« Vorbehalte, Hemmungen, erziehungsbedingte Schuldgefühle und Sexualängste, durch die über das vegetative System die Muskulatur blockiert bzw. total verkrampft wird.

Selbstverständlich ist bei solchen Frauen die Vagina normal gebaut und nicht etwa, wie gelegentlich angenommen, anatomisch zu eng. Jeder gewaltsame Eingriff ist daher nicht nur zwecklos, sondern verstärkt nur noch die neuromuskuläre Abwehrreaktion.

Eine Klientin, die in jüngeren Jahren unter Vaginismus gelitten hatte, berichtet mir von der Pferdekur, die ein Arzt mit ihr vorgenommen hatte: Sie mußte sich auf den gynäkologischen Stuhl setzen, die Sprechstundenhilfe hielt ihre Arme fest, und der bemühte Doktor führte ihr einen eingefetteten Hegarstift der Größe 17 mit Brachialgewalt ein, in der Absicht, den Scheideneingang »mal richtig auszuweiten«. Das Resultat war katastrophal, denn dieses Schockerlebnis verschlimmerte das Leiden der Patientin beträchtlich; sie ließ sich bei dem Arzt denn auch nie wieder blicken.

Der Vorfall ereignete sich allerdings zu einer Zeit, als die moderne Sexualtherapie in unserem Lande noch weithin unbekannt war, und ich hoffe, daß derartige Praktiken von deutschen Medizinern heute nicht mehr angewendet werden. Eine primär psychologische Behandlung nämlich ist beim Vagismus von entscheidender Bedeutung. Dafür ist der folgende Fall exemplarisch:

Frau Anni M., 25, Dolmetscherin, seit drei Jahren glücklich mit einem Regierungsrat verheiratet, war noch nie zu einem normalen Geschlechtsverkehr fähig gewesen. Da ihre sexuelle Appetenz überdurchschnittlich hoch war, behalfen die junge Frau und ihr Ehemann sich mit gegenseitiger Masturbation, Cunnilingus und Fellatio, was, wie sie behauptete, bisher für beide befriedigend gewesen sei. Sie kam in die Behandlung, weil sie ein Kind haben wollte, »und das möchte ich ja nun nicht durch künstliche Befruchtung kriegen, wo ich doch meinen Mann im Bett habe«.

Anni M. hatte eine ungetrübte Kindheit gehabt. Ihr Vater war mittlerer Beamter, ein ruhiger, freundlicher Mann. Auch mit der Mutter gab es nie ernsthafte Probleme. Ihre sexuelle Entwicklung verlief nach ihrer Darstellung normal. Allerdings erinnerte sie sich, daß ein Nachbarjunge beim präpubertären »Doktorspiel« ihre Scheide mit »häßlichem Grinsen« grob berührt hatte. Sie war darüber sehr erschrocken gewesen. Eine Sexualaufklärung im heutigen Sinne hatte sie nie erhalten.

Auf das Masturbieren kam sie nach der Pubertät von allein und machte davon ohne besondere Schuldgefühle regelmäßig Gebrauch. Jedoch war sie der Auffassung, daß die Scheide etwas häßliches sei, denn ihre Mutter hatte diesen Körperteil beim Baden und Waschen immer auffällig übersehen, es schien auch nicht einmal einen Namen dafür zu geben. Anni versuchte deshalb nie, das »unaussprechliche« Organ näher zu untersuchen, und wagte auch nicht, den Finger hineinzustecken, »das war mir unheimlich«. Dennoch erreichte sie beim Masturbieren, obwohl sie dabei die Klitoris nicht berührte, fast immer einen Orgasmus.

Ihren ersten und einzigen Koitus hatte sie mit ihrem Ehemann als 22jährige. Sie empfand dabei einen »wahnsinnigen Schmerz« im Klitorialbereich, und seitdem war ein normaler Verkehr mit ihm nie wieder möglich.

Sie berichtete übrigens von einem häufig sich wiederholenden Traum, der immer den gleichen Inhalt hatte: »Ich stehe am Wasser, und aus den Wellen taucht ein rotes Torpedo auf und kommt auf mich zu. Ich habe große Angst und wache auf. »Dieser Traum zeigte in seiner phallischen Symbolik deutlicher als alles andere ihr psychosomatisches Problem.

Da über die Behandlung des Vaginismus nur spärliche Literatur existiert, halte ich eine kurze Beschreibung der Therapie Anni M.s für angebracht:

Nach gründlicher Exploration wurden die möglichen Ursachen der Störung besprochen, dabei erhielt die Klientin alle notwendigen Informationen über die psycho- und die neurophysiologischen Mechanismen der Sexualität. Bei der Sitzung war der Ehemann anwesend. Die eigentliche Therapie setzte sich aus verschiedenen Techniken zusammen:

1. Das klientenzentrierte Gespräch als Grundverhalten bei allen Sitzungen.
2. Systematische Entspannungsübungen und gestufte Aktivhypnose nach J. H. Schultz und D. Langen, mit dem Ziel, unter gestaltpsychologischen Aspekten die emotionale Verbindung zu den Genitalien herzustellen, die die Klientin als »häßlich« und nur dem Manne als Lustobjekt zugeordnet empfand und deshalb von ihrem Ich abgespalten hatte.
3. Verhaltenstherapeutische Verfahren zur Desensibilisierung und Neukonditionierung* in gewünschter Richtung. Dazu gehörten als »Hausaufgaben« die Untersuchung der Genitalien mit Handspiegel, ferner das häufig, sanfte Streicheln der Scheide als liebenswerten Teil des Selbst und schließlich die sogenannten Kegelübungen nach A. Kegel. Hierbei handelt es sich um das Training jenes breiten Muskels mit der exotischen Bezeichnung Pubococcygealmuskel – kurz PC-Muskel –, der die Vagina umgibt und den Beckenboden vom Schambein bis zum Steißbein bedeckt. Das Training des PC-Muskels, der sich auch beim Orgasmus heftig zusammenzieht, erhöht die Sensitivität im Vaginalbereich. Bei Anni M. dienten die Kegelübungen zur Beschleunigung des psychophysischen Integrationsvorganges der Genitalien in ihr gefühltes Ich.

Nach fünf Sitzungen schon zeigte die Klientin einen deutlichen Rückgang ihrer Hemmungen. Beim Gedanken an den Koitus verkrampfte sich die Vaginalmuskulatur nicht mehr; sie erklärte, daß sie ihre Scheide keineswegs mehr häßlich finde und

---

* Desensibilisierung, Konditionierung: siehe 12. Kapitel

daß sie mit dem Finger schon ein Stück in sie eingedrungen sei, ohne dabei Abwehr oder Ängste gespürt zu haben.

Daraufhin wurde der Ehemann wieder zugezogen, und beiden wurde die Anwendung der Hegarstifte nach Masters und Johnson erklärt. Sie haben den Zweck, eine Frau daran zu gewöhnen, einen »Fremdkörper« für längere Zeit in der Scheide zu haben. Dadurch wird ihre Angst vor dem Eindringen des Penis vermindert und die Tendenz zur unwillkürlichen Verkrampfung der Muskulatur des Dammes und der Scheide abgebaut.

Man beginnt mit dem dünnsten der fünf Stifte. Er wird vom Partner nach vorheriger libidinöser Stimulierung vorsichtig eingeführt und soll etwa 20 Minuten in der Scheide bleiben, währenddessen soll die Frau möglichst entspannt liegen und vom Partner gestreichelt werden. Diese Behandlung wird je nach Fortschritt mit dem nächstdickeren Stift wiederholt. In den Therapiesitzungen werden jeweils die Erfolge oder Mißerfolge eingehend besprochen und der emotionale Integrationsprozeß wird durch klientenzentrierte Gesprächstherapie weiter gefördert.

Die Klientin war sehr bald in der Lage, den Hegarstift selber einzuführen, und da der Ehemann sich als außerordentlich geschickt und einfühlsam erwies, war nach der 10. Behandlungswoche der erste Koitus (bei Hockstellung der Frau) möglich. Nach fünfmaligem störungsfreien Verkehr – auch in anderen Positionen – konnte die Therapie beendet werden. Ein knappes Jahr später wurde mir die Geburt des ersehnten Kindes angezeigt.

Bei Behandlungen wie im Falle der Anni M., die psychologisch und physiologisch den verletzlichsten Bereich der Frau berühren, gewinnt das therapeutische Vertrauensprinzip besondere Bedeutung. Ist eine völlig entspannte Vertrauensbeziehung zwischen Therapeut und Klientin nicht vorhanden und auch nach mehreren Sitzungen nicht herstellbar, dann sollte er die Behandlung nicht fortführen und der Klientin lieber einen Kollegen oder eine Kollegin empfehlen. Denn die rein mechanische Verhaltenstherapie, wie sie in den sechziger Jahren, der euphorischen Periode des Behaviorismus, propagiert wurde, wird hier ganz sicher versagen. Deshalb muß der Therapeut neben der Beherrschung der lerntheoretischen Ansätze nicht nur gründliche Kenntnisse tiefenpsychologischer Zusammenhänge haben, er sollte auch in wissenschaftlicher Gesprächspsychotherapie (Rogers/Tausch) ausgebildet sein.

## 8. Kapitel

# Krebs

**Psychische Belastungen schwächen das Immunsystem
des Menschen – Lebensfreude
dagegen kann gegen ein Karzinom helfen**

Ich beginne dieses Kapitel mit einem Fall, der vor 16 Jahren
ganz Finnland erregte, und ich schreibe ihn so, wie ich ihn damals für den *Stern* aufgezeichnet habe. Da es sich dabei um eine
geradezu klassische Liebesgeschichte handelt, scheint mir diese
Form der Darstellung legitim:

Er lernte sie beim Tanzen kennen, ein blondes Mädchen, lang-
beinig, genau sein Typ. Er war in Erobererlaune, selbstbewußt,
ziemlich ausgelassen. Grund genug hatte er dazu. Mit sechs-
undzwanzig ein Schriftsteller, dessen drittes Buch ein Erfolg geworden war: Gunnar Mattsson, halb Finnland kannte seinen
Namen. Er schlenderte auf sie zu. »Haben Sie heute abend
schon einen Prinzen getroffen?« fragte er.
Sie lächelte nicht mal. »Nein«, sagte sie.
Sie tanzte ohne Schwung, bremste absichtlich beim Walzer. Das
gefiel ihm nicht, er würde sie nicht noch einmal auffordern.
Aber wenigstens sollte sie wissen, was ihr da entgangen war. Er
blickte ihr in die Augen und begann: »Es war einmal eine Prin-
zessin, die durfte nicht zum Tanz ...«
Sie hörte nicht zu, das sah er, und dann krümmte sie sich plötz-
lich zusammen, murmelte eine Entschuldigung und lief zum
Ausgang. Er drängte sich durch die Tanzenden und folgte ihr.
Sie stand draußen und spuckte. Na, na, ist die etwa betrunken?
Das hat man ihr gar nicht angesehen.
Sie richtete sich auf. »Entschuldigen Sie bitte.«
»Romantisch sind Sie nicht«, sagte er. »Eine normale Prinzes-
sin, die vom Fest wegrennt, sollte ihren Schuh auf der Treppe
zurücklassen. Sie dagegen ...«
Sie lächelte verzerrt.
»Kommen Sie, ich bringe Sie nach Hause.«
Sie wohnte nicht weit. Sie hieß Seija und war Krankenschwe-
ster. Mehr war aus ihr nicht herauszuholen. Betrunken war sie
nicht. Wahrscheinlich den Magen verdorben. Merkwürdiges

Mädchen. Auf keinen Fall das, was er gesucht hatte. Er war froh, als er sie los war.

Er spürte noch keine Lust heimzugehen und kehrte zurück zum Tanz. Und da fand er das, was er suchte: Pirjo, ein Mädchen mit Pep, hübsch, kokett, zu allem bereit. Auch sie war Krankenschwester.

Pirjo sagte: »Haben Sie nicht vorhin mit Seija getanzt?«

»Ja. Aber ihr ist schlecht geworden. Hatte wohl zu viel gegessen.«

»Nein«, sagte Pirjo. »Sie ist krank.«

»Was hat sie?« fragte er.

»Lymphdrüsenkrebs«, sagte Pirjo. »Hoffnungslos.«

Wie furchtbar. Und so was geht zum Tanzen!

Pirjo war nicht krank, ganz im Gegenteil, hätte man sagen können, und er tanzte den ganzen Abend mit ihr. Nachher fragte er, ob sie mit ihm käme, einen Tee trinken.

»Ja«, sagte sie, und das hieß, daß sie mit ihm schlafen würde. Aber als sie in seinem möblierten Zimmer beim Tee saßen, merkte er, daß er an etwas ganz anderes dachte: an das Mädchen mit der unheilbaren Krankheit, und er fragte Pirjo, was sie darüber wüßte. Pirjo kannte Seija von der Schwesternschule her, sie wußte alles über deren Krankheit, sogar den wissenschaftlichen Namen: Lymphogranulomatose.

»Kann man denn nichts dagegen machen?«

»Die Statistik«, sagte Pirjo, »weist nach, daß 70 Prozent der an Lymphdrüsenkrebs Erkrankten innerhalb von fünf Jahren sterben. Bei Seija hat es vor vier Jahren angefangen.«

Sie sahen sich an, jung, wie sie beide waren, das ganze Leben noch vor sich. Und da war eine, genauso jung wie sie, die hatte kaum noch ein Jahr.

»Ein schrecklicher Tod«, sagte Pirjo, »sie sterben an einer Art Brand. Ich habe schon welche sterben sehen in der Klinik.«

Gunnar schlief nicht mit Pirjo in dieser Nacht, das kranke Mädchen ging ihm nicht aus dem Kopf.

Er mußte auch in den nächsten Tagen oft an Seija denken; er tat es mit einem merkwürdigen, widerwilligen Mitleid.

Ein paar Wochen später traf er sie am Strand. Sie lag in der Sonne und ließ sich braun brennen. Sie sah schön aus, groß und schlank, mit langem, gelbem Haar, und er konnte kaum glauben, daß sie im nächsten Frühjahr würde sterben müssen.

Sie hatte nichts dagegen, daß er sich zu ihr setzte, aber gesprächiger war sie nicht geworden.

Er sagte, daß er an dem Abend zurückgegangen sei und mit Pirjo getanzt habe.

»Hat sie über mich gesprochen?«

»Ja.«

»Dann wissen Sie ja alles.«

»Ja.«

Nachher stand sie auf und zog sich an. Sie müsse in die Klinik zum Bestrahlen. Er kam mit. Sie gingen durch die sonnenbeschienenen Straßen. An einem Eisstand kaufte er zwei Eis. Aber sie wollte keins. Sie dürfe nicht. »Wegen Ihrer Krankheit?« Sie nickte mundfaul. Er mußte die beiden Eis allein essen.

Als sie vor der Klinik standen, sagte er: »Wenn Sie wollen, warte ich auf Sie.«

Wieder nickte sie.

Er wußte selber nicht, warum er auf sie wartete, was sollte das alles? Aber da er's nun mal gesagt hatte, blieb er. Sie kam schon nach wenigen Minuten zurück. Er sagte: »Ich denke, Sie wollten zur Bestrahlung?«

»Ja. Aber heute geht es nicht. Ich habe zu hohes Fieber.« Er brachte sie nach Hause. Ob er eine Tasse Tee haben wolle, fragte sie.

Er ging mit ihr hinauf, eigentlich nur, weil sie ihm leid tat. Sie tranken Tee, und er erzählte ihr von sich. Sie hörte ihm zu, das Gesicht halb abgewandt, mürrisch, ein wenig apathisch, wortkarg.

Nur einmal wurde sie lebhaft. Er sagte, er wünsche sich eine Insel, mit einer Klippe, einem Sandstrand, ein paar Bäumen und einem Häuschen darauf; eines Tages würde er sich so eine Insel kaufen. Da sagte sie, sie habe nur einen Wunsch: ein Kind. Das Wichtigste im Leben sei für sie, ein Kind zu bekommen.

Er dachte: Wenn du eins bekämst, du hättest nicht mal genug Zeit, es zur Welt zu bringen.

Als er ging, fragte er sich, warum er ihr eigentlich nachlief, ein erfolgreicher junger Mann mit großer Zukunft, einem apathischen jungen Mädchen, das nur noch ein paar Monate zu leben hatte. Aber ihre Krankheit beschäftigte ihn, oder war sie es selber? Er kaufte sich ein medizinisches Lexikon und informierte sich gründlich.

Bei der Lymphogranulomatose, die nach ihrem Entdecker, dem englischen Arzt Thomas Hodgkin (1789–1866), auch

»Hodgkinsche Krankheit« genannt wird, handelt es sich um eine bösartige Wucherung des lymphatischen Gewebes. Das Leiden, dessen Ursachen noch immer unbekannt sind, beginnt meistens an einer Gruppe von Lymphknoten und breitet sich allmählich über den ganzen Körper aus. Erste Anzeichen sind oft Hautjucken, Ekzeme, Nesselfieber, daneben allgemeine Mattigkeit, Kopfschmerzen, Blässe und Nachtschweiß. Später kommen heftige Fieberanfälle hinzu, ferner starke Abmagerung (Kachexie) und hochgradige Blutarmut (Anämie). Sind auch die Lungen befallen, dann bilden sich durch den Gewebezerfall Hohlräume (Kavernen). Die Hodgkinsche Krankheit verläuft schubweise über längere Zeit mit abwechselnder Besserung und Verschlechterung des Allgemeinzustandes. Sie wird behandelt mit Röntgenbestrahlung und Medikamenten, sogenannten Zystostatika, die das Wachstum der Krebszellen hemmen sollen.

Je mehr Mattsson über die Krankheit erfuhr, desto mehr interessierte ihn das Mädchen. Er rief sie an. »Wie geht es Ihnen?«

»Schlecht!«

»Soll ich Sie besuchen?«

Sie sagte nicht nein.

Sie sagte nie nein, wenn er anrief, und es kam schließlich soweit, daß er sie fast täglich besuchte oder sich mit ihr in der Stadt traf. Es tat ihr gut. Er nannte sie nicht Seija, sondern »Prinzessin«, in Erinnerung an seinen verrückten Einfall an dem Abend, als er sie kennengelernt hatte. Auch das tat ihr gut.

Oft erlebte er ihre Anfälle, ein unüberwindliches Würgen, das in Abständen von wenigen Minuten wiederkehrte. Er sah, wie sie litt: Der hartnäckige Juckreiz quälte sie, rheumatische Schmerzen, Schlaflosigkeit, die oft Tage währte, dazwischen die Schübe von hohem Fieber. Er gewöhnte sich daran, Seija Gesellschaft zu leisten, es schien ihm eine menschliche Pflicht. Er achtete darauf, daß sie ihre Tabletten nahm, ein Cortisonpräparat, das ihr die Ärzte verschrieben hatten. Und regelmäßig begleitete er sie zum Bestrahlen. Sonst geschah nichts zwischen ihnen.

Sie wurde ihm immer sympathischer; es imponierte ihm, wie sie die Krankheit ertrug, wortkarg, ohne Klagen. Er sah ihr zu, wenn sie Tee machte, er mochte ihre Bewegungen, er mochte ihre Stimme, ihre Augen, ihre langen Beine.

Und eines Tages merkte er, daß er sie liebte. Er begriff es selber nicht, aber er liebte sie.

Er las die Wohnungsangebote in den Zeitungen, fand eine Zweizimmerwohnung und mietete sie. Dann ging er zu ihr. Sie lag im Bett, schwach, fiebrig. Er sagte: »Ich habe eine Zweizimmerwohnung gemietet, mit Bad, wunderbare Lage.«

»So?«

»Ja. Meine Wohnung reicht nicht aus.«

»Wofür?«

»Ach ja, ich habe vergessen, dir zu sagen, daß ich dich heiraten will.«

»Du bist verrückt.«

»Willst du?« fragte er. »Ich sehe ganz gut aus, bin mal Jugendmeister im Diskuswerfen gewesen und kann drei Weihnachtslieder auswendig.«

»Geh«, sagte sie.

»Erst müssen wir den Hochzeitstermin festlegen.«

Sie kroch unter die Bettdecke.

Er stand und wartete auf ihre Antwort. Sie blieb still, und er dachte schon daran, zu gehen, da hörte er ihre Stimme: »Ich habe schon ganz viel Bettzeug und Tischtücher und so was. Aber«, sagte sie, »Möbel habe ich nicht.«

»Du willst also?«

»Ja. Aber du mußt mir versprechen, daß du mich nie liebst.«

Er versprach gar nichts.

Gunnar Mattsson, der erfolgreiche junge Schriftsteller, hat nach einem gesunden, hübschen Mädchen gesucht, das für Märchen und Sauna und alte Sachen schwärmte und besonders für Gunnar Mattsson; nach einem Mädchen, das ihm viele gesunde Kinder gebären und mit ihm zusammen auf der Insel leben würde, die er einmal kaufen will. Und was tut er? Er heiratet eine Schwerkranke, die nach der Statistik zum Tode verurteilt ist.

Als Pirjo davon hörte, kam sie zu ihm. Pirjo war noch immer hinter ihm her. »Bist du wahnsinnig?« sagte sie. »Du weißt genau, daß sie bald tot ist.«

»Was geht dich das an?«

»Und wenn sie ein Kind bekommt, muß man es ihr wegnehmen.«

»Warum?«

»Weil sie sonst nicht mehr bestrahlt werden kann. Wirklich, du bist verrückt, Gunnar.«

Er warf Pirjo hinaus. Und er dachte, Seija wird eben kein Kind bekommen. Sein Ideal von dem gesunden Mädchen, das ihm viele gesunde Kinder gebären sollte, hatte er aufgegeben.

Er sah seine Aufgabe darin, Seijas Leben zu verlängern, und wenn es nur um wenige Monate wäre. Er sorgte dafür, daß sie immer pünktlich zur Bestrahlung ging und die Tabletten nach Vorschrift nahm. Er wußte, daß die Krankheit schon die Lunge angegriffen hatte. Es sah hoffnungslos aus. Aber er dachte, daß Lebenslust, gute Laune und Liebe den Tod verzögern könnten, und er gab ihr davon, soviel er konnte.

Eines Tages sagte sie: »Heute gehe ich nicht zur Bestrahlung.«

»Warum nicht?«

»Ich kriege ein Kind.«

Er erschrak. »Du weißt, daß das nicht geht.«

»Ist mir egal. Das Kind soll gesund auf die Welt kommen.«

»Aber du wirst es gar nicht zur Welt bringen, wenn ...«

Sie sagte, sie würde es zur Welt bringen, er könne sich darauf verlassen. Und was dann aus ihr werde, sei ihr gleichgültig.

Wie sie das sagte, glaubte er ihr plötzlich, so sicher sah sie aus. Und so glücklich. Aber dann fielen ihm die Röntgenbilder ein, die versäumten Bestrahlungen, und heimlich ging er zu ihrem Arzt.

Unterwegs stärkte er sich mit Seijas strahlendem Glauben; doch der zerrann vor den unausweichlichen medizinischen Tatsachen. Ein Kind? Ausgeschlossen. Sofortiger Eingriff war zu empfehlen, und dann durfte so etwas nie mehr passieren. Deshalb Sterilisation. Und überhaupt – im wievielten Monat? Im dritten? Also noch sechs Monate ...

Gunnar ging nach Hause, entschlossen, die Vorschläge des Arztes, die so unzweifelhaft vernünftigen, bei ihr durchzusetzen.

Nichts setzte er durch. Sie ließ ihn reden, lächelte, schüttelte den Kopf. Und weigerte sich, in die Klinik zu gehen.

Zu den Beschwerden der Krankheit kamen die der Schwangerschaft. Aber Seija ließ sich nichts anmerken. Wenn die Anfälle nahten, ging sie ins Bad und schloß die Tür ab. Wenn sie vorüber waren, kam sie lächelnd heraus. Mit den Schmerzen fertig zu werden, schien ihr Freude zu bereiten. Alles bereitete ihr Freude. Zum erstenmal, seit er sie kannte, ging sie zum Friseur; sie wollte hübsch sein. Und sie kaufte sich neue Kleider und farbigen Modeschmuck. Er ertappte sie dabei, wie sie Süßigkeiten aß, Lakritze, Bonbons, Lollies, wie Kinder sie lieben. Er schüttelte den Kopf. Sie lachte.

Er sagte: »Ich bewundere keinen Menschen so wie dich.«

»Warum? Ich bin doch glücklich. Weißt du, nur so kann man an gegen den Tod: man muß Leben schenken.« Es klang ganz unpathetisch, wie sie es sagte.

Manchmal ging es ihr sehr schlecht. Aber sie nahm keine Tabletten, ging nicht in die Klinik. »Bis das Kind da ist, werde ich durchhalten. Du wirst sehen«, sagte sie, als hätte sie eine Wette mit ihm abgeschlossen.

Und in der Tat, eine Verschlimmerung der Krankheit, wie sie dem üblichen Verlauf entsprach, war nicht zu erkennen. Sie sagte: »Der Wille macht viel. Ich will das Kind, und deshalb werde ich es schaffen.«

Sie schaffte es, ohne Bestrahlung, ohne Tabletten. Und als die Wehen einsetzten, sah sie ihn triumphierend an. Im Taxi brachte er sie zur Klinik. Als sie in den Kreißsaal gebracht wurde, sah er als letztes ihr Lächeln. Eine zum Tode Verurteilte, die dem Tod ein Schnippchen schlagen wollte. In diesem Augenblick glaubte er nicht, daß er sie lebend wiedersehen würde.

Die Geburt war schwer, es dauerte lange, aber Seija siegte. Das Kind lebte. Es war ein gesunder Junge. Seija war schwach, aber sie lachte. »Siehst du?« sagte sie. Und dann: »Wir nennen ihn Kai Mikael, wenn du einverstanden bist.«

Kurz darauf geschah das, was alle als ein Wunder bezeichneten, was aus psychosomatischer Sicht freilich nicht unbedingt ein Wunder war: Als Gunnar Mattsson seine Frau ein paar Tage später in der Klinik besuchte, kam der Arzt auf ihn zu, der sie jahrelang behandelt hatte. »Es ist nicht zu glauben«, sagte er. »Ich habe doch oft genug ihre Lungen durchleuchtet, und ich habe die Kavernen gesehen. Jetzt sind sie verschwunden. Das Bild ist völlig klar. Kommen Sie, sehen Sie sich die Aufnahme an.« Das Röntgenbild zeigte nicht mehr den leisesten Schatten.

Zu Hause setzte sich Gunnar Mattsson an den Schreibtisch und begann sein viertes Buch. Er beschrieb darin die Geschichte seiner Liebe zu Seija und die Geschichte ihres Kampfes gegen den Krebs. Als er es beendet hatte, war Kai Mikael sieben Monate alt, und Seija erwartete ihr zweites Kind.

Das Buch, er nannte es »Prinzessin«, wurde ein ungewöhnlicher Erfolg. Innerhalb von zwei Monaten erreichte es in dem kleinen Finnland eine Auflage von 50000, und es wurde in fünf Sprachen übersetzt.

Die Heilungsgeschichte der Seija Mattsson liegt 17 Jahre zurück.

Als ich meine Aufzeichnungen im Dezember 1978 wieder ausgrub, kamen mir die in solchen Fällen üblichen Zweifel: Wie lange hat der Heilungsprozeß bei ihr vorgehalten? Ist sie vielleicht bei der Geburt des zweiten Kindes oder danach gestorben? Ich wußte natürlich nicht, in welcher Stadt sie wohnte, ich kannte nicht einmal den Verlag, in dem das Buch ihres Mannes erschienen war. So bat ich den Leiter der Medizin-Redaktion des *Stern*, Günter Dahl, mir bei der Nachforschung behilflich zu sein. Er tat es, und eine Woche später schickte er mir ein Telex des skandinavischen Korrespondenten. Darin stand:

»Das Buch wurde vom Verlag Soederstroem in Helsinki herausgegeben. Seija Mattsson lebt, und es soll ihr ausgezeichnet gehen.«

In einem Nachwort hatte damals die Krebsforscherin Gisela Gästrin geschrieben: »Jährlich erkranken in Finnland 10000 Personen an Krebs. Mit den Fortschritten der Medizin wächst auch die Zahl der Geheilten. Es kommt auch vor, daß der Gesundheitszustand von Krebspatienten sich verbessert ohne medizinische Behandlung – auf bisher unerklärliche Weise, am ehesten durch sogenannte immunbiologische Vorgänge.«

Frau Dr. Gästrin irrte mit ihrer ersten Aussage. Die Zahl der Geheilten wächst – noch immer – nicht mit den Fortschritten der Medizin. In den USA wurden während der letzten acht Jahre nicht weniger als acht Milliarden Mark für den Kampf gegen den Krebs ausgegeben. Inzwischen bekannten amerikanische Krebsforscher, der Aufwand habe sich nicht gelohnt, auf den großen Sieg über den Krebs warte die Welt nach wie vor.

Mit ihrer zweiten Aussage hingegen traf Dr. Gästrin, wie ich glaube, ins Schwarze. Immunbiologische Vorgänge, das heißt: psychologische und physiologische Verhaltensweisen, die gegen die Krankheit immun machen. Andersherum: Krebs (auch) als Folge chronischer seelischer Belastungen? Davon bin ich überzeugt. Allerdings spielen, wie bei allen psychosomatischen Erkrankungen, andere Faktoren, besonders die der genetischen Anlage, eine entscheidende Rolle.

Ich kenne die prämorbide Geschichte der Seija Mattsson nicht, exemplarisch ist der Fall indessen für die Tatsache, daß kräftiger seelischer Aufwind – Liebe, Hoffnung, Vorfreude auf das Kind, kurz, allgemeine Lebenslust – zu ihrer spektakulären Heilung geführt hat.

Die Hypothese, daß Krebs etwas mit negativen psychischen Vorgängen zu tun habe, ist uralt. Schon Galen, der berühmte griechische Arzt des römischen Kaisers Marc Aurel (129–199 n. Chr.), hat beobachtet, daß melancholische – wir würden heute sagen depressive – Frauen eher an Brustkrebs erkrankten als andere.

Wahrscheinlich ist es mit den Krebserregern genauso wie mit den übrigen Bakterien, die in und auf dem menschlichen Körper in großen Mengen existieren und durch das Immunsystem (d. h. dessen sog. Killer-Zellen) in Schach gehalten werden. Ist dieses System gestört, so gibt es eine Bakterieninflation, die zur Krankheit führt. Harmlosestes Beispiel: die Hautpilze, die sich dann ungehindert vermehren können, wenn ihre ökologischen Gegner durch irgendwelche chemischen Substanzen unserer Waschmittelzivilisation vernichtet werden.

Führende Fachleute sind der Auffassung, daß jeden Tag in jedem Organismus Millionen von Krebszellen entstehen, die von den Killer-Zellen beseitigt werden. Die Produktion dieser Killer-Zellen wird weitgehend von Hormonen beeinflußt. Den Hormonhaushalt aber steuert die Hirnanhangdrüse (Hypophyse). Da diese wiederum ihre Befehle vom Zwischenhirn erhält, und da das Zwischenhirn, wie wir wissen, die Zentrale für Gefühle und Affekte ist, wird klar, inwiefern chronische seelische Belastungen, mit denen der Mensch nicht zurecht kommt, sich negativ auf sein organisches Immunsystem auswirken können.

Der Mediziner und Psychologe C. B. Bahnson, Professor für Psychiatrie an der Thomas Jefferson-Universität in Philadelphia, erklärte kürzlich dem Wissenschaftsjournalisten I. Rheinholz seine Auffassung von den »psycho-physiologischen Ansätzen« der Krebsentstehung; darin finden die Theorien S. Freuds und anderer Tiefenpsychologen über den Einfluß traumatischer Erlebnisse der Kindheit und frühen Jugend auf die Entwicklung des Menschen eine eindrucksvolle Bestätigung:

»Bei den meisten unserer Krebspatienten«, so Bahnson, »haben wir gefunden, daß ihre Beziehungen zu den Eltern sehr mechanisch und unbefriedigend waren, von gefühlsmäßiger Leere und Kälte. Insbesondere die Mutter konnte dem Kind keine Liebe und Wärme geben, und der Vater es nicht genügend beschützen. Auf dieser Grundlage entstanden dem Kind große Schwierigkeiten, intime und bedeutsame menschliche Beziehungen aufzubauen.

»Diese ungelösten frühen Probleme spiegeln sich beim Erwachsenen in seinem zwiespältigen Verhältnis gegenüber dem Lebenspartner wider: Nach außen hin ist alles in Ordnung, im Innern jedoch werden Triebe, Bedürfnisse, Gefühle, Spannungen verdrängt und verneint. Solche Menschen trifft der Verlust einer nahestehenden Person oder eines anderen für sie wichtigen Objekts, zum Beispiel der beruflichen Position, besonders hart. Dieser Verlust läßt die ursprünglichen Kindheitsbedingungen wieder aufleben und entfacht die im Verborgenen vorhandenen krankmachenden Prozesse. Deshalb hat ein Mensch mit solchen Voraussetzungen unter diesen Gegebenheiten ein erhöhtes Risiko, krebskrank zu werden.«

J. Rheinholz beschrieb (1978) den Fall einer Patientin von Professor Bahnson:

»Ihr Leben war voller Verluste und Enttäuschungen gewesen. Als Zweijährige mußte sie mit ansehen, wie ihre Mutter sich in der Badewanne ertränkte; ihren Vater mußte sie entbehren, weil dieser, deprimiert und zerbrochen, nicht die Elternrolle zu meistern vermochte; erzogen wurde sie von Tante und Onkel, die wiederum ihre eigene Tochter bevorzugten.

Als Halbwüchsige lebte das Mädchen wieder mit seinem Vater zusammen. Sie war eine gute Schülerin und wurde eine erfolgreiche Journalistin. Nun versuchte die junge Frau, ihre schwere Kindheit zu bewältigen, die Enttäuschungen und die Verluste zu kompensieren, unter anderem durch Beziehungen zu vielen Männern. Doch damit hatte sie nie Erfolg, kein Mann konnte sie zufriedenstellen – und so wiederholten sich die Enttäuschungen der frühen Kindheit bei der Erwachsenen.

Als Zwanzigjährige klammerte sie sich an einen Mann, der sie schlecht behandelte; er verließ sie des öfteren, kam aber ebensooft wieder zurück. Sie ertrug alles, nur um ihn nicht auch noch verlieren zu müssen. Zwei Jahre später endlich heiratete er sie. Nach außen hin schien nun alles in Ordnung, doch in ihrem Inneren war die junge Frau zutiefst unglücklich – nur wenige Tage nach ihrer Hochzeit erkrankte sie an Brustkrebs. Die Ärzte versuchten alles, um sie zu heilen. Vergebens. Die Patientin starb zwei Jahre später.«

Die jahrzehntelangen überaus kostspieligen Anstrengungen der medizinischen Krebsforschung haben bisher nur dürftige Ergebnisse hervorgebracht. Es ist möglich, daß allzu enge Fachbezogenheit dabei hinderlich war. Ich glaube, daß echte Fortschritte bei der Bewältigung des Krebsproblems nur auf der Grundlage interdisziplinärer Zusammenarbeit erreicht werden können, wobei der klinischen Psychologie eine wichtige Rolle zukommt.

## 9. Kapitel

# Zu dick oder zu dünn

### Dahinter steckt fast immer
### ein seelischer Defekt

Die beiden Damen waren in jeder Hinsicht auffällig. Im Sanatorium nannte man sie »die Dicke und die Dünne«. Die Dicke wog bei mittlerer Körpergröße etwa 80 Kilo; die Dünne taxierte ich auf weniger als 40, sie bestand, um es volkstümlich auszudrücken, fast nur aus Haut und Knochen. Aber das schien ihr wenig auszumachen, sie trug ihren Zustand mit Heiterkeit, während die Dicke unter der Last ihres überflüssigen Fetts eher melancholisch wirkte.

Am auffälligsten war, daß die beiden Ungleichen während der Mahlzeiten an einem Tisch saßen. Nachdem sie sich angefreundet hatten, bestanden sie darauf, gemeinsam zu essen, trotz der höchst unterschiedlichen Diät und trotz der Einwände des Chefarztes.

Die Dicke bekam fettlose Speisen – Wassersüppchen, mageres Fleisch, bleichsüchtige Gemüse, Quark und Fruchtsäfte. Dagegen servierte man der Dünnen prächtige Steaks, Butterkartoffeln, sahnige Soßen, pralle Gemüse und kalorienreiche Desserts, vom schaumigen Schokoladenpudding bis zum goldfarbenen Kaiserschmarren. Oft sah ich die verlangenden Blicke der Dicken darauf gerichtet, sah auch das resignierte Lächeln, mit dem sie sich wieder ihrer schmalen Kost zuwandte. Die Gespräche der beiden kreisten fast ausschließlich um ihre Gewichtsprobleme, wobei die Dicke öfter betonte, daß sie zu Hause eigentlich gar nicht so viel esse, es müsse wohl an den Drüsen liegen. Die Dünne erklärte, sie sei immer so mager gewesen und fühle sich dabei ganz wohl. Nur ihr Mann wünsche sie sich molliger, deshalb sei sie ins Sanatorium gegangen.

»Meinem Mann«, sagte die Dicke darauf, »ist es ziemlich gleichgültig, wieviel ich wiege. Aber zwanzig Pfund möchte ich schon abnehmen, man ist dann beweglicher.«

Als ich abreiste, war die Dicke ersichtlich nicht dünner geworden und die Dünne nicht dicker. Obwohl ich die Lebensgeschichte der beiden nicht kannte, vermutete ich jene psychischen Hintergründe, die bei krankhafter Fettleibigkeit sehr oft, bei Magersucht stets eine ausschlaggebende Rolle spielen. Zum mindesten die Dicke hatte einen Hinweis dafür gegeben mit der Bemerkung, es sei ihrem Mann gleichgültig, wieviel sie wiege. Welchem Mann, der seine Frau mag, ist das schon gleichgültig? Und ich war überzeugt, daß sie ab und zu heimlich das Café im Ort besuchte, um sich für seine fehlende Zuneigung durch ein paar Tortenstücke zu trösten.

Fettsucht und Magersucht sind zwei ernstzunehmende Erkrankungen, wenn auch die Betroffenen sich häufig gar nicht als krank empfinden. Die Erklärung, es handle sich um eine Drüsen-Über- oder Unterfunktion, trifft nur in den seltensten Fällen zu. Denn beide Störungen zeigen deutlich psychosomatische Zusammenhänge.
Um das genauer zu verstehen, müssen wir uns über die Psychologie des Eßverhaltens ein paar Gedanken machen:
Während der frühesten Lebensjahre spielt die Nahrungsaufnahme eine zentrale Rolle im Gefühlshaushalt des Menschen. Der Säugling erlebt die erste Linderung körperlichen Unbehagens durch das Stillen, und er lernt, daß die Befriedigung des Hungers mit dem Gefühl von Wohlbefinden und Sicherheit verbunden ist. Darüber hinaus ist das Gefüttertwerden gleichbedeutend mit Geliebtwerden. Hunger und Essen hat überdies auch etwas mit Besitzstreben zu tun. Für das Kleinkind bedeutet Besitzen gleichzeitig körperliches Einverleiben (es steckt ja alles, was es haben will, eßbar oder nicht, in den Mund). Und schließlich empfindet es beim Saugen die ersten Lustgefühle in der Schleimhaut von Mund, Lippen und Zunge. Hier handelt es sich um die Vorläufer späterer sexueller Empfindungen; sie bleiben dem Menschen beim Küssen bis ins Alter erhalten.
Angesichts dieser Sachverhalte ist es nicht schwer zu begreifen, daß der Appetit mit dem Gefühlsleben des Menschen sein Leben lang verknüpft ist und durch seelische Vorgänge massiv beeinflußt werden kann. Dafür gibt es in unserem Sprachgebrauch zahlreiche Redewendungen. »Es hat mir den Appetit verschlagen«, sagen wir, oder gar: »Es ist zum Kotzen!«, wenn wir schweren Ärger hatten. Wer Seelenkummer hat, tröstet sich häufig durch viel Kuchen und Süßigkeiten, und das Fett, das er (oder sie) dann ansetzt, nennen wir »Kummerspeck«.
Wer sich andererseits im akuten Zustand der Verliebtheit befindet, wird kaum nach Schweinebraten oder Sahnetörtchen Ver-

langen haben. Sein »inneres Milieu«, das vegetativ-hormonale System, hat sich psychogen auf andere Wunscherfüllungen eingestellt, und man pflegt von solchen Leuten zu sagen: »Sie leben von Luft und Liebe«, oder auch: »Sie haben sich zum Fressen gern«, was bedeutet, daß die Liebe das Essen ersetzt.

Das alles sind natürliche Reaktionen. Deshalb soll hier nicht die Rede sein von jenen 50 Prozent zu dicken Über-Vierzigjährigen, die unsere zivilisierte Landschaft bevölkern. Sie sind überfressen, leiden aber nicht unter Fettsucht im klinischen Sinn. Sie können leicht zehn bis 15 Kilo abhungern, ohne einen Arzt oder Psychotherapeuten zu bemühen; es genügt das Wecken ihrer Eitelkeit oder ihres Ehrgeizes. Wo beides nicht vorhanden ist, bleiben sie eben dick und fühlen sich dabei relativ wohl.

Bei der krankhaften Fettsucht liegen die Ursachen tiefer. Weder die Einnahme von Appetitzüglern noch eine gezielte Diät richten da auf die Dauer etwas aus. Der psychogen Fettsüchtige ißt – oder besser frißt – triebhaft, und er kann dieses Bedürfnis genausowenig unterdrücken wie etwa der gesunde Mensch das Bedürfnis nach Schlaf.

Bei der Kompliziertheit unserer seelischen Struktur ist es schwierig, diese Triebhaftigkeit in ein starres Ursachenschema zu pressen. Fest steht, daß es sich immer um »Ersatzbefriedigung« handelt. Ersatz für ein langweiliges, unausgefülltes Dasein, Ersatz für Enttäuschungen, vor allem aber Ersatz für mangelnde Liebe und Zuwendung. Der prominenteste Fettsüchtige unseres Jahrhunderts war der letzte König von Ägypten, Faruk I. Er fraß sich in seinem römischen Exil buchstäblich zu Tode. Der Schlag traf ihn in einer Cafeteria auf der Via Veneto, als er zwischen dem ersten und zweiten Frühstück eine Tüte Potatochips in sich hineinschaufelte.

Fettsüchtige haben meist durch falsche Erziehung in ihrer Kindheit gelernt, daß man sie bei Schmerzen, Krankheiten oder Liebesverlust durch Leckereien entschädigte. (Typisch dafür ist die Mutter, die keine Zeit hat für die Liebesansprüche ihres Kindes und ihm Geld gibt mit der Bemerkung: »Da, kauf dir ein Eis.«) Diese Erfahrung wird dann beim Erwachsenen zu einer unbewußten Dauerreaktion.

Ein Musterbeispiel dafür ist der Fall von Susanne Presska, den mir einmal ein Kollege berichtete:

Ehemals schlank und zierlich, hatte Susanne mit 32 Jahren ein Gewicht von 102 Kilo. Ihr Mann, ein erfolgreicher Finanzmakler, »tat alles für sie«, wie man allgemein hörte. Susanne konsultierte die angesehensten Ärzte und reiste von einem Sanatorium zum andern. Geld spielte keine Rolle, und um ihre beiden Kinder brauchte sie sich keine Sorgen zu machen, die waren in der Obhut einer zuverlässigen Haushälterin und einer Kinderschwester.

Aber alle Kuren und alle Diät halfen nichts. Hatte sie mit Mühe zehn Kilo abgenommen, so dauerte es keine vier Wochen, und die Waage zeigte das alte Gewicht. Bei Freunden und Bekannten fand sie wenig Sympathien, und wäre ihr Mann nicht gewesen, so hätte sich wohl niemand um sie bemüht. Man verstand nicht, daß sie sich nicht wenigstens ihm zuliebe »am Riemen riß«, um ihre unappetitlichen Fettmassen zu reduzieren. Sie selber verstand es auch nicht, sie war tief unglücklich.

Das wurde mit einem Schlag anders, als ihr Mann starb. Er beging Selbstmord, weil er sich in Spekulationen eingelassen hatte, die ihn ruinierten. Ihr blieb nichts als das Haus und einige Wertsachen, von deren Verkauf sie ein paar Jahre mit ihren Kindern würde leben können.

Nachdem sie den ersten Schock überwunden hatte, veränderte sie sich in einer Weise, die alle verblüffte. Innerhalb von sechs Monaten nahm sie mehr als 30 Kilo ab. Sie besuchte eine Arzthelferinschule und begann nach bestandener Prüfung halbtags in einer Klinik zu arbeiten. Gleichzeitig kümmerte sie sich mehr um ihre Kinder als sie es je getan hatte.

Drei Jahre später heiratete Susanne Presska einen Studienrat, den sie in der Klinik als Patienten kennengelernt hatte. Daß die Ehe glücklich war, sah man ihr an. Sie hat nie wieder zugenommen, abgesehen von der Zeit, in der sie ihr drittes Kind erwartete.

Susanne Presskas erstaunliche Wandlung könnte man romantisch als »Wunder der Liebe« bezeichnen. Das trifft zweifellos zu, wobei das Wunder allerdings ein psychosomatischer Prozeß war, der aus ihrer Lebensgeschichte verständlich wird.

Sie war als Einzelkind aufgewachsen. Ihr Vater war Drogist, ihre Mutter arbeitete im Geschäft mit. Beide Eltern hatten wenig Zeit, sich emotional um das Kind zu kümmern. Um so mehr wurde Susanne von ihnen materiell verwöhnt, besonders was Essen, Süßigkeiten und Kleidung anbetraf. Nach dem Schulabschluß besuchte das außergewöhnlich hübsche Mädchen die Handelsschule und kam dann als kaufmännische Angestellte in einen Industriebetrieb. Dort lernte sie ihren um zwölf Jahre älteren Mann kennen. Er entsprach genau ihren noch mädchenhaften Vorstellungen, und sie erwartete von ihm eine Art ewigen Lebensglücks. Als sie heirateten, war das erste Kind schon unterwegs.

Susannes Erwartungen erfüllten sich, wenigstens äußerlich: ihr Mann behandelte sie wie eine Prinzessin. Das blieb auch so, als nach dem zweiten Kind sein Interesse für sie nachließ und später ganz erlosch. Seinen Mangel an Liebe und Zuneigung ersetzte er dadurch, daß er sie mit Geschenken überhäufte und ihr jeden materiellen Wunsch erfüllte. Sein ganzes Interesse, so erklärte er ihr, gelte dem Geschäft, für »Liebesromantik« habe er nun mal nichts übrig, dafür sei er auch schon zu alt. Er schlief getrennt von ihr, um sie, wie er sagte, durch sein spätes Heimkommen nicht zu stören.

Susanne, die vor ihm keine Erfahrungen mit Männern gehabt hatte, fand sich damit ab; es ging ihr ja eigentlich auch, wie alle Welt sehen konnte, glänzend. Daß er sich auf seinen Geschäftsreisen bei anderen Frauen holte, was er brauchte, blieb ihr verborgen, offenbar hatte er nicht den Mut, ihr die heilsame Wahrheit zu sagen.

Mit der Zeit begann sie das, was ihr an Liebe fehlte, sich durch Essen einzuverleiben, und nach und nach verlor sie ihr attraktives Aussehen. Je reizloser sie wurde, um so unzufriedener wurde sie. Die Tröstung für diese Unzufriedenheit bestand wieder im Essen. Und je mehr sie an Umfang zunahm, desto unsicherer wurde sie im Umgang mit anderen Menschen. Am unsichersten machte sie die Gegenwart ihres gutaussehenden, erfolgreichen, kühl-fürsorglichen Mannes. Auch das kompensierte sie wiederum mit Essen. Der Teufelskreis war nicht mehr zu durchbrechen. Die Sache ging so weit, daß sie fast jede Nacht in der Einsamkeit ihres Schlafzimmers erwachte und, von Heißhunger getrieben, an den Kühlschrank ging, um wahllos Schinken- und Käsebrote in sich hineinzustopfen.

Dieser zerstörerische Mechanismus wurde gestoppt durch den Tod ihres Mannes. Er, dessen Liebe sie unbewußt immer vermißt und dessen distanzierte Gegenwart sie so verunsichert hatte, war nicht mehr vorhanden. Die Leere ihres Daseins wurde plötzlich ausgefüllt mit Existenzsorgen und Zukunftsplänen. Sie wurde aktiv und hatte keine Zeit mehr, unentwegt an die Tröstung des Essens zu denken.

Seit Jahren innerlich vereinsamt, bekam sie jetzt Kontakt mit anderen Menschen, von denen sie akzeptiert wurde und die sie gern mochten. Der psychosomatische Regelkreis lief nun anders herum: Je mehr Zuwendung sie durch andere bekam, desto geringer war das Bedürfnis, sich durch Essen zu entschädigen. Je mehr sie abnahm, desto attraktiver wurde sie und um so mehr Zuwendung bekam sie, auch und gerade von Männern. Ihr »inneres Milieu« pendelte sich ein, und nach der Heirat mit dem Studienrat, der ihren Hunger nach Liebe und Zuwendung hinreichend stillte, blieb es konstant.

Susanne Presskas Heilung ist sicherlich ein Ausnahmefall; ohne den Eingriff des Schicksals wäre sie in dieser raschen und radikalen Form kaum möglich gewesen. Denn psychosomatisch Fettsüchtige sind schwer zu kurieren. Was sie brauchen, ist Kontakt, menschliche Nähe, Befriedigung im sozialen Bereich und echte Zuwendung, also alles, was jene Leere beseitigt, die sie sonst mit Essen zu füllen pflegen. Dies therapeutisch anzubieten, ist ungemein schwierig, wenn nicht beim Patienten genügend Selbsterkenntnis und Wille zur Mitarbeit vorhanden ist.

Aber ebenso schwierig ist die Behandlung des Gegenteils, der Magersucht. Denn genau wie beim Zuviel-Essen sind auch beim Zuwenig-Essen schwere seelische Störungen die Ursache. Vereinfacht ausgedrückt: Beim Fettsüchtigen ist Essen Ersatzbefriedigung, beim Magersüchtigen ist Nicht-Essen Trotzreaktion, Selbstbestrafung oder ein Mittel, die Zuwendung anderer zu erzwingen.

In sozusagen normaler Form finden wir solche Reaktionen bei manchen Kindern nach der Geburt eines Geschwisterchens. Sie leiden darunter, daß der Neuankömmling ihnen die gewohnte Zuwendung von Vater und Mutter wegnimmt, und treten darauf – unbewußt – in den Hungerstreik. Derartige Störungen sind rasch behoben, wenn die Eltern ihrem Kind zeigen, daß sie es noch genauso lieb haben wie vorher. Strenge Maßnahmen (»Du ißt deinen Teller leer!« – »Es wird gegessen, was auf den Tisch kommt!«) sind zwecklos und schaden nur der Entwicklung des Kindes.

Bei der chronischen Magersucht (in der Fachsprache »Anorexia nervosa«) sind die Gründe anderer, viel ernsterer Natur. Die Anorexie kommt fast nur bei Frauen vor, setzt meist um die Zeit der Pubertät ein und kann bis ins Alter anhalten. Ihre psychischen Ursachen sind meist darin zu finden, daß das Mädchen ablehnt, die Frauenrolle zu übernehmen, besonders in sexueller Hinsicht. Und da die Geschlechtsreife der Frau einhergeht mit der Entwicklung der Brüste und der rundlich-weichen Körperformen, wird eben diese Entwicklung durch Nahrungsverweigerung verhindert. Es kommt zu einem seelischen Zustand sexueller Neutralität, der die Reifung unterbricht, und es kommt zu einer tiefeingewurzelten Abneigung gegen das Essen, was in extremen Fällen zum Tod führen kann.

Hierfür ist die Lebensgeschichte der Margot Keuchel typisch. Sie war 25 Jahre alt, 1,71 Meter groß, 35 Kilo schwer. Margot wuchs in einer »Männerfamilie« auf: ein dominierender autoritärer Vater – von Beruf Maurer –, vier ältere robuste Brüder. Die Mutter, weich und unterwürfig, dazu füllig mit sehr weiblichen Formen, schien ihre Lebensaufgabe darin zu sehen, die fünf Männer zu bedienen. Um Margots Bedürfnisse kümmerte sich niemand in der Familie, sie war ja »nur« ein Mädchen. Sie lernte, daß eine Frau offenbar etwas Zweitklassiges, Minderwertiges war.

Einmal erlebte sie, wie der Vater die Mutter verprügelte, wobei die Brüder gelassen zusahen. Später griff er als Zeichen der Versöhnung grob nach ihren Brüsten und küßte sie schmatzend auf den Mund. Margot war entsetzt und angeekelt von dieser Szene. Sie begann, ihre Mutter gleichzeitig zu bemitleiden und zu verachten, und allmählich entstand bei ihr eine »Gegenidentifikation«: So wie die Mutter wollte sie niemals werden und auch nie eine ähnliche Rolle spielen!

Diese Gegenidentifikation schloß natürlich auch das äußere Erscheinungsbild ein – also keine Brüste, keine rundlichen Körperformen, nichts, was an diese Art von Weiblichkeit erinnerte. Als die Pubertät kam, setzte bei ihr eine Eßhemmung ein, die im Lauf der Zeit so unüberwindlich wurde, daß sie bis zum Existenzminimum abmagerte und tatsächlich nie die Körperformen einer Frau bekam.

Scheinbar war damit ihr Ziel erreicht: Nie würde man sie behandeln wie ihre Mutter, nie würde ein Mann sie verprügeln oder grob an ihre Brüste fassen – sie hatte ja keine, sie war keine Frau, sie war ein Neutrum.

Margot Keuchel konnte durch eine lange Therapie dazu gebracht werden, sich als Frau weitgehend zu akzeptieren. Doch ihre Abneigung gegen das Essen hat sie nie ganz überwunden. Es stört sie nicht, denn sie möchte weiterhin möglichst dünn bleiben. Dieser Wunsch ist bei den meisten Magersüchtigen unausrottbar.

*10. Kapitel*

# Vom Bandscheibenschaden bis zum Hautleiden

## Jede körperliche Störung kann seelische Ursachen haben

Vor zehn Jahren begann in Alsdorf bei Aachen das längste Strafverfahren der deutschen Justizbehörde, der sogenannte Contergan-Prozeß. Er dauerte drei Jahre und endete ohne Urteil. Es ging um das namenlose Leid Tausender von Kindern und Eltern, und es ging um neunstellige Schadenssummen. Ein Heer von Anwälten, Zeugen und Sachverständigen trat auf, und die Akten wuchsen im Lauf der Zeit zu wahren Gebirgen. Allein an Urkunden wurden mehr als 2000 Seiten verlesen.

Nach 14 Monaten fiel der Gerichtsvorsitzende wegen Krankheit aus: schwerer Bandscheibenschaden. Er konnte den Prozeß nicht weiterführen.

Ohne diesen Richter je gesehen zu haben, halte ich es für sehr wahrscheinlich, daß es sich bei ihm um psychosomatische Beschwerden handelte (wobei ich voraussetze, daß seine Bandscheiben auch vorher nicht in bester Verfassung waren). Das Gewicht der Aktenberge, die Riesenlast der Arbeit, die Bedrückung durch die stummen Leiden der Opfer, das alles war auf die Dauer zuviel für ihn. Er reagierte somatisch mit jenem Teil seines Skeletts, das durch schwere Lasten am meisten beansprucht wird: der Wirbelsäule.

Psychische Faktoren spielen bei Rückenleiden eine viel größere Rolle, als man allgemein annimmt. Eine Untersuchung in einer amerikanischen Luftwaffenklinik ergab zum Beispiel, daß 96 Prozent aller Fälle durch überwiegend seelische Belastungen hervorgerufen waren. Eine ähnliche Untersuchung an Schwerarbeitern ergab einen psychogenen (seelisch bedingten) Anteil von 80 Prozent.

Derlei Rückenschmerzen beruhen auf Verspannungen der Muskulatur. Sie entstehen meist durch gewaltsam unterdrückte Wünsche, Bedürfnisse oder Ängste. Der Mensch wehrt sie ab, indem er unbewußt das Kreuz steif macht. Er »nimmt sich zusammen«. Kein Wunder, daß auf die Dauer seine Muskulatur

111

sich schmerzhaft verspannt. Auch sexuelle Hemmungen und Schuldgefühle führen – besonders bei Frauen – zu solchen Verspannungen im Beckenbereich. Da bleibt die beste Gymnastik erfolglos, wenn nicht gleichzeitig die Seele entspannt wird.

Welches Ausmaß chronische Muskelverspannungen annehmen können, zeigt der Fall der Myrna C., den der amerikanische Psychotherapeut G. Booth beschrieben hat:

Myrna, eine kinderlos geschiedene Frau von 40 Jahren, litt immer wieder an quälenden Rückenschmerzen. Ihr Arzt führte das auf eine »herausgesprungene« Bandscheibe zurück und riet zu einem chirurgischen Eingriff. Die unangenehme Operation blieb ihr jedoch erspart, Myrna kam nämlich früh genug auf den Gedanken, daß ihre Beschwerden mit den Problemen zusammenhängen könnten, die sie mit ihrem Freund hatte. Er hieß Gary und war ein ebenso fröhlicher wie überzeugter Junggeselle. Myrna liebte ihn leidenschaftlich und konnte sich ein Leben ohne ihn kaum vorstellen, wußte aber genau, daß er sie nie heiraten würde. So wuchs ständig die Angst in ihr, daß sie für den Rest ihres Daseins ohne Familie bleiben würde.

Eines Abends, als Gary gerade ihr Haus verlassen hatte, verspannte sich ihr Rücken dermaßen, daß sie sich die ganze Nacht nicht bewegen konnte. Darauf wandte sie sich an Dr. Booth. Es gelang in der Psychotherapie, ihren Konflikt zu bearbeiten.

Ihre Abhängigkeit von Gary wurde immer geringer, und ihr »Bandscheibenschaden« verschwand. Schließlich löste sie sich ganz von ihm und fand einen anderen Partner.

Eine Operation hätte bei ihr mit Sicherheit nichts ausgerichtet, denn die Ursachen ihrer Beschwerden wären dadurch nicht beseitigt worden.

Wie wir an den bisherigen Fallbeispielen gesehen haben, können durch ungelöste seelische Konflikte dramatische Organstörungen hervorgerufen werden: Muskellähmungen, Herzanfälle, Asthma bronchiale, Erkrankungen der Geschlechtsorgane, Störungen der Sexualität, Fettsucht und Magersucht. Damit ist jedoch das Gebiet der Psychosomatik bei weitem nicht umrissen, denn es gibt kaum ein Körperorgan, das auf chronische psychische Belastungen nicht reagiert. Eine Sonderrolle spielt dabei der Kopfbereich.

Kopfschmerzen hat jeder schon einmal gehabt, und jeder weiß, daß sie uns das Leben hinreichend vergällen können. Sie entstehen, soweit bis heute erforscht, durch Überdehnung der Blutgefäße im Gehirn (das Hirn selber ist schmerzunempfindlich), und da der Kopf mit Blutgefäßen reichlich versorgt ist, reagiert er entsprechend empfindsam.

»Normale« Kopfschmerzen treten auf als Folge von äußerer Gewalteinwirkung, als Begleiterscheinungen von Infektionskrankheiten, durch übermäßigen Alkoholgenuß oder nach allgemeiner Überanstrengung. Sie schwinden, sobald der Körper sich erholt hat. Da wir das wissen, machen wir uns ihretwegen keine übertriebenen Sorgen, zumal wir sie mit einer Reihe von Schmerzmitteln wirksam bekämpfen können.

Problematisch hingegen sind jene quälenden Schmerzen, deren Ursprung sich der Patient – und oft auch der Arzt – nicht erklären kann. Tabletten helfen auf die Dauer nicht, sie können sogar schaden, wenn der Verzweifelte die Dosis ständig steigert, denn es gibt kaum ein chemisches Medikament, das bei längerem Gebrauch keine Nebenwirkungen hat.

Die Ursachen solcher chronischen – psychogenen – Kopfschmerzen liegen meist in der Lebensgeschichte des Patienten begründet, einer Lebens- und Lerngeschichte, die ihn zum »Kopfschmerztyp« werden ließ.

Beim Kopfschmerztyp spielt die Leistung von früh auf eine wichtige Rolle. Oft sind die Eltern reine Leistungsmenschen gewesen, die zu wirklicher Liebe und Wärme nicht fähig waren. Das Kind lernte, daß es nur durch Erfolge – besonders in der Schule – ihre Zuneigung erwerben konnte. Sein Kopf stand sozusagen immer unter Druck, und dauernder Druck erzeugt natürlich Schmerzen.

Daß übertriebene Schulanforderungen zu Kopfschmerzen führen können, wird jeder Kinderpsychologe bestätigen. Das Kind »zerbricht sich den Kopf«, oder anders ausgedrückt: das, was man von ihm fordert, »macht ihm Kopfschmerzen« (es sei denn, daß es einfach abschaltet und sowohl die schlechten Zensuren als auch die Vorwürfe der Eltern gelassen in Kauf nimmt). Der Mensch, der als Kind in dieser Weise chronisch überfordert wurde, reagiert auch als Erwachsener auf übertriebene Leistungsansprüche oder seelische Belastungen mit Kopfschmerzen.

Die gefürchtetste Art des psychogenen Kopfschmerzes ist die Migräne. Sie tritt gewöhnlich halbseitig auf, kann den Patienten von einer Minute zur anderen überfallen und für Stunden oder gar Tage kampfunfähig machen. Auch beim »Migräniker« ist das Leistungsdenken der entscheidende Ursachenfaktor. Und auch er wurde durch seine »Lerngeschichte« charakterlich geformt (man kann auch sagen *ver*formt). Meist ist er übertrieben ehrgeizig und in seinem Wesen starr und pedantisch. Er möchte alles allein machen, lädt sich unnötige Arbeit und Verantwortung auf und lebt in der ständigen Furcht, den selbstgesetzten Anforderungen nicht zu genügen. Oft hat er eindrucksvolle Erfolge im Beruf, bleibt aber, aus Angst zu versagen, innerlich unsicher und ist selten in der Lage, sich richtig zu entspannen, um das Leben ein wenig zu genießen. Nicht selten geschieht es, daß er gerade dann einen Anfall bekommt, wenn er von Arbeit und Verantwortung frei ist, wenn also – am Wochenende oder am Urlaubsanfang – Entspannung von ihm »gefordert« wird. Hier die typische Geschichte eines Migränikers:

Horst Nekrath, 57 Jahre, Mitglied der Geschäftsleitung eines Industrieunternehmens, ist nicht nur bekannt für seine Arbeitswut, sondern auch für seine peinliche Korrektheit. Und natürlich für seine Migräne. Während der Arbeit ist er ohne Beschwerden, die Anfälle treten immer danach auf, besonders dann, wenn er sich intensiv mit einem Projekt beschäftigt oder ein gestecktes Arbeitsziel erreicht hat. Trotz seiner Berufserfolge ist er nicht zu beneiden. Noch weniger aber seine Frau. Denn ausgerechnet am Samstagmorgen pflegt er mit bohrenden Kopfschmerzen aufzuwachen. Den Rest des Tages bringt er dann im verdunkelten Zimmer zu, und ihre Wochenendpläne fallen fast regelmäßig ins Wasser.

Horst Nekrath wuchs als Sohn eines Volksschullehrers auf. Vater und Mutter erwarteten von ihm, daß er in der Schule immer der Beste sei, nicht nur in den Lernfächern, sondern auch im Sport. »Ein gesunder Geist in einem gesunden Körper«, das war der väterliche Leitspruch, den der Junge sehr oft zu hören bekam. Und außerdem: »Du bist ein Nekrath! Ein Nekrath läßt sich nicht unterkriegen!«

Horst erfüllte die Erwartungen der Eltern. Er war der Superprimus der Schule, wenn auch bei den Kameraden wegen seiner Streberei nicht sonderlich beliebt.

Nach dem Abitur wurde er aktiver Offizier, ein Beruf, der für seinen Vater die Spitze des sozialen Prestiges bedeutete. Der Krieg bot reichlich Gelegenheit, seinen angedrillten Ehrgeiz zu befriedigen. An die Stelle des fordernden Vaters war der Regimentskommandeur getreten. Horst erfüllte auch dessen Erwartungen, besser: er *über*erfüllte sie. Er wurde mit dem Ritterkreuz ausgezeichnet und war bei Kriegsende mit 25 Jahren Major.

Damit war seine erste Karriere beendet. Nach Besuch der Handelsschule begann er die zweite als Industriekaufmann. Der Aufstieg war diesmal nicht so leicht, denn das Kaufmännische lag ihm nicht besonders. Aber er schaffte es dennoch im Lauf der Jahre, bis in die Führungsspitze vorzudringen. Nur das letzte Ziel erreichte er nicht, den Posten des Generaldirektors. Doch wäre ihm das gelungen, es hätte ihm nichts genutzt. Denn das, was er durch seinen Ehrgeiz unbewußt erreichen wollte, Liebe und Zuwendung nämlich, hätte ihm auch dann niemand geben können.

Liebe und Zuwendung in der Kindheit, das sind die beiden Faktoren, welche die psychische Struktur des Menschen weitgehend beeinflussen. Ein Mangel daran kann zu Fehlentwicklungen führen, unter denen er sein Leben lang zu leiden hat oder durch die er andere leiden macht.

Derartige Fehlentwicklungen sind nicht selten die Ursachen chronischer Darmstörungen. Da ist einmal der Mensch, der unter Verstopfung (»Obstipation«) leidet. Solche Patienten sind oft von Mißtrauen erfüllt, sie sind sparsam, ordnungsliebend, eigensinnig. Sie geben nicht gern etwas her, weder Geld noch Liebe (von beidem hatten sie in der Kindheit zu wenig oder gar nichts). Sie können nicht verschenken, auch sich selber nicht. Da die Entleerung des Darms ein Hergeben ist, äußert sich ihr Charakter auch hierin: durch Verstopfung. (Ausgesprochen geizige Menschen leiden fast immer an Obstipation.)

Dr. Franz Alexander, einer der ersten Forscher auf dem Gebiet der Psychosomatik, beschrieb den Gemütsgrund des Obstipierten mit dem Satz: »Ich kann von niemandem etwas erwarten und brauche daher auch niemandem etwas zu geben. Ich muß mich daran halten, was ich habe.«

Der Gegentyp zum Obstipierten ist der Mensch, der an chronischen Durchfällen bis hin zum Darmgeschwür leidet. Hier ist die Grundstimmung ein Gefühl der Ohnmacht und des Ausgeliefertseins an die übermächtigen Anforderungen des Lebens. Der Durchfallkranke neigt zur Verzagtheit, sein Selbstbewußtsein ist wenig entwickelt. Er versucht, alle Forderungen, die ihm gestellt werden, zu erfüllen, und ist unfähig, nein zu sagen. Oft gibt er mehr als er hat – so auch bei der Verdauung Blut und Wasser – und kommt auf diese Weise schlecht mit dem Geld zurecht. Da er dies weiß, lebt er in der ständigen Angst, von anderen ausgenutzt zu werden, was wiederum Aggressionen in ihm weckt. Beides verstärkt sein Leiden.

In allen Fällen psychogener Darmstörungen helfen auf die Dauer weder Diätvorschriften noch Medikamente. Das einzige, was helfen kann, ist eine andere Einstellung zu sich selber und zur Umwelt, also eine Korrektur der psychischen Verformungen, die in der Kindheit und frühen Jugend geprägt wurden.

Noch einmal zurück zur Liebe. Sie geht nicht nur durch den Magen, geht nicht nur ans Herz, sie geht auch »unter die Haut«. Und wo es an Liebe mangelt, kann die Haut überaus empfindlich reagieren, besonders bei Kindern.

Die Haut ist nämlich, abgesehen von ihren Schutzfunktionen, vor allem ein sensorisches Organ, ausgestattet mit Millionen winziger »Empfänger« für Druck, Schmerz, Kälte, Wärme, Trockenheit, Feuchtigkeit. Auf einem Quadratzentimeter ihrer Oberfläche können sich bis zu 5000 solcher Rezeptoren (Nervenendigungen) befinden.

Von allen Sinnesorganen des Menschen ist sie daher nicht nur das größte, sondern auch das empfindsamste, besonders deswegen, weil sie nicht nur objektive Außenreize wahrnimmt, sondern dabei auch das Gefühl der körperlichen und seelischen Existenz vermittelt. I. Plenge* schreibt über diese Doppeleigenschaft der Haut: »Trifft einen ein optischer oder akustischer Reiz, ist man viel stärker objektbezogen und wird sich nicht mit der gleichen Intensität seiner selbst als ein Sehender oder Hörender bewußt; wird jedoch die Haut berührt, erlebt man sich auch als ein berührtes Subjekt.« Dieses Erleben ist für das Neugeborene ganz sicher von größter Bedeutung.

Amerikanische Psychologen haben schon 1952 festgestellt, daß bei ekzemkranken Säuglingen in hohem Maße die körperliche Zärtlichkeit fehlte. Und man fand in der Vorgeschichte vieler Hautkranker, daß deren Mütter den notwendigen Hautkontakt vermissen ließen. Besonders Kleinkinder haben ein großes Verlangen nach Gestreicheltwerden und Anschmiegen, ihre Hautoberfläche schreit geradezu danach. Bleibt das Verlangen unbefriedigt, so kann dies u. a. juckende und nässende Ausschläge zur Folge haben.

* I. Plenge: Wahrnehmungsprobleme bei Schizoiden, Zeitschr. f. psychosomatische Medizin und Psychoanalyse, 17. Jhrg., 271–281, 1971

Indessen reicht der bloße Hautkontakt der Mutter oder der Pflegeperson nicht aus, wenn sich darin nicht echte emotionale Zuwendung ausdrückt, mit anderen Worten: Wird ein Säugling von der Mutter nur pflichtbewußt, also unlustig, mechanisch gestreichelt, so fehlt ihm das wirkliche Liebeserlebnis, nach dem er verlangt, denn für ihn ist die liebevolle Berührung der Haut die einzige Möglichkeit, Zuwendung, Geborgenheit und menschliche Wärme zu erfahren.

Entsprechend führt man die Neuodermatitis (ein stark juckendes Hautekzem) auf psychosexuelle Störungen zurück, die aus solchen emotionalen Mängeln in der Kindheit entstanden sind. Sexuelle Schuldgefühle spielen dabei nach der psychoanalytischen Theorie eine Hauptrolle. Der Patient sucht sie durch Selbstbestrafung – das Kratzen – zu kompensieren, was ihm andererseits Lustgefühle verursachen kann, die dann den Juckreiz verstärken. Auch hier wieder der Teufelskreis, den wir bei zahlreichen psychosomatischen Krankheitsbildern finden können.

In diesen Bereich gehört auch die sogenannte Schuppenflechte (Psoriasis vulgaris), eine der häufigsten Hauterkrankungen unserer Zeit. Etwa 2 % der Bevölkerung leidet darunter, das sind allein in der Bundesrepublik mehr als eine Million Menschen. Der Dermatologe P. G. Vogel, der sich an der Universitätsklinik München lange mit dieser Krankheit unter tiefenpsychologischen Aspekten befaßte, beschreibt u. a. drei Fälle*, die besonders typisch sind für die Genese psychosomatischer Hautleiden:

1. »Ein Psoriasis-Patient, dessen Mutter berufstätig war, wurde in seinem zweiten Lebensjahr des öfteren von seinem Kindermädchen allein in der elterlichen Wohnung gelassen. Im Laufe seiner analytischen Behandlung kam ihm die Erinnerung ins Bewußtsein, daß er im Alter von zwei Jahren in einer absoluten Angst des Verlassenseins stundenlang vor einem Spiegel stand. Seine Angst drückte sich in lautem Schreien aus, aber auch darin, daß er sich dabei selbst betastete.«

2. »Mütter von Kindern, die später an Psoriasis erkranken, sind selbst eher schizoid, kalt, beziehungslos und den Wünschen und Ansprüchen des Kindes gegenüber ablehnend. Die fol-

* P. G. Vogel: »Hautsinneserleben«, in: Therapie der Gegenwart 1/1979, Verlag Urban und Schwarzenberg, München

genden Sätze schrieb ein Psoriasis-Patient im Alter von zehn (!) in sein Tagebuch. Sie charakterisieren die Art der Mutterbeziehung besonders eindrücklich: ›Ich gehe mit dem Hund runter. Ich habe die Tür normal ins Schloß gezogen. Ich gehe auf die Straße, Mutter hängt zum Schlafzimmer heraus. Ich gehe zurück um den Block, gehe die Stufen hinauf, ich höre die Kette rasseln. Ich bin ausgesperrt von meiner Mutter wie ein Verbrecher oder Mädchenschänder.‹ Oder: ›Mami antwortet manchmal überhaupt nicht, wenn ich sie etwas frage‹, und: ›Alles, was du freundlich zu ihr sagst und ihr als Mutter anvertrauen willst, kann sie im nächsten Wutanfall gegen dich aussagen und verwenden. Immer nur das Wichtigste in kurzen Worten reden und sie nur als Erziehungsperson betrachten.‹ Es ist leicht, sich vorzustellen, daß in einer solchen Beziehung eine Mangelsituation an Geborgenheit, an Wärme und Emotionalität entsteht.«

3. »Hier stellt der Autor an einem Beispiel dar, wie bei vielen Patienten, denen in ihrer Kindheit die notwendige Zuwendung fehlte, die Schuppenflechte erstmals in einer ernsteren Liebes- bzw. Sexualbeziehung auftreten kann: »Es ist nicht verwunderlich, daß in einer solchen intensiven Beziehung die alten ... Wünsche nach Hautkontakt und Zuwendung, nach Geborgenheit und Zärtlichkeit, nach Wärme und Nähe reaktiviert werden. Weil sie früher mit Angst erlebt wurden, rufen sie in einer solchen Situation zugleich die dazugehörigen Ängste wieder hervor. Ein Patient, dessen Schuppenflechte während seiner ersten intensiven Liebesbeziehung aufgetreten war, schildert das so: ›Bei dem Mädchen suche ich Ruhe und Geborgenheit. Das Sexuelle ist für mich weniger wichtig, ich brauche mehr Kuscheln und Hautkontakt. Wenn ich von der Berührung her nicht akzeptiert bin, stelle ich die Frage, ob ich als Mensch akzeptiert bin. Wenn ich mich in der Berührung öfter zurückgestoßen fühle, muß ich damit kämpfen, den Kontakt nicht total abzubrechen. Wenn meine Freundin meine Erwartungen nicht erfüllte, mir keine Geborgenheit geben konnte, habe ich sie als egoistisch angesehen. Ich habe einen Haß gegen sie bekommen, den ich nicht herauslassen konnte. Weil ich mich oft angegriffen fühlte, habe ich mir eine Hornhaut zulegen müssen.‹ Ergänzend zum Verständnis der Psychodynamik sei hinzugefügt, daß er seine Enttäuschungsaggression nicht

an seine Partnerin heranbringen konnte, weil er zutiefst befürchtete, daraufhin von ihr verlassen zu werden.«

Bei der Vielfalt der Hautleiden in unserer chemisch verseuchten Umwelt ist es oft schwierig, die wahren Ursachen herauszufinden. In Zweifelsfällen muß sich der Arzt immer fragen, ob nicht etwas Psychisches dahintersteckt. Und diese Frage sollte man eigentlich bei jeder Erkrankung stellen. Denn die psychosomatischen Störungen verbreiten sich im selben Maße wie der »Fortschritt« der westlichen Zivilisation.
Diese unsere Welt, einerseits so bewunderungswürdig in ihrer technischen Perfektion, bringt auf der anderen Seite dem Menschen seelische Belastungen, Ängste, Dauerstreß, wie er sie in seiner Geschichte nie erlebt hat. Es gibt nur noch wenige Völker, die dieser Lebensform nicht ausgesetzt sind. Bei ihnen kommen psychosomatische Leiden praktisch nicht vor.
Die amerikanischen Medizinjournalisten Howard und Martha Lewis schreiben in »Heilerfolge der psychosomatischen Medizin« * (engl.: »Psychosomatics« [1972]):
»Die Mabaan sind ein Stamm großer, anmutiger Menschen, die ein unwirtliches Gebiet des Sudan bewohnen. Während der einen Hälfte des Jahres ist ihr Land eine ausgetrocknete Wüste, während der anderen Hälfte ein unpassierbarer Sumpf. Obwohl ihnen so gut wie keine medizinische Hilfe zur Verfügung steht, gehören sie zu den gesündesten und langlebigsten Menschen unserer Erde. Selbst noch die ältesten unter ihnen sehen und hören ausgezeichnet. Und in scharfem Kontrast zu den Amerikanern, deren systolischer Blutdruck sich im Laufe des Lebens um 30 Prozent steigert, bleibt ihr Blutdruck während des ganzen Lebens im wesentlichen konstant. Psychosomatische Leiden sind bei den Mabaan so gut wie unbekannt. Die Erklärung dafür liegt teilweise in der völligen Abgeschiedenheit des Stammes. Im übrigen beruht eine gute Gesundheit weniger auf einer umfassenden ärztlichen Versorgung als auf der gelungenen Anpassung an die jeweiligen Umweltbedingungen – und die Mabaan haben sich, ungestört durch Einflüsse von außen, optimal an ihre Umwelt angepaßt. Isoliert lebende Stämme wie die Mabaan bleiben von psychosomatischen Leiden weitgehend verschont, weil sich ihre gesellschaftlichen Strukturen an Traditionen orientieren, die den Zusammenhalt

* Erschienen 1975 im Kindler Verlag, München

der Gemeinschaft garantieren und dem einzelnen ein geordnetes und von Zwängen freies Leben ermöglicht.«

Sobald man sie aber aus ihrer ›splendid Isolation‹ herausholt und ihnen unsere leistungsbezogene Verbraucherkultur aufzwingt, reagieren diese Menschen auffällig mit psychosomatischen Krankheiten.

Howard und Martha Lewis berichten, daß in Indien und im Fernen Osten psychosomatische Leiden wie Bronchial-Asthma und peptische Magengeschwüre in städtischen Ballungsgebieten sehr viel häufiger sind als in den ländlichen Regionen, die mit der westlichen Zivilisation kaum Berührung haben. Über die Bewohner anderer »unterentwickelter« Länder schreiben sie: »Peruanische Indios, die ihre Andendörfer verließen, um sich in Lima niederzulassen, wurden von einer Vielzahl psychosomatischer Leiden befallen, die in ihren heimatlichen Regionen so gut wie unbekannt waren. In Nordgrönland lebt eine Gruppe von Eskimos unter ausgesprochen primitiven Bedingungen. Eine mit ihnen verwandte Gruppe hat dagegen schon lange Kontakt mit der westlichen (dänischen) Zivilisation. Die ›zivilisierte‹ Gruppe weist vier bis fünfmal mehr psychosomatische Leiden auf als die ›primitive‹.«

Wir können das Rad unserer Entwicklung nicht zurückdrehen, das hätte katastrophale Konsequenzen. Tatsächlich möchte ja auch keiner auf das Auto, das Flugzeug, den Fernseher, den Kühlschrank, die chemischen und physikalischen Hilfsmittel verzichten, die uns das Leben materiell so erleichtern. Aber wir zahlen dafür mit immer mehr Störungen unseres seelischen Gleichgewichts, und unsere prächtig organisierte Welt ist dann so prächtig gar nicht mehr.

Was ist dagegen zu tun?

Wenn Sie wollen, können Sie jetzt aufhören zu lesen, denn Ratschläge werden nicht gern gehört und noch weniger gern befolgt. Für solche, die dennoch weiterlesen möchten:

1. Jeder von uns sollte wissen, was er einem Kind antut, wenn er ihm nicht das gibt, was es für seine Entwicklung dringend braucht: Liebe und Geborgenheit. Wobei zuviel des Guten wiederum schädlich ist. Denn auch Verwöhnung – die sogenannte Affenliebe, die mit wirklicher Liebe nichts zu tun hat – kann schlimme Folgen haben.

2. Wir sollten versuchen, unser Leben ein wenig zu vereinfa-

chen. Zwar kommen wir um ein gewisses Maß an Leistung nicht herum, wenn wir nicht wie die Hippies leben wollen – und das ist nicht jedermanns Geschmack. Aber das neue Auto, der Urlaub auf Gran Canaria, die Prestige-Party, an der wir ohnehin kaum Vergnügen haben, der Weihnachtsrummel, den wir Jahr für Jahr verfluchen und Jahr für Jahr wieder mitmachen, all diese Dinge sind bei weitem nicht so wichtig wie die meisten von uns glauben. Viel wichtiger ist, daß wir darüber die Pflege echter menschlicher Beziehungen nicht vergessen, und die kann nur in aller Stille stattfinden. Zudem: Wer sich ein Haus baut oder eine Wohnung einrichtet, gleichzeitig beruflich angespannt ist und überdies noch Probleme mit seiner Familie hat, der muß eine wahrhaft herkulische Psychostruktur haben, um so etwas ohne Schaden zu überstehen.

3. Es ist hier öfter vom vegetativen Nervensystem die Rede gewesen, jenen Nervenleitungen, durch die psychische Erregungen oder Störungen auf unsere Organe übertragen werden. Wir können lernen, dieses Nervensystem zu beeinflussen, zum Beispiel durch das bewährte Verfahren des Autogenen Trainings oder die Entspannungsübungen nach E. Jacobsen. Schon mancher Psychosomatiker hat dadurch merkliche Besserung erfahren.

4. Wir sollten uns nicht den psychologischen Erkenntnissen verschließen, die wir während der letzten 80 Jahre gewonnen haben. Eine Psychotherapie ist nicht, wie noch immer viele glauben, eine Behandlung für »Verrückte«. Sie dient vielmehr dazu, seelische Konflikte sichtbar zu machen, von denen wir nichts wissen und die für zahlreiche Erkrankungen mitverantwortlich sind. Eine Psychotherapie ist etwas genauso Normales und Vernünftiges wie beispielsweise die Behandlung einer Arthritis.

Der griechische Philosoph Platon stellte vor zweieinhalbtausend Jahren fest: »Die Heilung vieler Leiden ist den Ärzten von Hellas unbekannt, weil sie keine Kenntnis vom Ganzen haben. Denn ein Teil kann nur gesund werden, wenn das Ganze gesund ist.«
Wenn ich unsere modernen Krankenanstalten sehe, diese hochtechnisierten Giganten aus Beton, Stahl und Glas mit ihren labyrinthischen Gängen, in denen sich die Ärzte und das »Personal« bewegen wie sterile Ingenieure, während der Patient –

auch »Krankengut« genannt – kaum mehr ist als eine Nummer; wenn ich ferner erlebe, daß Klinische Psychologen in solchen krank machenden Gesundheitsfabriken weithin unbekannt sind, dann scheint mir, daß wir es seit Platon nicht sehr weit gebracht haben.

# Zweiter Teil

# Psychotherapie –
## wie läuft so was eigentlich?

»Der müßte mal zum Psychiater auf die Couch!« Mit dieser ebenso zynischen wie bedrohlichen Metapher versuchen manche Leute ihre Intimfeinde zu diskriminieren. Natürlich ohne die geringste Ahnung von Psychotherapie zu haben. Denn wenn sie etwas davon verstünden, würden sie den Psychiater und die Couch nicht in einem Atemzug nennen.

Der Psychiater in unserem Lande ist nämlich ein Mediziner mit einer Fachausbildung für sogenannte Geisteskrankheiten (Psychosen) und, da er meist auch Neurologe ist, für organische Nervenleiden (die zu Psychosen führen können). Ein Psychiater ist also a priori kein Psychotherapeut, es sei denn, er hätte eine entsprechende Ausbildung. Und ein Psychotherapeut – er kann ebenso Mediziner wie Psychologe sein – verwendet bei seiner Arbeit höchst selten die Couch. Das tun nur die Psychoanalytiker, und von ihnen auch nur diejenigen der konservativen Freudschen Schule.

Schon Sigmund Freuds bedeutendste (und abtrünnige) Schüler C. G. Jung und Alfred Adler hielten sie für überflüssig, ja für schädlich, weil sie ein autoritär-magisches Gefälle zwischen Therapeut und Patient schafft. Aus diesem Grunde würde auch kein Gesprächs- oder Verhaltenstherapeut auf die Idee kommen, seinen Klienten auf das berühmte Möbel zu legen.

Nachdem wir damit die verbal oft mißbrauchte mystisch-mythische Couch an ihren rechten Platz gerückt haben, können wir das, was auf ihr bei einer klassischen Psychoanalyse vorgeht, näher betrachten. Danach werde ich versuchen, die drei anderen zur Zeit gebräuchlichsten Formen der psychologischen Behandlung ausschnittsweise darzustellen, nämlich die Verhaltenstherapie, die wissenschaftliche Gesprächspsychotherapie und die Gestalt-Therapie.

Um dem Leser ein möglichst klares Bild zu geben, werde ich jeweils einen kurzen kritischen Kommentar anfügen, kritisch deshalb, weil es eine Idealtherapie, die alle Bereiche und Symptome abdeckt, bis heute noch nicht gibt, und weil der Fortschritt der Klinischen Psychologie nicht im ritualisierten Glauben an »große Männer« liegt, sondern in der differenzierenden Betrachtung und ständigen Weiterentwicklung ihrer Entdeckungen.

Zum Abschluß dann ein Kapitel über die Gruppe, eine Form der Behandlung (oder auch »Selbstfindung«), die an kein bestimmtes therapeutisches Verfahren gebunden ist und jede psychologische Theorie als Arbeitsgrundlage zuläßt.

## 11. Kapitel

# Psychoanalyse: Die Kur auf der Couch

Frau Schneider sitzt in dem kleinen Warteraum des Analytikers. Es stehen nur zwei Stühle dort; mehr sind auch nicht nötig. Auf dem zweiten Stuhl hat noch nie jemand gesessen, immer ist sie allein in dem Zimmer. Sie braucht auch nicht lange zu warten, höchstens fünf Minuten.

Sie sieht auf die Uhr. Die Zeit ihres Vorgängers ist jetzt eigentlich um, der hat schon wieder vier Minuten überzogen, es ist der Student. Sie ärgert sich. Typisch Mann, denkt sie und kriegt dieses steinerne Gefühl im Magen. Seit sieben Monaten kommt sie hierher zu Dr. G., dreimal wöchentlich. Heute ist die 89. Stunde, und inzwischen hat sie gelernt, ihre Empfindungen zu untersuchen.

Sie fängt an, über den Studenten nachzudenken: Warum ärgert sie sich über ihn? Sie erinnert sich an ihren älteren Bruder, der durfte damals auch immer mehr als sie, der hatte beim Vater eine Sonderstellung. So analytisch kann sie heute schon denken.

Ursula Schneider ist 32, organisch gesund, Frau eines gut verdienenden Industriekaufmanns. Eigentlich müßte sie zufrieden sein. Aber sie hat ein Problem, mit dem sie nicht fertig wird: sie kann nicht lieben. Daß sie ihren Mann nicht liebt, ist für sie nicht so schlimm, sie kennt viele Frauen, bei denen es ähnlich ist. Doch daß sie nicht die geringste Zuneigung zu ihren beiden Töchtern spürt, erfüllt sie mit Entsetzen, quält sie, stürzt sie manchmal in tiefe Depressionen. Der Analytiker ist ihre einzige Hoffnung.

Endlich geht die Tür auf. Aber heraus kommt nicht wie sonst der Student, sondern ein junges Mädchen. Frau Schneider fühlt, daß sie plötzlich anders atmet. Scharf beobachtet sie, wie Dr. G. sich von dem Mädchen verabschiedet, wie lange die beiden miteinander sprechen. Dr. G. lächelt. Viel zu freundlich, denkt sie.

Dann ist sie in seinem Zimmer. Von der Tür her fällt der Blick sofort auf die Couch. Sie steuert darauf zu. Eine frische Papierserviette liegt auf dem Kopfpolster. Jeder Patient bekommt eine frische Papierserviette.

Sie streckt sich aus, sucht mit den Augen den braunen Fleck an der Zimmerdecke, an dem sie sich zu Beginn der Stunde immer festhält, hört, wie Dr. G. sich hinter ihr in seinem Sessel niederläßt. In ihr ist immer noch dieses gespannte Gefühl. Aber sie kann kaum darüber reden, obwohl sie weiß, daß sie hier alles sagen soll, was sie denkt oder empfindet.

»Sie waren sehr freundlich zu dem jungen Mädchen«, sagt sie endlich.

»Hm . . .«

»Zu mir sind Sie nie so.«

»Hm . . .«

In ihr wächst das Unbehagen, die Spannung, die Angst. »Jetzt bestrafen Sie mich«, sagt sie.

Keine Antwort.

»Sie bestrafen mich durch Ihr Schweigen.«

Dr. G. raschelt mit seinem Notizpapier. »Verwechseln Sie mich jetzt vielleicht mit Ihrer Mutter?«

Sie ahnt, daß es wahr ist, mag es sich aber noch nicht eingestehen. »Ich weiß nicht«, sagt sie, »Sie sind es doch, der schweigt. Sie wissen genau, daß ich das nicht ertragen kann. Und das ist sadistisch.«

»Hm . . .«

»Meine Mutter hat das auch immer getan, ja, jetzt fällt es mir ein, wenn sie mich bestrafen wollte. Sie hat mich nie geschlagen, nur immer dieses Schweigen, manchmal tagelang. Es war entsetzlich.«

Dr. G. schweigt eine ganze Weile. Dann sagt er: »Ich habe jetzt geschwiegen, weil ich nachdenken mußte. Sie haben mir das schon oft gesagt, das mit dem Schweigen. Ich will versuchen, es nicht mehr zu tun. Kann sein, daß ich mich nicht immer daran halte, weil es eine Gewohnheit bei mir ist. Ich werde mir aber Mühe geben.«

Ursula Schneider muß plötzlich weinen, ganz heftig, stoßweise, wie früher als Kind. Sie hat das Gefühl, sie wird auch gleich den Schluckauf kriegen, den sie damals immer bekommen hat.

»Danke«, sagte sie, als es vorbei ist. Irgend etwas hat sich in ihr gelöst. »Ich glaube, es ist nicht in Ordnung, daß ich denke, Sie seien zu mir nicht so freundlich wie zu dem jungen Mädchen vorhin. Sicher sind Sie genauso freundlich zu mir. Trotzdem habe ich das anders gesehen.«

»Ich vermute«, sagt Dr. G., »Sie haben es so gesehen wie damals. Wie war das noch mit Ihrer kleinen Schwester?«

»Ach die? Ja! Immer wurde sie mir vorgezogen. Einmal habe ich sie aus Wut die Treppe hinuntergestoßen.« Frau Schneider muß plötzlich lachen, die Erinnerung macht ihr Spaß. »Die haben ja gedacht, es sei aus Versehen gewesen. Aber ich wußte, es war nicht aus Versehen. Dann hatte ich natürlich ein schrecklich schlechtes Gewissen. Das habe ich heute noch, wenn ich daran denke, und ich muß immer aufpassen, daß so was bei meinen Kindern nicht passiert.«

»Ihre kleine Schwester hat Ihnen etwas weggenommen«, sagt Dr. G.

»Sie hat mir alles weggenommen. Die ganze Liebe. Bis dahin war alles sehr schön, aber als sie kam, war sie der Liebling, und von da an hat sich keiner mehr um mich gekümmert.«

»Da ist es schwer«, sagt Dr. G., »kleine Kinder gern zu haben.« Sie seufzt, und sie denkt daran, daß auch sie jetzt kleine Kinder hat, so klein wie damals ihre Schwester war. Wieder löst sich etwas in ihr, und ganz kurz leuchtet der Gedanke auf, daß ihre Kinder ja nicht ihre kleinen Schwestern sind. »Ja«, sagt sie, »ich glaube, ich habe da etwas verwechselt.«

»Was haben Sie verwechselt?«

»Meine beiden Kinder mit meiner kleinen Schwester, die ich haßte.«

Am Ende dieser Stunde ist Frau Schneider ganz erschöpft. Eine Menge hat sich diesmal in ihr bewegt. Nicht alle Stunden verlaufen so lebhaft. Manche rinnen zäh dahin, mit langen Pausen, in denen weder ihr noch dem Analytiker etwas einfällt, manche verlaufen flach, ohne Tiefgang. Die Psychoanalyse ist eine langwierige, schwere Arbeit für den Patienten. Er muß viel Geduld haben. Und er muß dran glauben. So wie Sigmund Freud, ihr Schöpfer, daran geglaubt hat.

Dieser Dr. Freud eröffnete als junger Neurologe im Jahr 1886 in Wien eine bescheidene Praxis. Bescheiden waren auch seine Erfolge. Er behandelte die Nervenkranken mit den damals üblichen Methoden: Elektrotherapie, Massagen, Bäder. Doch die in den Lehrbüchern versprochene Heilung blieb aus.

Er versuchte es mit Hypnose. Dieses Verfahren, das in jenen Jahren gerade populär wurde, schlug schon besser an. Man redete dem Patienten im hypnotischen Zustand sozusagen seine

Beschwerden aus. Aber Dauererfolge waren auch damit nicht zu erreichen. Sowie nämlich die hypnotische Wirkung nachließ, stellten sich die Symptome prompt wieder ein.

Dr. Freud begann, an seinen ärztlichen Fähigkeiten zu zweifeln und auch an seiner Fähigkeit, Geld zu verdienen. Es ging ihm finanziell miserabel. Möglicherweise hätte er allen Mut verloren, wäre nicht sein väterlicher Freund und Kollege Dr. Josef Breuer gewesen, ein angesehener Internist, der ihn wegen seiner Intelligenz und seiner wissenschaftlichen Interessen schätzte und auch mit Geld aushalf.

Dieser Josef Breuer wurde, ohne es zu wissen, gleichsam der Glücksbringer für Sigmund Freud. Er erzählte ihm eines Tages die Krankengeschichte einer Patientin, die er vor Jahren von schweren hysterischen Symptomen geheilt hatte. Diese Geschichte ist heute in der Fachliteratur in allen Sprachen der Welt verbreitet als der Fall des »Frl. Anna O.«, denn sie hat den Anstoß gegeben für Freuds Lebenswerk der Psychoanalyse.

Breuers Patientin (die mit wirklichem Namen Berta Pappenheim hieß) war ein 21jähriges Mädchen aus reichem Hause, gebildet, sprachbegabt und hochintelligent. Als er zu ihr gerufen wurde, lag sie halb gelähmt im Bett. Außer an Lähmungen litt sie an Sehbehinderungen und Sprachstörungen bis zur völligen Stummheit. Sie hatte wochenlang ihren todkranken Vater gepflegt und war dadurch in diesen erbärmlichen Zustand geraten. Unter Hypnose brachte Breuer sie zum Reden. Allerdings sprach sie nur englisch, ihre Muttersprache war völlig blockiert. Während der Behandlung, die mehr als zwei Jahre dauerte, gewann sie immer mehr Vertrauen zu ihm. Sie nannte die Therapie *talking-cure* – Sprechkur –, und das, was dabei in ihr vorging, nannte sie *chimney-sweeping* – Kaminfegen.

Breuer begann während der *talking-cure* immer gezieltere Fragen zu stellen. Dabei machte er eine höchst interessante Erfahrung: Wenn die Patientin über eine Situation sprach, bei der ein Symptom erstmals aufgetreten war, und wenn sie dabei die seinerzeit unterdrückten Gefühle wie Zorn, Schmerz, Angst zum Ausdruck brachte, dann verschwand das Symptom. So erinnerte sie sich einer Nachtwache am Bett ihres hochfiebernden Vaters. Sie hatte den rechten Arm über die Stuhllehne gelegt und den Blick auf den Kranken gerichtet, war dabei in einen Zustand von Wachträumen geraten und sah plötzlich, wie sich eine schwarze Schlange dem Vater näherte. Sie wollte das Tier abwehren, konnte es aber nicht, weil ihr Arm gelähmt, nämlich

»eingeschlafen« war. Als sie ihn betrachtete, verwandelten sich ihre Finger in kleine Schlangen mit Totenköpfen. In ihrer panischen Angst versuchte sie zu beten, aber jede Sprache versagte, bis ihr endlich ein englischer Kindervers einfiel, und so betete sie dann auf englisch. Diese angstvolle Nachtstunde war die Ursache für die spätere Lähmung ihres rechten Armes und für ihre Sprachstörungen. Beide Symptome verschwanden, nachdem sie mit Dr. Breuer eingehend darüber gesprochen hatte.

Breuer behandelte auf diese Weise jede einzelne Störung; alle Anlässe, bei denen sie aufgetreten waren, wurden »ausgegraben« und von der Patientin wieder erlebt. War dies geschehen, so war die Störung behoben. Schließlich konnte die junge Frau wieder gehen, sehen und normal sprechen.

Trotz der bemerkenswerten Heilung war das der einzige Fall, den Dr. Breuer auf solche Art behandelt hatte. Hysterische Frauen, so sagte er, seien ein Kreuz, und er werde sich nicht mehr mit ihnen befassen.

Freud seinerseits war fasziniert. Von nun an wendete er die *talking-cure* bei seinen Patienten an und hatte damit überraschende Erfolge. Mit der Zeit verzichtete er auf das Hilfsmittel der Hypnose, denn viele Kranke sprachen nicht darauf an. Statt dessen brachte er sie dazu, in völlig entspanntem Zustand auf der Couch liegend über alles zu reden, was ihnen gerade in den Sinn kam, auch dann, wenn es sich um »peinliche« Dinge handelte. Es war dies eine Art von Ausgrabung längst verschütteter Erinnerungen, und das, was da zufällig zutage gefördert wurde, was jahrelang wie in einem Keller abgelagert worden war, erwies sich häufig als wichtiges Informationsmaterial, das erheblich zur Heilung beitrug. Dem Nervenarzt Dr. Freud wurde allmählich klar, daß es sich in den meisten Fällen nicht um Erkrankungen der Nerven, sondern um Störungen der Seele handelte, was immer die Seele auch sein mochte. Den oben erwähnten Keller nannte er das *Unbewußte* und den Vorgang des Ablagerns von Erinnerungen nannte er *Verdrängung*. Daraus konstruierte er sein erstes »topisches Modell«, mit dessen Hilfe er seine Theorie weiterentwickeln konnte; es bestand aus den drei Abteilungen *Bewußtes – Vorbewußtes – Unbewußtes*.

Nach diesem Modell ist das Bewußte nur die »Spitze des Eisbergs«, der größere Teil unserer psychischen Existenz liegt dagegen im Dämmer beziehungsweise Dunkel des Vorbewußten und Unbewußten. Das Vorbewußte ist uns nicht spontan präsent, es läßt sich jedoch durch gedankliche Überlegung rasch bewußt machen. Die Inhalte des Unbewußten jedoch, die wir, weil unangenehm oder peinlich, verdrängt haben, sind solchen Willensanstrengungen nicht zugänglich; um sie ans Licht zu bringen, bedarf es langer, geduldiger Bemühungen.

Hier liegt noch heute der Kern der psychoanalytischen Therapie: die verdrängten Konflikte der Kindheit aufzudecken, ins Bewußte zu heben und aufzulösen, damit das ICH gesundet. Dieses ICH als Teil seines zweiten »topischen« Modells, wird bedrängt einerseits von der moralischen Instanz des ÜBER-ICH und zum andern von dem amoralischen Triebmotor der Kreatur, dem ES.

Freud, ein fanatischer Arbeiter, ausgestattet mit der Wißbegier und dem Ehrgeiz des geborenen Forschers, machte bald darauf die folgenschwerste Entdeckung seines Lebens.

Im Laufe der Behandlungen erzählten seine Patienten häufig Szenen aus ihrer Kindheit, die offensichtlich mit ihrer Krankheit zusammenhingen. Diese frühkindlichen »traumatischen« Ereignisse (Trauma = Verletzung) hatten regelmäßig etwas mit Sexualität zu tun. Hieraus und aus der systematischen Untersuchung seiner eigenen Kindkeit kam er zu der Überzeugung, daß die Sexualität als Haupttrieb des Menschen für seine Persönlichkeitsentwicklung von entscheidender Bedeutung ist. Es wurde ihm auch klar, daß sexuelle Empfindungen nicht erst in der Pubertät entstehen, sondern vom Augenblick der Geburt an vorhanden sind. Also schon beim Säugling. Diese Entdekkung war sensationell und gleichzeitig auch erschreckend für eine Gesellschaft, in der das Geschlechtliche als unanständig galt, über das nicht gesprochen wurde. Kinder galten als »reine« Wesen, das heißt unberührt von irgendwelchen sexuellen Regungen.

Freuds Patienten waren vorwiegend Frauen des Wiener Bürgertums. Frauen also, die, eingeengt durch strenge gesellschaftliche Normen (der Mann darf, die Frau nicht), sexuell verklemmt oder unbefriedigt waren. Und bei fast allen zeigten sich jene sonderbaren »hysterischen« Störungen, die damals von den meisten Ärzten als Einbildung oder Simulation abgetan wurden.

Freud war schon lange der Überzeugung, daß Hysterie eine ernstzunehmende Krankheit sei. Nun glaubte er, die Ursache entdeckt zu haben: unterdrückte Sexualität.

Dies war, wenn man so will, die Geburt der Psychoanalyse (zu deutsch: Seelenzergliederung). Zusammen mit Dr. Breuer verfaßte er die berühmten »Studien über Hysterie«, worin Breuer den Fall seiner jungen Patientin unter dem Decknamen »Anna O.« beschrieb und Freud über seine Erfahrungen mit hysterischen Patienten berichtete. Es war das erste Werk der psychoanalytischen Literatur, die inzwischen ganze Bibliotheken füllt; und von da an schien das Ziel der weiteren Forschung festzustehen.

Doch Breuer, der eigentliche Entdecker der Psychoanalyse, ging auf dem Weg nicht weiter, den sein junger Kollege nun einschlug. Er wollte die Bedeutung der Sexualität nicht akzeptieren, fürchtete im prüden bürgerlichen Wien wohl für seinen Ruf und zog sich von der Zusammenarbeit zurück.

Viel später erfuhr Freud eine wichtige Tatsache über den Fall der »Anna O.«, und erst da begriff er, warum sein Freund nie wieder eine Hysterikerin behandeln wollte: Breuer, der zu Hause immer wieder von dem jungen Mädchen erzählt hatte, das ihn mit seiner *talking-cure* so beschäftigte, spürte eines Tages bei seiner Frau Anzeichen heftiger Eifersucht. Um des ehelichen Friedens willen beschloß er, mit der Behandlung aufzuhören.

Am Abend, nachdem er der Patientin dies mitgeteilt hatte, wurde er wieder zu ihr geholt. Er fand sie im Zustand höchster Erregung. Das Mädchen, das er bis dahin für ein völlig geschlechtsloses Wesen gehalten hatte, wand sich in Unterleibskrämpfen. Als er sie fragte, was mit ihr sei, antwortete sie: »Jetzt kommt das Kind, das ich von Doktor B. habe.«

Es gelang ihm, sie durch Hypnose zu beruhigen. Dann suchte er entsetzt das Weite, überließ sie einem Kollegen und fuhr am Tag darauf mit seiner Frau in Urlaub.

Dies war für Freud die Bestätigung, daß auch im Fall der »Anna O.« die Sexualität eine entscheidende Rolle gespielt hatte.

Aus all diesen Beobachtungen und Erfahrungen entwickelte Freud eine Theorie, in der er die überragende Bedeutung des Sexualtriebes für den körperlichen und seelischen Haushalt des Menschen nachzuweisen versuchte. Hierzu muß allerdings bemerkt werden, daß er den Begriff »sexuell« sehr weit faßte, indem er alles darin einbezog, was Lust bereitet, jede Art von Zärtlichkeit also, jede Art von »erotischen« Gefühlen, Gedanken, Stimmungen, Phantasien, Träumen, Empfindungen, ja auch die Lust des Kleinkindes am Daumenlutschen oder am Spielen mit Matsch oder Kot. Er nannte diese Kraft, die im Menschen allgegenwärtig ist und ihm die stärksten schöpferischen Impulse geben kann, *Libido* (lat. = Verlangen, Begierde); das darin enthaltene unmittelbar Geschlechtliche nannte er *genital*.

Wegen dieser revolutionären Theorie wurde er von den Medizinern seiner Zeit auf das Unflätigste beschimpft und verleumdet. Der Präsident eines Psychiatriekongresses ging gar so weit, öffentlich zu erklären, mit der Lehre des Wiener Kollegen habe sich nicht die Wissenschaft zu befassen, sondern die Polizei.

Freud, der nach eigenem Bekunden persönlich eher ein Sexmuffel gewesen ist, ließ sich durch solche Angriffe nicht beirren, wie sehr sie ihn auch ins wissenschaftliche Abseits und die gesellschaftliche Isolation trieben, denn er war fest davon überzeugt, daß er mit seiner Libido-Theorie recht hatte. Und in der Tat hat er im großen und ganzen recht behalten.

Obwohl er die Hypnose nicht mehr anwandte, behielt er die Behandlungscouch bei. Denn sie förderte die Entspannung des Patienten, und außerdem ertrug er es nicht, wie er später gestand, »acht Stunden täglich (oder länger) von anderen angestarrt zu werden«.

Aus den Erzählungen der Kranken und aus seiner Selbstanalyse kam er zu einer weiteren wichtigen Entdeckung: daß nämlich mit der Sexualität des Kindes intensive Liebes- und Haßgefühle für Vater und Mutter verbunden sind und daß diese frühen dramatischen Familienbeziehungen für das spätere Leben des Menschen von großer Bedeutung sein können.

Er nannte sie den »Ödipus-Komplex«, nach dem griechischen Sagenkönig Ödipus, der seinen Vater erschlug und seine Mutter heiratete. Er beobachtete nämlich, »daß sehr frühzeitig die sexuellen Wünsche des Kindes erwachen – soweit sie im keimenden Zustand diesen Namen verdienen – und daß die erste Neigung des Mädchens dem Vater, die ersten infantilen Begierden des Knaben der Mutter gelten«. Aus dieser Tatsache ergibt sich – immer nach S. Freud – für den Knaben das Problem, daß der Vater für ihn zum übermächtigen Rivalen wird, den er als solchen haßt und fürchtet, daß er ihn aber zur selben Zeit als Identifikationsmodell für seine eigene Männlichkeit benötigt. Er muß also seinen Haß bewältigen, indem er den Vater idealisiert und ihn als herrschende und verbietende Instanz anerkennt. Gleichzeitig muß er die Mutter als Liebesobjekt aufgeben und andererseits ihr Bild so in sich aufnehmen (»verinnerlichen«), daß es ihn nach Erreichen der vollen Geschlechtsreife zu einem geeigneten weiblichen Partner hinleiten kann. Für Mädchen gilt umgekehrt, allerdings nicht so radikal, ähnliches.

Ein nicht bewältigter Ödipuskomplex kann zu einer chronischen Vater- oder Mutterbindung führen, er kann zur Basis einer späteren Homosexualität werden oder die Ursache für verschiedene neurotische Verhaltensweisen, vor allem auch einer neurotischen Partnerwahl sein. Seine Auflösung spielt naturgemäß bei der klassischen Psychoanalyse eine wichtige Rolle.

Eine weitere Erfahrung erregte Freuds tiefes Interesse: Die Träume, über die seine Patienten oft berichteten, hatten meist sexuelle Inhalte und standen fast immer in Zusammenhang mit ihren psychischen Störungen. Er schloß daraus, daß Träume wichtige Hinweise auf die Problematik des Patienten geben und bezog sie in seine Therapie ein.

Die Deutung von Träumen wurde für ihn zur *Via Regia*, zur königlichen Straße ins Unbewußte. Er betrachtete sie deshalb als die sicherste Grundlage der Psychoanalyse und stellte eine detaillierte Traumtheorie auf. Danach sind Träume verkappte Erfüllungen verdrängter oder realer, oft sexueller, Wünsche. Der einzelne Traum ist als Ganzes der entstellte Ersatz für etwas anderes, Unbewußtes, und die Entstellung (die viele Menschen veranlaßt zu glauben, Träume seien »Schäume« oder schlichtweg Unsinn), ist eine Folge der Traumzensur, die wiederum vom »Über-Ich« ausgeführt wird.

Diese Einstellung besteht aus der *Verdichtung* von Traumelementen, aus der *Verschiebung* von Personen oder Objekten auf andere Ebenen und aus der *Symbolisierung* bestimmter Figuren, Handlungen oder Wünsche. Das Ergebnis ist dann der »manifeste Traum«, nämlich die – meist verworrene – Bildfolge, wie sie sich uns darstellt bzw. wie wir sie nach dem Aufwachen erinnern. Sie ist vergleichbar mit einem Bilderrätsel oder auch mit einem Zeitungsartikel, aus dem die Zensur einzelne Wörter oder Sätze gestrichen hat.

Die Deutung des Traumes besteht nun im umgekehrten Vorgang, nämlich der Dechiffrierung des rätselhaften Textes, der Entschlüsselung der Symbole, der Entzerrung verschobener Inhalte und des Wiederfindens der durch die Zensur gelöschten Teile. Das Resultat der Deutungsarbeit ist im Idealfall der »latente Trauminhalt«, d. h., das aus dem Unbewußten zutage geförderte Wunsch- oder Angstbild des Träumers – beim Neurotiker also möglicherweise ein Teilchen seines ungelösten, verdrängten Konfliktes.

Drei Generationen von Patienten mit den verschiedensten neurotischen Störungen haben bei ihm auf der Couch gelegen. Als er, der Jude, im Jahr 1938 vor Hitler aus Österreich fliehen mußte, nahm ihn England mit offenen Armen auf, denn er war inzwischen trotz aller Anfeindungen einer der berühmtesten Männer seiner Zeit geworden.

Freud starb 1939 im Alter von 83 nach jahrelangem Leiden an Gaumenkrebs.

Er hinterließ ein umfangreiches und kompliziertes theoretisches Werk, das noch heute Stoff für zahllose Kommentare gibt.

Und noch heute liegen auf der ganzen Welt Patienten auf der Couch des Analytikers. Sie sagen, was ihnen durch den Kopf geht, ohne Rücksicht darauf, ob es ihnen wichtig oder sinnvoll erscheint, ob es peinlich ist oder gar Schmerzen bereitet. Denn das erfordert die »analytische Grundregel« – nach der sich auch Frau Schneider richten muß.

Ursula Schneider hat inzwischen die 200. Stunde hinter sich gebracht und große Teile ihres »Familien-Romans« noch einmal durchlebt. Ihre Beziehung zu Dr. G. macht merkwürdige Wandlungen durch. Manchmal empfindet sie ihn als ihren Vater, manchmal als die Mutter, manchmal auch als den älteren Bruder. Er hat ihr erklärt, daß es sich dabei um eine »Übertragung« handelt, mit deren Hilfe ihre liegengebliebenen Kindheitskonflikte besser verarbeitet werden können.

Sie spürt schon, daß sie anders geworden ist, sie merkt es an der Reaktion ihrer Freunde. Das ist nicht immer angenehm. Es hat eine Zeit gegeben, da ihr Mann gegen die Therapie protestierte, weil sich mit dem Anderswerden neue Probleme ergaben. Denn sie zeigte plötzlich ein Selbstbewußtsein, das er an ihr nicht gewöhnt war.

Ganz verändert hat sich inzwischen bei ihr das Bild von ihrem Vater, um dessen Liebe sie als Kind so vergeblich kämpfte. Als sie ihn kürzlich besuchte, fand sie einen kleinen alten Mann. Es war nicht mehr der unerreichbare Riesenvater von ehedem. Und er freute sich, daß sie so freundlich zu ihm war.

Noch ungelöst ist die Beziehung zu ihrer Mutter. Irgendwie empfindet Ursula da noch wie ein Kind. Manchmal spürt sie Haß gegen sie, gleichzeitig wehrt sie sich dagegen.

Darf man denn seine Mutter hassen? Man darf, wenn man diesen Haß durch Sprache und Gefühl verarbeitet und dadurch zu einer neuen Beziehung kommt.

Einen merklichen Fortschritt hat Frau Schneider immerhin gemacht: Sie empfindet schon etwas wie Liebe zu ihren Kindern, und die Depressionen haben nachgelassen.

Eine lange Strecke liegt noch vor ihr: 200 bis 300 Stunden. Und jede Sitzung kostet 90 Mark. Sie ist entschlossen, trotz der immensen Kosten den schweren Weg der Psychoanalyse zu gehen. Wenn alles gutgeht, ist am Ende ihr Ich befreit von den Störungen durch eingeklemmte Gefühle, unbewußte Hemmungen und fixierte Ängste aus ihrer Kindheit. Wenn alles gut geht!

Sigmund Freud war von seiner Theorie, an der er sein Leben lang arbeitete, fest überzeugt, und er hat die Erwartung geäußert, daß sie dereinst physiologisch bewiesen werden würde. Das ist bis heute nur bei zwei seiner Hypothesen eingetroffen. Einmal wurde seine Behauptung über die frühkindliche Sexualität voll bestätigt und zum anderen zweifelt niemand an der physiologischen und psychologischen Bedeutung der Träume.

Diese beiden Punkte machen indessen nicht mehr als etwa 15 Prozent seines gesamten Lehrgebäudes aus. Die restlichen 85 Prozent sind nach wie vor reine Spekulation und bieten der Kritik reichlich Angriffsflächen, besonders seit die Verhaltenspsychologie – der sogenannte Behaviorismus – mit ihren wissenschaftlichen Lerntheorien die Universitäten eroberte.

Exemplarisch für Freuds eher ideologisch-subjektive als streng wissenschaftliche Betrachtungsweise ist seine Beurteilung des weiblichen Geschlechts. Es fällt auf, daß er in seinem Gesamtwerk von fast 4000 Seiten nicht viel mehr als 50 explizit über die Frau geschrieben hat – und die mit kaum zu überbietender männlicher Arroganz. »Über das Rätsel der Weiblichkeit«, sagt er in der *Neuen Folge der Vorlesungen zur Psychoanalyse*, »haben die Menschen zu allen Zeiten gegrübelt ...« Wie selbstverständlich setzt er das Wort »Menschen« für »Männer« und fährt fort: »Auch Sie werden sich von diesem Grübeln nicht ausgeschlossen haben, sofern Sie Männer sind. Von den Frauen erwartet man es nicht, sie sind selber dieses Rätsel.«

Er schreibt der Frau ein besonderes Maß an Narzißmus zu, behauptet, sie ermangele der aktiven Liebesfähigkeit und habe wenig Sinn für soziale Gerechtigkeit. Schließlich ist für ihn die

»körperliche Eitelkeit des Weibes« nichts als Kompensation des sexuellen Minderwertigkeitsgefühls, und er meinte, es liege der weiblichen Scham die ursprüngliche Absicht zugrunde, »den Defekt des Genitals zu verdecken«, womit er Bezug nimmt auf seine aus heutiger Sicht absurde Hypothese vom Penisneid des Mädchens.

Kurz und im Klartext: Die Frau ist für Freud in jeder Beziehung minderwertiger als der Mann! Mit dieser Behauptung würde er heute nichts als Gelächter oder Verachtung ernten, aber er ist inzwischen zu einem Denkmal geworden, und angesichts seiner historischen Bedeutung sind seine Anhänger geneigt, über solche Dinge hinwegzusehen und sich aus seiner Zeit und mit seinem soziokulturellen Hintergrund (dem Wien der Jahrhundertwende) zu erklären.

Vom praktisch-therapeutischen Standpunkt werden gegen die Psychoanalyse als Behandlungsform folgende Einwände gemacht:

1. Eine psychoanalytische Therapie wird durch niemanden kontrolliert als durch den Analytiker selber. Er entscheidet darüber, ob eine Analyse erfolgreich war oder nicht. War sie ein Fehlschlag, so pflegt er die Schuld beim »unbewußten Widerstand« des Patienten zu suchen. Und da es sich bei der Freudschen Lehre um ein System zwar genialer, aber meist unbewiesener Hypothesen handelt, sind die klinischen Erfolge einer Therapie wissenschaftlich nicht überprüfbar.

2. Die Psychoanalyse ist als Behandlungsform unsozial wegen ihrer Dauer (300–600 Stunden) und der daraus entstehenden hohen Kosten. Da es gegenwärtig in Deutschland nur etwa 2500 »anerkannte« Analytiker gibt, kann bei einer so langen Behandlungszeit nur ein verschwindend geringer Teil psychisch Leidender behandelt werden.

3. Mehr als neunzig Prozent der praktizierenden Psychoanalytiker sind Nichtpsychologen und ausschließlich geschult nach den Theorien Freuds, Jungs, Adlers oder Schultz-Henckes. Sie sind meist Mediziner, der Rest kommt aus anderen akademischen Berufen. Gegenwärtig (Anfang 1979) haben von allen fertig ausgebildeten Analytikern in der Bundesrepublik nur 169 das Diplom in Psychologie.

4. Die Psychoanalyse eignet sich nur für bestimmte Formen seelischer Störungen. Sie erfordert ferner beim Patienten besondere geistige und charakterliche Voraussetzungen; insofern ist sie eine »elitäre« Behandlungsmethode, mit der dem

»gemeinen Volk« nicht zu helfen ist. Hierzu bemerkte Freud einmal, Kranke, »welche nicht einen gewissen Bildungsgrad und einen einigermaßen verläßlichen Charakter besitzen«, solle man zurückweisen. Und bei anderer Gelegenheit: »Als Therapie ist sie [die Psychoanalyse] eine unter vielen, freilich eine prima inter pares.« Paradoxerweise behaupten dennoch ihre maßgebenden Vertreter, daß sie allein geeignet sei, wirkliche Persönlichkeitsveränderungen herbeizuführen, wofür sie den wissenschaftlichen Beweis allerdings (siehe Punkt 1) schuldig bleiben.

Trotz dieser – sicherlich schwerwiegenden – Einwände steht aber fest, daß die psychoanalytische Methode vielen Menschen subjektiv geholfen hat und noch hilft. Moderne Analytiker streiten denn auch gar nicht mehr darüber, ob ihre theoretische Grundlage stimmt oder nicht, sie sprechen vielmehr davon – wie R. Kakuska bemerkt * –, daß Therapeut und Patient in der Analyse einen gemeinsamen Mythos erschaffen, der einfach dadurch heilend wirkt, daß er dem Patienten hilft, seine Lebensgeschichte und seine Situation in sinnvolle Zusammenhänge einzuordnen. Das erfordert freilich vom Therapeuten eine große intellektuelle und emotionale Flexibilität.
Um noch mal auf die Theorie zurückzukommen: Ihre wissenschaftliche Anfechtbarkeit ändert nichts an der Bedeutung, die sie für den Menschen unseres Jahrhunderts gehabt hat und noch hat. Nicht nur ist eine Menge psychoanalytischer Begriffe in unsere Umgangssprache eingedrungen, wir denken auch, ohne uns dessen bewußt zu sein, häufig in Freudschen Kategorien: Die meisten von uns sind von der Bedeutsamkeit frühkindlicher Erfahrungen und seelischer Verletzungen überzeugt; wir nehmen unsere emotionalen Bedürfnisse sehr ernst und sind uns darüber im klaren, daß ihre gewaltsame Unterdrückung negative Konsequenzen für unsere Persönlichkeitsentwicklung hat; kaum jemandem braucht man noch zu erklären, was unter dem »Unbewußten« und seiner Bedeutung für unser Verhalten zu verstehen ist. Und schließlich wäre die »sexuelle Revolution« in der westlichen Welt und die fortschreitende Befreiung der Frau aus sexueller und gesellschaftlicher Unterdrückung mit all ihren daraus entstehenden neuen Problemen ohne Freuds Werk kaum denkbar.

* Rainer Kakuska, »Urvater Freud«, WARUM?, Juli 1978

## 12. Kapitel

# Verhaltenstherapie: Eine Frau errötet

## Psychologen, die nicht an die Seele glauben

Sommerliches München, Leopoldstraße, viel Sonne, wenig Wind. Vor dem Restaurant ›Hahnhof‹ steht ein mittelalterliches Paar und blickt auf den belebten Bürgersteig. »Was machen wir denn heute?« fragt die Frau, halb unternehmungslustig, halb ängstlich.

»Stufe zwei«, antwortet der Mann. »Aber erst wiederholen wir Stufe eins, die kennen Sie ja schon. Nehmen Sie gleich den alten Herrn da drüben mit dem steifen Hut.«

Sie gehorcht, geht auf den Herrn zu, spricht ihn an. Der antwortet höflich, lüftet sogar den Hut. Sie kommt zu ihrem Begleiter zurück. »Es hat geklappt. Ganz normal. Ich glaube, das habe ich geschafft.«

»Sehr gut. Und jetzt bitte die Dame mit dem grünen Kleid.«
Gehorsam steuert sie auf die Grüne zu. Wieder ein kurzer Wortwechsel, wieder kommt sie zurück. »Das klappt auch.«

»Ausgezeichnet«, sagt er. »Dann können wir mit Stufe zwei anfangen.« Er blickt sich suchend um. »Der da vorn, der ist genau richtig.«

Der junge Mann, der auf sie zukommt, trägt enge hellblaue Hosen, ein rosa Hemd und ein gelbes Halstuch. Sein rotblonder Schopf erinnert an Robert Midford. Er hat überhaupt Ähnlichkeit mit Robert Midford: So ein Frauentyp. »Vor dem habe ich Angst«, sagte sie.

Ihr Begleiter lächelt. »Sie werden ja rot. Werden Sie ruhig noch ein bißchen mehr rot, das steht Ihnen gut.«

Sie lacht. Die Röte ist weg. Dann nimmt sie ihre Handtasche unter den Arm und geht tapfer auf den Robert-Midford-Typ zu. Der bleibt stehen, als sie ihn anspricht, sehr zögernd. Eine ganze Weile reden sie miteinander. Der junge Mann ist offenbar sehr verlegen, und als sie sich von ihm abwendet, geht er eilig davon.

Die Frau kommt zu ihrem Begleiter zurück. »Wie ging's denn?« fragt er. »Angst gehabt?«

»Bloß am Anfang. Aber nicht lange. Der hat nämlich gestottert, und nicht ich bin rot geworden, sondern er.«

Die beiden lachen. »Also«, sagt er, »suchen wir einen, der nicht stottert. Wir haben noch 30 Minuten Zeit. Das Spiel geht weiter.«

Das Spiel? – Zwei Spaßvögel, die andere Leute veralbern? Nein. Ein Verhaltenstherapeut und seine Patientin.

*Der Fall:* Vor drei Wochen ist Frau Krüger zum Diplompsychologen Dr. B. gekommen, ziemlich verzweifelt. Sie ist neunundvierzig, verheiratet, zwei erwachsene Kinder. Sie arbeitet im Büro einer Armaturenfabrik, die Arbeit macht ihr Spaß, das Verhältnis zu ihrem Ehemann ist, wie sie sagt, ungetrübt. Dennoch leidet sie unter einem Gefühl äußerer Minderwertigkeit, und sobald jemand sie länger als zwei Sekunden ansieht, errötet sie tief.

»Vor ungefähr vier Jahren hat es angefangen. Mit der Zeit wurde es immer schlimmer, und jetzt ist es so, daß ich ständig in Angst lebe, rot zu werden. Besonders im Büro. Die andern wundern sich dann natürlich, und ich komme aus dem Rotwerden gar nicht mehr 'raus.« In der Erinnerung an eine solche Szene errötet sie. Es ist ein brennendes Rot, das sich über ihre weiße Haut bis zum Ausschnitt ihres Kleides ergießt.

»Was denken oder fühlen Sie dabei?«

»Ich fühle mich minderwertig, und ich denke, daß die andern denken: Die ist aber häßlich!«

»Wenn Sie sich im Spiegel sehen, finden Sie dann auch, daß Sie häßlich sind?«

»Eigentlich nicht. Aber das hilft mir nichts. Neuerdings werde ich auch rot, wenn mein Mann mich ansieht, zum Beispiel abends bei Tisch.« Frau Krüger bricht in Tränen aus. »Wenn das so weitergeht, traue ich mich bald nicht mehr aus dem Haus. So macht das Leben keinen Spaß mehr.«

Die Furcht vor dem Erröten und das krankhafte Erröten selbst (in der Fachsprache »Erythrophobie«) wird in der psychoanalytischen Theorie als Folge verdrängter sexuell-exhibitionistischer Phantasien und der sich daraus ergebenden unbewußten Schuldgefühle angesehen. Aber Dr. B. hält nichts von der Erforschung schwer beweisbarer Phantasien, das wäre für ihn auch viel zu zeitraubend. Und das »Unbewußte« existiert für ihn nicht, denn als Verhaltenspsychologe ist er von Freuds Lehre nicht überzeugt. Er interessiert sich in erster Linie für das

Symptom (hier: das Erröten) und dann, soweit feststellbar, für dessen Ursache.

Nach gründlicher Befragung ergibt sich ein handfester Hinweis: Eine Uterus-Totaloperation vier Jahre zuvor. Frau Krüger erinnert sich an die Bemerkung einer Mitpatientin: »Um Gottes willen, dann sind Sie ja keine richtige Frau mehr!« Das hat sie damals schwer geschockt. Und tatsächlich fühlte sie sich danach nicht mehr als vollwertige Frau, sie spürte auch die typischen Beschwerden der Wechseljahre, Unruhe, Hitzewallungen, depressive Verstimmungen. Aber das ist längst vorbei, und da ihre Ehe weiterhin gut lief, hatte sie eigentlich keine Veranlassung, sich nicht als vollwertige Frau zu fühlen. Doch die damals einsetzenden Errötungssymptome sind nicht nur geblieben, sondern noch heftiger geworden, ebenso wie die Ängste davor.

Der Verhaltenspsychologe glaubt nicht an die »Seele«. Anders ausgedrückt: innerpsychische Vorgänge und ihre Deutung interessieren ihn nicht. Wichtig sind für ihn nur die objektiv beobachtbaren und möglichst meßbaren Reaktionen. Dabei geht er davon aus, daß alles menschliche Verhalten, von wenigen Ausnahmen abgesehen, erlernt ist. Wenn aber richtiges Verhalten erlernt ist, dann muß auch das falsche erlernt sein. Deshalb betrachtet die Verhaltenspsychologie neurotische Störungen als »erlerntes Fehlverhalten«. Und das kann man um- bzw. verlernen.

Nehmen wir ein einfaches Beispiel: Herr Hansen ist in seiner Jugend zweimal unter besonders furchterregenden Umständen von einem Hund gebissen worden. Er hat damals »gelernt«, daß Hunde gefährlich sind. Von da an hatte er eine tiefsitzende Angst vor diesen Tieren, er mied sie und machte um jeden Hund einen Bogen. Dadurch ist seine Angst natürlich nicht geringer geworden, im Gegenteil, je häufiger die »Vermeidung«, um so stärker die Angst, um so größer der Bogen, den er um Hunde macht. Das ist der »neurotische Mechanismus«, der Teufelskreis, aus dem er nicht mehr herauskommt. Er leidet also unter einer massiven Angstneurose, die man in diesem Falle »Hundephobie« nennt.

Ein Verhaltenstherapeut wird Herrn Hansens »erlerntes Fehlverhalten« durch einen umgekehrten Lernvorgang behandeln. Dem Patienten wird in kleinen Schritten beigebracht, daß fast alle Hunde ungefährlich sind. Bei jedem erfolgreichen Lernschritt wird er vom Therapeuten auf irgendeine Weise belohnt werden. Das ist nicht anders als in der Schule: Ein qualifizierter

Lehrer belohnt seinen Schüler für gutes Lernen durch Lob und gute Noten. Dadurch wird der Schüler verstärkt, weiter gut zu lernen. Diese »Verstärkung« spielt bei der Verhaltenstherapie eine wichtige Rolle.

Nun ist Herr Hansen auf das Lob des Therapeuten gar nicht so sehr angewiesen, denn jeder Lernerfolg an sich ist für ihn schon eine Verstärkung, weil ja diese verdammte Angst vor Hunden verringert wird.

Am Ende der Therapie wird er durch viele praktische Übungen gelernt haben, daß er vor Hunden keine Angst zu haben braucht. Möglicherweise wird er sogar gelernt haben, daß sie treue, liebenswerte Tiere sind, und zur Freude des Therapeuten schafft er sich vielleicht selber einen Hund an.

Bei Frau Krüger liegt der Fall etwas komplizierter. Aber auch hier handelt es sich um ein erlerntes Fehlverhalten, das zu einem eingefahrenen, sich ständig verschlimmernden Mechanismus geworden ist: Ich bin keine vollwertige Frau – ich bin alt und häßlich – wenn mich jemand ansieht, schäme ich mich und werde rot. – Die Leute denken: Warum wird die rot? Weil sie alt und häßlich ist. – Wenn ich nur daran denke, daß die so etwas denken, habe ich Angst und werde rot.

Frau Krüger vermeidet es immer häufiger, andere Leute anzusehen, dadurch steigert sich ihre Angst vor dem »Angestarrtwerden« bis ins Unerträgliche. Der neurotische Mechanismus läuft schließlich so schnell ab, daß der kurze Blick eines anderen sie sofort zum peinlichen Erröten bringt.

Nachdem Dr. B. die Ursache des Symptoms herausgefunden hat, stellt er zusammen mit seiner Patientin eine Liste von angstauslösenden Situationen auf, sozusagen eine Angst-Tabelle. Die niedrigste Angststufe: wenn Frau Krüger eine andere Person ansprechen muß. Die höchste Angststufe: wenn im Büro jemand mit ihr redet und sie fest dabei ansieht, während die Kollegen zuhören und sie neugierig dabei mustern. In solchen Situationen errötet sie regelmäßig tief bis zu drei Minuten, gerät in Panik und flüchtet, wenn möglich, auf die Toilette.

Dazwischen rangieren die übrigen Angstsituationen: z. B. Fahren mit der U-Bahn oder Straßenbahn, Besuch eines Ladens, eines Kaufhauses, eines vollbesetzten Restaurants, oder laute Begrüßung durch einen Bekannten in der Öffentlichkeit. Nach dieser Vorbereitung kann die Therapie beginnen.

*1. Stunde:* Dr. B. fängt an mit systematischen Entspannungsübungen. Angst bedeutet immer Spannung. Entspannung dagegen ist mit Angst nicht vereinbar. In völlig entspanntem Zustand auf der Couch liegend muß Frau Krüger sich die erste Angstsituation intensiv vorstellen: Ansprechen eines fremden Menschen. Sowie sie spürt, daß sie errötet, wird die Übung abgebrochen und erst nach neuer Entspannung wiederholt.

Danach dasselbe »in vivo«, man kann auch sagen »live«, in der Innenstadt. Frau Krüger soll auf irgendeinen Menschen zugehen und ihn nach einer Straße fragen. Sie atmet schwer, zögert lange und sucht schließlich eine ältere, unscheinbare Frau aus.

Es klappt ohne Erröten.

Dr. B.: »Warum haben Sie diese Frau ausgesucht?«

»Weil ich vor der am wenigsten Angst hatte.«

Dr. B.: »Haben Sie vor Männern mehr Angst?«

»Ja. Aber am meisten vor jungen, hübschen Mädchen.«

Daraufhin erweitert der Therapeut die Angst-Tabelle.

Stufe 1: Ältere Frau – älterer Mann. Stufe 2: Jüngerer Mann – junges, hübsches Mädchen.

Das Ansprechen des Mannes fällt Frau Krüger außerordentlich schwer, und sie errötet tief. Dr. B. wendet spontan das Mittel der »Paradoxen Intention« an: »Bleiben Sie rot, Frau Krüger, versuchen Sie noch stärker zu erröten!« Das Mittel wirkt. Die Röte geht sofort zurück. Die Übung mit dem Mann wird so lange wiederholt, bis die Patientin nicht mehr errötet und auch keine Angst mehr spürt.

Nach dieser Stunde ist sie sehr erschöpft. »Hausaufgabe« bis zur nächsten Behandlung: Sie soll, ohne Rückhalt des Therapeuten, möglichst viele Leute ansprechen. Außerdem wird ihr die »Paradoxe Intention« empfohlen: sie soll sich Angstsituationen vorstellen und dabei versuchen, intensiv zu erröten. Durch diesen »Trick« der Verhaltenspsychologie versagt meist der neurotische Mechanismus. Die beiden Tendenzen »ich habe Angst vorm Rotwerden« und »ich will rot werden!« sind paradox, also unvereinbar und heben sich gegenseitig auf.

2. *Stunde:* Die »Paradoxe Intention« hat gut angeschlagen. Außerdem hat die Patientin im Selbsttraining jeden Tag ein paar Leute angesprochen, ohne rot zu werden. Sie ist viel sicherer geworden.

In dieser Stunde wirkt das Erfolgserlebnis mit dem stotternden Midford-Typ beträchtlich verstärkend. Beim Ansprechen weiterer junger Männer schneidet sie glänzend ab, und Dr. B. spart nicht mit Lob. Darauf kommen die jungen, hübschen Mädchen an die Reihe, vor denen sie am meisten Angst hat. Beim ersten Mal gibt es noch Schwierigkeiten. Beim dritten und vierten Mal benimmt sie sich so gelassen wie eine selbstbewußte ältere Dame.

Frau Krüger ist ganz glücklich. Die ersten beiden Stufen der Angst-Tabelle sind erstiegen. Sie hat gelernt, daß das »Vermeiden« einer Angstsituation die Angst vergrößert, »Nichtvermeiden« aber sie abbaut und schließlich löscht.

3. *Stunde:* In der dazwischenliegenden Woche hat Frau Krüger die bisher geübten Situationen allein weitertrainiert. In dieser Stunde ist die nächste Angststufe fällig. Nach der »Vorstellungs-Übung« auf der Couch geht sie mit dem Therapeuten in ein stark besuchtes Straßenlokal. Sie muß selber den Tisch aussuchen. Beklommen setzt sie sich. »Ich bin schon seit Jahren nicht mehr in so einem Restaurant gewesen. Hab' mich nicht getraut. Höchstens mit meinem Mann in ein Bierlokal, da fühle ich mich sicherer.« Sie wird plötzlich tiefrot.

»Rot bleiben!« sagt Dr. B. »Bleiben Sie doch rot! Mehr, mehr!«

Die Röte schwindet rasch.

»Was war los, Frau Krüger?«

»Die Leute am Nachbartisch haben mich angesehen.«

»Was haben Sie gedacht?«

»Daß die denken, ich bin alt und häßlich.«

»Dann sehen Sie sich mal die Leute an, ganz genau, und sagen Sie mir, was Sie an denen häßlich finden.«

Frau Krüger überwindet sich, blickt vorsichtig hinüber. »Der Mann hat eine zu lange Nase und einen schiefen Mund. Die Frau ist zu dick. Und das junge Mädchen hat eine ganz unreine Haut.«

»Jetzt denken Sie: Schön sind die auch nicht!«

Frau Krüger lacht. Sie ist schon viel ruhiger.

»Da drüben ist ein besserer Tisch frei geworden«, sagt Dr. B. »Bitte setzen Sie sich dorthin.«

»Der steht doch mitten im Lokal. Und es sind lauter besetzte Tische drumrum.«

»Eben deshalb. Versuchen Sie's. Und sehen Sie ringsum die Leute an.«

Sie gehorcht, geht hinüber, setzt sich, bestellt eine Tasse Kaffee. Dann mustert sie nacheinander die Leute. Es scheint sie große Mühe zu kosten, aber sie hält durch. Und nur einmal errötet sie leicht.

Am Ende dieser Stunde ist sie geschafft, aber glücklich. »Vor vier Wochen hätten mich keine zehn Pferde in so ein Lokal gebracht.«

»Von jetzt an werden Sie das allein tun. Mindestens zweimal die Woche. Versprechen Sie mir das?«

»Ja. Aber jetzt muß ich mich erst mal von der Angst erholen, die ich ausgestanden habe.«

Zu Anfang jeder Stunde berichtet die Patientin, welche Fortschritte sie zu Hause gemacht und was sie dabei empfunden hat. Und jedesmal werden die überwundenen Angststufen nochmals durchgeprobt. Dann kommen die weiteren Stufen der Angst-Tabelle: Die U-Bahn, die Straßenbahn, Besuch eines Geschäfts, Besuch eines Kaufhauses. Jede erfolgreiche Übung wirkt als Verstärkung, und nach der zehnten Stunde schon ist die Angst in allen außer der letzten Stufe gelöscht.

Für die elfte Stunde hat Dr. B. einen Kollegen und eine Anzahl Psychologiestudenten eingeladen. Sie sollen mit Frau Krüger die Situation der höchsten Angststufe durchspielen: die Büro-Szene. Unvorbereitet betritt sie die Praxis und steht verlegen einer Gruppe fremder Menschen gegenüber.

Der Ko-Therapeut beginnt eine Unterhaltung mit ihr, fragt sie eingehend nach ihren Lebensumständen aus, indem er sie fest dabei ansieht. Währenddessen stehen die übrigen Mitspieler um sie herum und mustern sie mit aufdringlicher Neugier. Die Übung dauert 6 Minuten. Frau Krüger errötet mehrfach leicht, aber sie gerät nicht in Panik. Die Szene wird dreimal wiederholt. Schon beim zweiten Versuch besteht Frau Krüger die Probe, ohne zu erröten, und beim letzten Mal ist sie schon so sicher, daß sie ihrerseits an den Ko-Therapeuten persönliche Fragen stellt.

Danach berichtet sie von einer Situation, die sie bisher nicht erwähnt hat, und die von stärkeren Ängsten besetzt ist als alle bisherigen: Im Kassenraum ihrer Firma sitzen drei Damen, die wegen ihrer glitzernd-kritischen Blicke und ihrer Scharfzüngigkeit gefürchtet sind. Der Raum wird deshalb die »Schlangengrube« genannt. Frau Krüger ist nur einmal dort gewesen. Sie erinnert sich, daß sie unter den Blicken und dem maliziösen Lächeln der drei panikartig die Flucht ergriff. Seitdem hat sie sich nicht wieder hineingetraut. Während sie davon erzählt, errötet sie tief.

Dr. B. bespricht die »Schlangengruben-Situation« sehr gründlich und läßt sich das Verhalten der drei Damen genau beschreiben. Die Szene wird von drei weiblichen Studenten spontan nachgespielt, doch dieser Versuch mißlingt. Frau Krüger reagiert überhaupt nicht. »Ich weiß ja, daß Sie nicht die richtigen Schlangen sind.«

Dr. B.: »Vielleicht sollten Sie morgen einfach mal hineingehen. Wenn Sie's nicht ertragen, können Sie immer noch flüchten.«

Frau Krüger: »Bisher habe ich ja alles geschafft, aber ich glaube, da werde ich mich nicht reintrauen. Nein. Nie!«

Sie hat sich doch reingetraut. In der nächsten Stunde berichtet sie stolz: »Zuerst habe ich eine von den Damen auf dem Korridor angesprochen. Nach meinem bisherigen Training ging das ganz gut. Das habe ich mehrmals wiederholt. Und schließlich bin ich dann unter einem Vorwand einfach mal reingegangen. Ich hatte ganz schöne Angst, als die drei mich anglitzerten, aber ich bin nicht rot geworden. Morgen versuch ich's wieder.«

Nach dieser Stunde bezeichnet Frau Krüger sich als geheilt. Sie fühlt sich imstande, eventuellen Rückfällen durch Selbstübung zu begegnen. Zwölf Stunden, das ist eine erstaunlich kurze Zeit. Der Psychologe Dr. B. kann mit sich und seiner Patientin zufrieden sein.

Sechs Monate später ruft er sie an. Das tut er immer nach einer abgeschlossenen Therapie, denn freiwillige Rückmeldungen der Patienten sind in seinem Beruf selten. »Wie sieht es aus bei Ihnen, Frau Krüger?«

»Wie soll's aussehen? Es geht mir gut.«

»Keine Ängste mehr?«

»Nein, wieso?«

»Nun, Sie waren ja schließlich deswegen bei mir in Behandlung.«

»Ach, das meinen Sie? So schlimm war das doch gar nicht. Ich glaube, ich habe das damals sehr übertrieben.«

»Na, wunderbar«, sagt Dr. B. verblüfft, und während er auflegt, denkt er neidvoll an die Chirurgen. Ein herausgenommener Blinddarm, ein operierter Magen, darüber spricht der Patient oft und gern und lobt den Arzt über den grünen Klee. Aber eine überstandene neurotische Störung, die vergißt er rasch und wird gar nicht gern daran erinnert.

Das ist eine der Schattenseiten im Beruf des Psychotherapeuten.

Über die Verhaltenspsychologie – den Behaviorismus – ist oft mit Geringschätzung gesprochen worden, insbesondere von seiten der Psychoanalytiker, die trotz eindrucksvoller klinischer Erfolge der Verhaltenstherapie immer wieder behaupten, es handle sich dabei nur um eine »Symptomverschiebung«, weil an den eigentlichen Tiefenkonflikt nicht herangegangen werde. Ein Beweis dafür wurde bisher nicht erbracht.

In der Tat scheint es auf den ersten Blick keine größeren Gegensätze zu geben, als Freuds mythisch-spekulatives Lehrgebäude und die streng empirischen Lerntheorien des Behaviorismus. In der Praxis hingegen ist der Unterschied zwischen beiden gar nicht so weltweit, nur werden oft die gleichen Phänomene, beispielsweise in der Neurosenlehre, aus verschiedenen Perspektiven betrachtet und mit unterschiedlichen Namen belegt. Ich behaupte, daß ein erfahrener nichtdogmatischer Analytiker auch mit Mitteln der Verhaltenspsychologie – z. B. der Verstärkung – arbeitet, während ein erfahrener Verhaltenstherapeut – z. B. bei der Exploration der Lerngeschichte seines Patienten – durchaus psychoanalytische Elemente verwendet, auch wenn beide dies nicht wahrhaben wollen.

Man nennt die Verhaltenspsychologie auch S + R-Psychologie (Stimulus + Response = Reiz + Reaktion), weil sie, grob gesprochen, das Verhalten von Organismen als bloße Reaktion auf Umweltreize betrachtet. Das ideale Modell für diese Betrachtungsweise ist der physiologische Reflex, und so ist denn auch der Urvater des Behaviorismus der russische Physiologe Iwan P. Pawlow (1849–1936), der etwa zur Zeit, als Freud seine ersten psychoanalytischen Arbeiten veröffentlichte, die Entdeckung der »bedingten« (konditionierten) Reflexe machte.

Es handelt sich um die berühmten »Pawlowschen Hunde«, deren Speichelsekretion der Forscher unter bestimmten Bedingungen untersuchte. Sieht oder riecht ein hungriger Hund Futter, so produzieren seine Drüsen vermehrt Speichel, genau wie beim Menschen. Das ist ein angeborener, ungelernter (unbedingter) Reflex. Pawlow ließ nun immer kurz vor dem Futterangebot eine Glocke schrillen, der Geschmacksreiz Futter und der auditive Reiz Glocke wurden also gekoppelt, und mit der Zeit sonderten die Hunde auch vermehrt Speichel ab, wenn nur die Glocke ertönte und kein Futter geboten wurde. Der ursprünglich ungelernte Reflex (Speichelabsondern beim Anblick von Futter) trat also jetzt auf einen Reiz hin ein, der bis dahin neutral gewesen war.

Damit wurde der Reflex zu einem bedingten, »konditionierten«. Das ganze war offensichtlich ein Lernvorgang, der durch häufiges Wiederholen verstärkt wurde. Wir können ihn an einem menschlichen und zeitgemäßen Beispiel verdeutlichen: Wer während des Krieges häufig Luftangriffe mit all ihren Schrecken erlebt hat, wird auch heute noch beim Heulen einer Sirene jene Gefühle von damals empfinden: Angst. Der Sirenenton ist also zu einem »bedingten« Reiz für die Reaktion Angst geworden. (Ich meinerseits reagiere noch heute auf »fröhliches« Feuerwerk in der Sylvesternacht – vom Knallfrosch bis zum Kanonenschlag – mit leisem Unbehagen: die psychoneuronale Erinnerung an russisches Granatfeuer aus Feldgeschützen und Stalinorgeln und an die Feuerwalzen amerikanischer Schiffsartillerie im Ornebrückenkopf ist auch nach so langer Zeit nicht ganz gelöscht.)

Der Behaviorismus nimmt an, daß physiologische Vorgänge am Menschen und die damit verbundenen Gefühle sehr stark durch Lernvorgänge dieser Art geprägt werden, daß wir also bestimmte Verhaltensweisen durch »Konditionierung« gelernt haben. Der amerikanische Psychologe J. B. Watson (1878–1958) hat dies mit seinem berühmten und ziemlich inhumanen Versuch am »Kleinen Albert« demonstriert:

Der eineinhalbjährige kleine Albert hatte mit einem von Watsons Versuchstieren, einer weißen Ratte, Freundschaft geschlossen und streichelte sie gern. Nun schlug Watson, immer wenn der Junge die Ratte berührte, kräftig auf einen hinter ihm befestigten Gong. Der laute Ton löste bei Albert Angst aus, denn sehr laute unbekannte Geräusche sind natürliche, unkonditionierte Auslösungsreize für Angst. Diese Angst empfand der Junge nach einiger Zeit auch vor der Ratte, sobald sie auftauchte, und er übertrug sie später sogar auf andere Dinge, die Ähnlichkeit mit dem Tier hatten, z. B. Kaninchen, eine Weihnachtsmannmaske mit weißem Bart, den Pelzmantel der Mutter und alle weißen flauschigen Gegenstände. Das Kind hatte also durch Watsons Konditionierung eine chronische, irrationale Angst, eine regelrechte Phobie erworben.

Ausgehend von diesen Experimenten (man nennt sie heute »Klassische Konditionierung«) untersuchten amerikanische Psychologen – die bekanntesten unter ihnen: E. L. Thorndike, geb. 1874, und B. F. Skinner, geb. 1904 – andere Arten des Lernens, nämlich solche, bei denen der Mensch auf Umweltreize nicht nur passiv physiologisch reagiert, sondern mit Handlungen, und man beobachtete, daß die Folgen dieser Handlungen darüber entscheiden, ob sie in Zukunft wieder auftreten oder nicht. Dieses Vorgehen nennt man »operantes Konditionieren« oder auch »Lernen am Erfolg«. Der Erfolg besteht entweder in einer Belohnung, die der Therapeut dem Patienten gibt, oder im Lernfortschritt selber, beides nennt man positive Verstärkung.

Damals hätte man die klassisch konditionierte Phobie des kleinen Albert – ähnlich wie bei dem oben erwähnten Herrn Hansen – folgendermaßen »dekonditionieren« bzw. »desensibilisieren« können: Man hätte ihm die weiße Ratte zunächst auf weite Entfernung gezeigt und währenddessen etwa sein Lieblingslied gespielt und ihm gleichzeitig ein Stück Schokolade gegeben. Dasselbe hätte man täglich mehrmals wiederholt, wobei man allmählich die Distanz zur Ratte verkürzt hätte. Der kleine Albert hätte also gelernt, daß der Anblick der Ratte mit einem angenehmen Geschmack und einer angenehmen Melodie verbunden war, seine Angst vor ihr wäre auf die Dauer gelöscht worden, und schließlich hätte er sie wieder gestreichelt, auch ohne die Belohnung (Verstärkung) durch Musik und Schokolade. Ob Watson den armen kleinen Kerl auf diese Weise wieder von seiner Phobie befreit hat, ist in der Literatur nicht verzeichnet.

In der Verhaltenstherapie arbeitet man übrigens nicht nur mit Belohnungen, sondern auch mit Bestrafungen (z. B. mit leichten Elektroschocks bei unerwünschtem Verhalten), jedoch haben sich solche Techniken der »Aversionstherapie« als therapeutisch zweifelhaft erwiesen.

Lerntheoretische Modelle sind zur Grundlage der Verhaltenstherapie geworden. Später kamen hinzu: die Forderung nach genauer Therapiekontrolle durch experimentelle Verfahren und eine stärkere Betonung individueller Denkprozesse beim Klienten.

Die frappierenden klinischen Anfangserfolge der Verhaltenspsychologie führten in den sechziger Jahren in Amerika zu einem Boom und zu einer unkritischen Überschätzung ihrer Möglichkeiten. Man verstieg sich zu der Auffassung, daß die Person des Therapeuten gar keine Rolle spiele, wenn er nur die Techniken gemäß den Lerntheorien richtig anwende, ja, teilweise glaubte man sogar, daß der Therapeut während eines Therapieprogrammes durch ein Tonband ersetzt werden könne.

Inzwischen hat diese Euphorie einer sachlicheren Einstellung Platz gemacht; man hat erkannt, daß nicht nur das bloße Reiz-Reaktions-Schema genügt, sondern daß die emotionale Beziehung zwischen Therapeut und Patient eine ebenso wichtige Rolle spielt. Moderne Verhaltenstherapeuten beziehen denn auch andere Verfahren, z. B. die »klientenzentrierte Gesprächspsychotherapie«, ein, um die emotionalen Voraussetzungen für ein effektives Lernprogramm zu schaffen.

## 13. Kapitel

# Die klientenzentrierte Psychotherapie:
## Heilung durch Gespräch

Dr. Merz, Arzt für Allgemeinmedizin, war ziemlich frustriert. Er ließ sich nicht gern die Zeit stehlen, auch nicht von einem gutzahlenden Privatpatienten. »Herr Kramer«, sagte er, »ich kann Ihnen nicht mehr helfen. Es ist alles durchuntersucht. Auch der Befund der Klinik liegt ja nun vor. Organisch ist Ihr Magen gesund.«

»Aber ich habe Schmerzen, Herr Doktor. Glauben Sie, ich bilde mir das ein?«

»Nein«, sagte Dr. Merz, »das glaube ich nicht. Nur meine ich, daß das seelische Ursachen hat. Und deshalb müssen Sie zum Psychotherapeuten.«

»Was?« sagte Herr Kramer empört. »Ich bin doch nicht verrückt.«

»Wenn Sie das wären, würde ich Sie zum Psychiater schicken, der ist für Verrückte zuständig. Ich sagte: zum Psychotherapeuten.«

»Ach so«, sagte Herr Kramer, »das meinen Sie. Aber was soll ich da? Mich bei dem auf die Couch legen? Geständnisse produzieren? Nee, kommt nicht in Frage.«

Der Arzt wurde ungeduldig. »Herr Kramer, seien Sie doch vernünftig. Geständnisse produzieren, davon kann sowieso nicht die Rede sein. Und der, den ich Ihnen empfehlen möchte, legt Sie auch nicht auf die Couch, das ist ein Gesprächstherapeut. Mit dem sollten Sie mal Ihre Probleme durcharbeiten, anstatt sie immer auf Ihren Magen abzuladen.«

»Probleme«, sagte Herr Kramer, »habe ich nicht. Ich kenne mich da ziemlich genau. Wenn ich je welche hatte, dann bin ich damit noch immer allein fertig geworden. Bin nun mal ein Willensmensch, Doktor. Na, und sonst? Das Geschäft ist 'n Streß, klar, aber es läuft. Zu Hause ist alles o. k. Die Kinder spuren großartig, da gibt's keine Konflikte, höchstens mal ein reinigendes Donnerwetter. Und meine Frau? Die kennen Sie doch selber. Die ist prima, fühlt sich sauwohl mit mir. Sie hat ja auch

alles, was sie sich wünschen kann. Also was soll ich um Himmelswillen beim Psychotherapeuten? Ich weiß doch wo's langgeht. Das habe ich immer gewußt.«
»Nur mit dem Magen, da wissen Sie's nicht.«
Herr Kramer schwieg eine Weile. »Also gut. Machen wir ein Geschäft. Sie schreiben mir noch mal diese Pillen auf, die haben ja ganz gut geholfen. Und ich werde mir das mit dem Psychotherapeuten überlegen. Im Moment habe ich keine Zeit, wir wollen auf Urlaub. Aber danach, wenn's dann noch nicht besser ist ...«
»Hoffen wir das Beste«, sagte der Arzt, verschrieb das gewünschte Medikament und gab seinem Dauerpatienten erschöpft die Hand.
Herr Kramer ist nie zu einem Therapeuten gegangen. Er ist ja ein Willensmensch, und er »weiß, wo's langgeht«. Er wird sich weiter mit seinem Magen herumquälen und damit seiner Familie auf die Nerven gehen, und vermutlich nicht nur damit.

Carl R. Rogers, der »Erfinder« der klientenzentrierten Psychotherapie (in Deutschland »Wissenschaftliche Gesprächspsychoterapie«), schreibt über den Patiententyp Kramer:
● Die Vorstellungen, die er in bezug auf sich und seine Umwelt bildet, sind an festgelegte seelische Strukturen gebunden.
● Er ist sich des Wunsches nach Änderung oder Wachstum nicht bewußt.
● Probleme werden nicht erkannt. Gefühle und persönliche Empfindungen werden weder wahrgenommen noch akzeptiert.
● Er lebt in einer Welt starrer Konstrukte, die sämtlich außerhalb seines Selbst liegen, und spricht nur über äußere Dinge.
● Es ist ziemlich unwahrscheinlich, daß er aus eigenem Antrieb einen Therapeuten aufsucht.

Solche Kramers – männliche und weibliche – laufen zu hunderttausenden in unserer Zivilisation herum. Sie halten sich für völlig in Ordnung, und wenn etwas nicht in Ordnung ist, dann liegt es nicht an ihnen, sondern an den widrigen Umständen oder an den anderen, die »nicht spuren«. Diese Erstarrung ihrer Persönlichkeit ist ein wesentlicher Bestandteil der

Neurose, unter der sie auf diese oder jene Weise ein Leben lang leiden.

Die Gesprächspsychotherapie geht davon aus, daß jeder Mensch den tiefeingewurzelten Wunsch nach größtmöglicher Entfaltung seines »Selbst« in sich trägt. Wo diese Entfaltung gehemmt wird z. B. durch Angst oder zu massive Forderungen der Umwelt, da setzen die seelischen Störungen ein. Ziel der Gesprächstherapie ist in jedem Fall, beim Klienten den Prozeß der Selbstentfaltung – man kann auch sagen Selbstbefreiung – wieder in Gang zu setzen.

Wie sieht das in der Praxis aus?

Da kommt eine Frau, nennen wir sie Christine, in die erste Therapiestunde. Sie ist in ihrer seelischen Entwicklung ein Stück weiter als Herr Kramer; sie spürt, daß etwas mit ihr nicht in Ordnung ist, daß etwas verändert werden muß. Sie hat Angst vor der Therapie (die meisten haben zunächst Angst davor), dennoch: sie ist entschlossen, etwas zu tun.

Im Sprechzimmer stehen zwei bequeme Sessel. »Wo wollen Sie sitzen?« fragt der Therapeut.

Daß sie sich ihren Platz aussuchen kann, macht sie ein bißchen ruhiger. Da sieht sie das Mikrofon auf dem Tisch. Neue Angst. Dem Therapeuten ist ihr Blick nicht entgangen. »Ich arbeite gern mit Tonband. Es ist eine gute Kontrolle für mich, und Sie können's, wenn Sie wollen, später auch mal abhören. Aber wenn Sie's nicht mögen, dann lassen wir's weg.«

*Christine:* »Tonband? Nein, auf keinen Fall!« (Schon in der nächsten Stunde wird sie nichts mehr dagegen haben.)

*Therapeut:* »Gut.« Er setzt sich in den anderen Sessel.

*Chr.:* Atmet erleichtert auf. Etwas verlegen: »Tja, was soll ich denn jetzt sagen?«

*Th.:* »Was Sie wollen. Dies ist Ihre Stunde. Mich interessiert alles, was mit Ihnen zusammenhängt. Und wenn Sie nichts sagen wollen, sondern nur nachdenken, dann ist das auch recht. Aber ich nehme an, daß Sie irgend etwas auf dem Herzen hatten, als Sie hierher kamen.«

*Chr.:* »Ja! Es ist nämlich so – ich hatte in letzter Zeit so starke Depressionen.«

*Th.:* »War das so eine Art Trauer, die Sie da spürten?«

*Chr.:* »Trauer? Ja, auch. Aber es ist noch anders, irgendwie schlimmer … Also …« – Pause.

*Th.:* »Sie fühlen sich dann hoffnungslos – so ganz und gar hoffnungslos?«

*Chr.:* »Ja, genau! Und ... dann denke ich, es ist alles so öde, so fremd.«

*Th.:* »Ist es so, daß Sie sich dann ganz allein, ganz verlassen fühlen?«

*Chr.:* »Nein, das nicht. Ich habe ja so viele Menschen um mich 'rum, meinen Mann und die Kinder.«

*Th.:* »Da ist Ihr Mann und da sind Ihre Kinder, und trotzdem denken Sie, daß alles öde und fremd ist. Irgendwie paßt das nicht zusammen, nicht wahr?«

*Chr.:* »Ja ... ich weiß auch nicht. Es ist da immer so eine Leere um mich.« – Pause.

*Th.:* »Ich glaube, ich verstehe Sie jetzt. Da haben Sie gar keine Verbindung zu den Menschen, die um Sie herum sind. Und Sie denken, Verbindung zu seinen Kindern müßte man doch eigentlich haben.«

*Chr.:* »Ja, das stimmt. Das ist ziemlich schlimm für eine Mutter, nicht?«

*Th.:* »Es macht Ihnen Angst, daß Sie etwas nicht fühlen, von dem Sie meinen, daß Sie es eigentlich fühlen müßten.«

*Chr.:* Nickt heftig, fängt an zu weinen.


Die Klientin Christine befindet sich auf einer psychischen Entwicklungsebene, die Rogers Stufe 2 nennt (der völlig eingekapselte Herr Kramer steht auf Stufe 1). Christine kann über äußere Vorgänge und Probleme sprechen, die sie stören. Aber sie liegen außerhalb ihres Selbst. Sie sagt: »Ich *hatte* Depressionen«, nicht: »Ich fühlte mich deprimiert.« Sie *empfindet* nicht, sondern sie *denkt*, daß alles so öde und fremd ist. Die Leere ist *um* sie, nicht *in* ihr.

Der Therapeut versucht vorsichtig eine Verbindung zwischen den äußeren Vorgängen und ihrem Gefühl herzustellen. Am Schluß gelingt ihm das auch ein wenig, und Christine bricht in Tränen aus.

Der Therapeut zeigt in diesem kurzen Ausschnitt ein Verhalten, das zu den drei wichtigsten Grundsätzen der Gesprächspsychotherapie gehört:

Präzises, einfühlendes Verstehen (in der Fachsprache: »Empathie«). Das ist die Fähigkeit, die Erlebnisse und Gefühle des Klienten genau und sensibel zu erfassen. Er versucht sozusagen in die Haut des Klienten zu schlüpfen. Sein Verstehen äußert er durch Bemerkungen, die sich nicht nur darauf beziehen, was dem Klienten bewußt ist, sondern was möglicherweise darunter oder dahinter liegt. Das gelingt nicht immer, aber durch seine tastenden Fragen hilft er dem Klienten, seine Empfindungen genauer zu untersuchen und zu begreifen. Die Erfahrung, von jemandem genau verstanden zu werden, ist für den Klienten von großer Wichtigkeit.

Ein späterer Therapie-Ausschnitt zeigt dies ganz deutlich, und er zeigt bei Christine den Übergang zur nächsten Stufe im therapeutischen Prozeß:

*Chr.:* »Ich mache immer alles verkehrt. Das macht mir Sorgen.«

*Th.:* »Darunter leiden Sie, und dann kommen diese depressiven Stimmungen?«

*Chr.:* »Ja. Das kann sein.«

*Th.:* »Könnten Sie etwas mehr darüber sagen?«

*Chr.:* »Zum Beispiel im Garten. Mein Mann liebt ja den Garten, und er sagt mir immer genau, was zu tun ist. Aber ich mache alles falsch, obwohl ich den Garten auch gern habe.«

*Th.:* »Und Sie verstehen gar nicht, warum.«

*Chr.:* »Nein. Aber das war schon früher als Kind so. Meine Mutter konnte mir alles noch so genau sagen – ich behielt es nicht. Manchmal denke ich, ich wollte es nicht behalten. Ich glaube, ich war ein ziemlich böses Mädchen. Meine Eltern haben ja alles für mich getan, aber ich fühlte da immer so einen Trotz gegen sie, fast jedesmal, wenn sie mir eine Anweisung gaben.«

*Th.:* »Und dann haben Sie alles falsch gemacht. Und irgendwie hat Ihnen das Spaß gemacht, oder?«

*Chr.:* Überlegt, lacht dann plötzlich wie ein Kind. »Ja. Ich glaube jetzt, ich habe das manchmal absichtlich getan.« Überlegt wieder. »Oder vielleicht immer?«

*Th.:* »Wenn Sie alles verkehrt machten, waren Sie ja stärker als die mit ihren blöden Anweisungen, wie?«

*Chr.:* Lacht immer noch. »Genau! Hm – das waren ja oft auch wirklich blöde Anweisungen. Meine Mutter zum Beispiel, bei der mußte ich noch im Sommer Wollhosen tragen. Und dann hat sie mich kontrolliert, ob ich diese schrecklichen Wollhosen auch wirklich anhatte. Es war so eine liebevolle Fürsorge von ihr, aber mich hat's manchmal richtig fertiggemacht. Tja – war es eigentlich immer nur liebevolle Fürsorge?«

*Th.:* »Da haben Sie auf einmal Zweifel?«

*Chr.:* »Ja – merkwürdig ...« Denkt nach.

*Th.:* »Und wie ist es heute, wenn Sie alles falsch machen?«

*Chr.:* »Das ist so: Morgens, wenn mein Mann aus dem Haus geht, dann haben wir das mit dem Garten alles durchgesprochen, und abends, wenn er zurückkommt, dann habe ich die Hälfte vergessen und den Rest verkehrt gemacht.«

*Th.:* »Und dann kommt er in eine ganz schöne Wut.«

*Chr.:* »Dann kann er sich schrecklich aufregen.«

*Th.:* »Und was fühlen Sie, wenn er so wütend ist?«

*Chr.:* »Eigentlich fühle ich mich dann ganz gut. Eine Zeitlang wenigstens. Später kriege ich dann wieder diese Schuldgefühle.«

*Th.:* »Weil Sie seine blöden Anweisungen nicht ausgeführt haben?«

*Chr.:* »Eh ...«

*Th.:* »Könnte es so sein: Sie müssen etwas tun, was sie gar nicht wirklich wollen, so ähnlich wie damals bei Ihrer Mutter?«

*Chr.:* »Aber er meint's ja gut mit dem Garten. Er versteht ja was davon.«

*Th.:* »Genau wie damals Ihre Mutter, die meinte es auch gut.«

*Chr.:* »Wenn ich mir das jetzt so überlege – ja, das ist richtig, ich glaube, da haben Sie recht. Ich will's eigentlich gar nicht, diese Schnippelarbeit im Garten. Andererseits denke ich, es muß ja getan werden ...«

*Th.:* »Sie fühlen sich da in zwei Teile gespalten. Der eine will dies und der andere will das.«

*Chr.:* »Ja, ich glaube, das stimmt. Ach Gott, das ist eigentlich oft so, ich meine, was meinen Mann angeht, da fühle ich mich richtig hin und her gezerrt. Ich weiß nicht warum. Ich fühle das einfach.« Nach einer Pause: »Wenn ich jetzt an ihn denke, habe ich ein schlechtes Gewissen.«

Christine hat in dieser Stunde die nächste Stufe des therapeutischen Prozesses erreicht. Sie kann sich viel freier über ihr Selbst äußern, sie berichtet von Gefühlen, die sie in der Vergangenheit empfunden hat und setzt sich mit ihnen auseinander. Sie nimmt nicht mehr alles als gegeben hin, z. B. die Autorität ihrer Eltern und deren »liebevolle Fürsorge«. Und am Schluß hat sie schon fast Stufe 4 erreicht. Sie kommt mit ihren Gefühlen in die Gegenwart: »Da fühle ich mich richtig hin und her gerissen, ich weiß nicht warum, ich fühle es einfach.«

Vor diesem Gegenwartsgefühl hat sie noch Angst, denn es berührt die Beziehung zu ihrem Mann, über die sie sich offensichtlich nicht klar ist. Das macht sie unsicher, und sie bekommt ein schlechtes Gewissen.

Der Therapeut handelt hier deutlich nach zwei weiteren Grundregeln der Gesprächstherapie:

1. Bedingungsloses Akzeptieren. Das heißt, er begegnet Christine mit warmer, entgegenkommender, nicht besitzergreifender Wertschätzung, ohne Einschränkung und Urteil. Er vermeidet es grundsätzlich, Urteile zu äußern oder Wertungen zu treffen. Das ist eine neue, wichtige Erfahrung für die Klientin. Nachdem sie gemerkt hat, daß sie mit all ihren Fehlern voll akzeptiert wird, fängt sie an, sich selber zu akzeptieren. Das befreit sie von vielen Hemmungen.

2. Echtheit (in der Fachsprache »Kongruenz«). Es bedeutet, daß der Therapeut immer »er selber« ist und sich nicht hinter der autoritären – oder auch liberalen – Fassade eines professionellen Besserwissers verbirgt. Mit anderen Worten: es besteht eine echte menschliche Beziehung zwischen ihm und dem Klienten.

Im folgenden Therapie-Ausschnitt wird der Fortschritt, den Christine in 30 Behandlungsstunden gemacht hat, ziemlich klar. Er zeigt sich vor allem darin, daß sie ihre Gefühle, positive wie negative, bewußt erlebt und auch akzeptiert. Sie hat begriffen, daß sie sich in ihrem bisherigen Leben nie traute, etwas offen abzulehnen. Anders ausgedrückt: sie konnte nicht nein sagen. Statt dessen hat sie ihre Auftraggeber »reingelegt«, indem sie vieles falsch machte oder einfach vergaß. Das bereitete ihr einerseits Befriedigung, andererseits litt sie unter quälenden Schuldgefühlen. Aus diesem Zwiespalt entstand ihre Depression. Inzwischen ist sie nicht mehr »hin und her gerissen«, sondern bekennt sich zu dem, was sie ist und was sie wirklich will, auch wenn das hart und unbequem ist.

*Chr.:* »Vorige Woche habe ich zu meinem Mann gesagt: Mach deinen Garten selber. Ich kann heute nicht, ich will mir einen Rock nähen.«

*Th.:* »Das ist Ihnen schwer gefallen, wie?«

*Chr.:* »Ziemlich. Ich hatte Angst, daß es Ärger geben würde. Aber es hat keinen gegeben. Wissen Sie, was er gesagt hat? Einfach o. k.!«

*Th.,* lachend: »Das hat Sie wohl mächtig erleichtert?«

*Chr.:* »Weiß Gott. Den Garten haben wir dann Samstag zusammen gemacht, das war richtig nett. Allerdings habe ich mich später geärgert, weil ich immer noch seine Anweisungen befolgt habe. Das ist so seine Art, wissen Sie. Er spielt gern den Chef.«

*Th.:* »Sie haben sich nicht über ihn geärgert, sondern über sich selber?«

*Chr.:* »Natürlich. Ich bin ja erwachsen. Ich kann ja auch was! Also, das werde ich noch ändern.« Lange Pause. »Es hat sich ja schon viel geändert. Auch mit den Kindern.«

*Th.:* »Ihre Beziehung zu ihnen?«

*Chr.:* »Ja. Auch die Beziehung der Kinder zu mir. Neulich zum Beispiel hatte ich sie in der Badewanne. Sie machten eine fürchterliche Plantscherei, mein Kleid war pitschnaß. Ich habe wahnsinnig geschimpft, und mitten drin dachte ich plötzlich: Darf man denn seine Kinder so behandeln? Und wissen Sie, was der Junge sagte? Er sagte: Du schimpfst jetzt immer so schön. Ich fragte verblüfft: Warum ist das denn schön? Da sagte er ...« Ihr kommen plötzlich die Tränen. »Er sagte: Früher hast du nie geschimpft, aber da warst du immer so traurig, da habe ich immer Angst vor dir gehabt.«

Christine verläßt die Therapie nach der 38. Stunde. Es ist ihr eigener Entschluß. Sie sieht jetzt sich und ihr Leben anders. Bestimmte eingefahrene Vorstellungen von sich selber, von Menschen und Dingen hat sie als starre Konstrukte erkannt. Und sie hat jetzt die Freiheit gewonnen, sich weiter zu verändern, um eine »runde« Persönlichkeit zu werden.

Es scheint, daß die Beziehung zu ihrem Mann noch nicht ganz geklärt ist, doch sie glaubt, daß sie das allein schaffen wird. Sie weiß, daß sie jederzeit in die Therapie zurückkommen kann, sollten sich neue Probleme ergeben, mit denen sie nicht fertig wird. Dieses Wissen gibt ihr eine beruhigende Sicherheit.

Der Amerikaner Carl R. Rogers, geboren 1902, kommt, wie die meisten klinischen Psychologen seiner Generation, von der Psychoanalyse her. Und wie viele andere (einschließlich mancher direkter Freud-Schüler) konnten ihn deren Erfolge in der Praxis nicht befriedigen.

So versuchte er schon in den dreißiger Jahren aus seiner Arbeitserfahrung bei einer Erziehungsberatungsstelle neue Methoden zu entwickeln, die zu brauchbaren Ergebnissen führen konnten. Dabei entfernte er sich immer mehr von dem gängigen therapeutischen Modell, das dem Patienten eine bestimmte Rolle zuweist, nämlich die des Leidenden, Ratsuchenden, dem der »allwissende« Therapeut von hoher, mystischer Warte Deutungen und Ratschläge gibt und ihn dadurch noch mehr in die Position des kleinen Mannes drängt.

Für Rogers ist der Patient kein medizinischer Fall, er betrachtet ihn vielmehr als Gleichberechtigten als eine Art Arbeitspartner, und nennt ihn, um das auch äußerlich deutlich zu machen, »Klienten«. Der Klient unterwirft sich nicht dem Urteil oder dem weisen Rat eines Experten, sondern läßt sich vom Therapeuten helfen, die eigenen Kräfte zu mobilisieren, um mit den gegenwärtigen und zukünftigen Problemen besser umgehen zu können. Rogers ist nämlich durch experimentell belegte Beobachtungen zu der Überzeugung gekommen, daß im Menschen enorme Kräfte zur Selbstheilung und Selbstverwirklichung stecken, die es nur freizusetzen gilt. Mit anderen Worten: tief innen weiß der Klient selber am besten, welche Richtung einzuschlagen ist, er braucht nur einen erfahrenen Gefährten, der ihm hilft, diese Richtung klar zu erkennen. Hierfür sind Geduld und Feinfühligkeit wichtigste Instrumente des Therapeuten, denn er muß seine Interpretationen und Angebote behutsam und zeitlich so anbringen, daß der Klient sie für sich annehmen kann.

Im Jahre 1942 entwickelte Rogers in seinem Buch »*Counseling and Psychotherapy*« (deutsch: »Die nicht-direktive Beratung«)* erstmals sein Konzept der Gesprächspsychotherapie, in dem schon die berühmten »Rogers-Variablen« als Behandlungsgrundlage enthalten waren:

1. Vollständiges, bedingungs- und wertfreies Akzeptieren des Klienten.
2. Sensibles, einfühlendes Verständnis für dessen psychische Situation.
3. Ungeheuchelte Echtheit oder Kongruenz, d. h. der Therapeut bringt sich mit seiner ganzen Person in die therapeutische Situation ein ohne die Attitüde des Experten.

Das Buch rief unter Fachleuten eine lebhafte Diskussion wach und wurde von den Vertretern der herkömmlichen Thera-

* Erschienen 1972 im Kindler Verlag, München

pieformen scharf angegriffen. Rogers, inzwischen Professor für Klinische Psychologie, ließ sich dadurch von seiner Idee nicht abbringen, er begann seinen zunächst intuitiv-pragmatisch erarbeiteten Ansatz in ständigen Diskussionen mit seinen Studenten systematisch weiterzuentwickeln und schaffte damit einen theoretischen Bezugsrahmen. Daraus entstand das 1951 veröffentlichte Buch *Client-Centered-Therapy* (deutsch: »Die klient-bezogene Gesprächspsychotherapie«)*.

Während der nächsten Jahre untermauerte er sein Konzept in intensiver Forschungsarbeit, wobei das Tonband und später das Videogerät als Kontrollinstrumente eine wichtige Rolle spielten. Im Laufe dieser Forschungsarbeit erwiesen sich die von ihm für wesentlich erachteten Merkmale des Therapeutenverhaltens – die »Rogers-Variablen« – als notwendige Bedingungen für effektive seelische Veränderungen.

Als Rogers mit seiner Arbeit begann, war die Psychotherapie in den USA noch ausschließlich Domäne der Psychiater, d. h., der etablierten Mediziner. Rogers betätigte sich deshalb offiziell als *Counselor* (Berater) und nicht als Psychotherapeut. Daß sich dies inzwischen geändert hat und in den meisten amerikanischen Staaten der Klinische Psychologe als Psychotherapeut gesetzlich anerkannt wird, ist nicht zuletzt auch sein Verdienst.

Ähnlich wie Freud sein psychoanalytisches Denksystem auf den gesamtgesellschaftlichen Bereich anzuwenden suchte, arbeitete Rogers seine Konzepte soweit aus, daß er sie als Grundlagenbedingungen jeder Art von menschlicher Beziehung – auch im Politischen – postulieren konnte. Diese Entwicklung fand ihren Höhepunkt in der internationalen Ausbreitung der Encounter-Bewegung. Sie ging aus von La Jolla, Kalifornien, wo Rogers seit zehn Jahren als Resident Fellow am *Center for Studies of the Person* tätig ist. In den Encounter-Gruppen wird die offene, echte menschliche Begegnung mit anderen und die Auseinandersetzung mit der eigenen Person gefördert, analog der gesprächstherapeutischen Beziehung (s. nächstes Kapitel).

Der Anteil, den Carl Rogers am Fortschritt der modernen Psychotherapie hat, ist meiner Auffassung nach nicht geringer als der Sigmund Freuds. Diese Behauptung mag manchem analytischen Fachkollegen als Blasphemie erscheinen, ich

* Erschienen 1973 im Kindler Verlag, München

lasse sie dennoch stehen, beweisen wird man sie ohnehin erst in zwanzig oder dreißig Jahren können.

Die Gesprächspsychotherapie hat während des letzten Jahrzehnts in Deutschland eine enorme Verbreitung gefunden. Ähnlich wie bei der Verhaltenstherapie neigte man deshalb zeitweise dazu, sie als die Behandlungsform schlechthin zu betrachten. Das ist natürlich nicht der Fall. Rogers' Variablen stellen in der Praxis an den Therapeuten manchmal übermenschliche Anforderungen. Denn wer kann schon immer und bei jedem Klienten absolut echt sein, d. h., sich selber ohne Vorbehalte mit seiner ganzen Person in die Therapie einbringen? Das hängt doch sehr von Stimmungen, physischer Kondition und psychischen Klimaverschiebungen ab. Und wer kann schon immer und jeden Klienten, auch den unsympathischsten, bedingungslos und vollkommen wertfrei akzeptieren? Auch der Therapeut hat seine spezifisch psychische Struktur und seinen soziokulturellen Hintergrund mit allen Vor-Urteilen und Wertmaßstäben, die sich daraus ergeben, und die er nicht einfach auslöschen oder vergessen kann. Es wird von ihm erwartet, daß er im Zweifelsfall dem Klienten seine unüberwindliche Antipathie mitteilt und ihn zu einem Kollegen weiterschickt. Was aber, wenn dieser schon bei zwei anderen Kollegen war und mit ihnen nicht zurechtkam? Was, wenn er sagt: Ich möchte bei Ihnen bleiben!? Dann gerät der Therapeut in eine Zwickmühle, aus der er nach den Rogerschen Prinzipien nur schwer herauskommt.

Zum anderen läßt sich keineswegs jede psychische Störung allein durch klientenzentrierte Gesprächstherapie beseitigen. Oft werden nämlich therapeutische Interventionen notwendig, die in Rogers' Konzept nicht enthalten sind. Hier muß der reine Gesprächstherapeut passen.

Carl Rogers, dieser großzügig und völlig undogmatisch denkende Mann, erhebt übrigens nicht den Totalitätsanspruch für seine Behandlungsmethode wie viele Freud-Adepten es taten, und wie der Urschrei-Erfinder Janov es heute noch tut. Mit freundlicher Gelassenheit schaut er von der Höhe seiner Autorität und seines Alters zu, wie andere, jüngere mit seinem Ansatz experimentieren, ihn durch neue Ideen und Erfahrungen ergänzen und so dessen therapeutische Wirksamkeit Schritt für Schritt erweitern.

## 14. Kapitel

# Gestalttherapie: Lücken füllen –
# wieder »ganz« werden

Wir müssen hier für einen Augenblick in die Geschichte der
psychologischen Wissenschaft zurückgreifen. Zu Beginn unseres Jahrhunderts entstand an der Berliner Universität die For-
schungsrichtung der »Gestaltpsychologie«. Im Gegensatz zu
anderen Schulen, die die Seele in ihren Einzelteilen untersuchten oder, wie der Behaviorismus, jedes Verhalten auf ein Reiz-
Reaktions-Muster zurückführten, sahen die Vertreter dieser
Richtung in der ganzheitlichen *Gestalt* die Grundeigenschaft alles Seelischen. Durch sie bekam der Satz von Aristoteles »Das
Ganze ist mehr als die Summe seiner Teile« neue Aktualität,
denn er läßt sich auf fast alle Gebiete menschlicher Existenz
anwenden.

Den »Gestalt«-Satz kann man am Beispiel einer Melodie gut
erklären. Jeder Ton für sich ist melodisch steril; alle Töne auf
einmal gespielt ergeben ein mißtönendes Geräusch. Erst aus
einer bestimmten Folge der Töne entsteht die »Gestalt« der
Melodie. Ihre Qualität, ihre Eigenart, hängt von den Beziehungen der Töne untereinander ab, sowohl bezüglich ihrer Längen
als auch ihrer Abstände voneinander. Ändern sich diese Beziehungen, so ändert sich auch die Melodie, sie gewinnt also eine
andere Gestaltqualität, möglicherweise eine unschöne oder unvollkommene, obwohl jeder Ton für sich derselbe bleibt. Der
Gestalt-Satz gilt auch für die Malerei, überhaupt für jede Art
künstlerischer »Gestaltung«: Jede Farbe für sich ist nichts als
Farbe, erst die Qualität der Beziehung der einzelnen Farbtöne
zueinander ergibt das vollkommene Bild, das Ganze, das mehr
ist als die Summierung aller Einzelteile.

Ein weiteres Gesetz der Gestaltpsychologie ist die »Tendenz
zur guten Gestalt«, auch »Prägnanztendenz« genannt. Es
besagt, daß wir dazu tendieren, unvollkommene (schlechte)
Gestalten als vollkommene (gute) wahrzunehmen. Prägnante
Gestalten sind beispielsweise das gleichseitige Dreieck, das
Quadrat, der Kreis. Drei Punkte auf dem Papier, sofern ihre

Abstände einigermaßen gleich sind, genügen, um daraus ein Dreieck zu erkennen, und aus vier Punkten entsteht automatisch das Bild eines Quadrats. Ebenso wird eine gekrümmte Linie, die zudem nur aus Punkten oder kleinen Strichen bestehen mag, ohne weiteres zum vollkommenen Kreis ergänzt.

Ich habe aus der Fülle gestaltpsychologischer Erkenntnisse und Gesetze nur diese beiden herausgenommen, weil sie den theoretischen Hintergrund bilden zu der Therapie, die Frederick S. Perls (1893–1970) begründet hat. Perls, von seinen Schülern später »Fritz« genannt und unter diesem Namen berühmt geworden, interessierte sich als junger Berliner Neurologe und Psychiater für die Psychoanalyse Sigmund Freuds, ließ sich von der Freud-Schülerin Karen Horney analysieren und wurde dann selber Psychoanalytiker. Doch ähnlich wie Carl Rogers und andere bedeutende Therapeuten befriedigte ihn die psychoanalytische Methode nicht. Nach langen Lern- und Lehrjahren, beeinflußt durch den psychoanalytischen Außenseiter Wilhelm Reich und den Gestaltpsychologen Kurt Goldstein, entwickelte Perls, der inzwischen nach Amerika gegangen war, seine eigene therapeutische Methode.

Perls hat sich nicht gerade gründlich mit der wissenschaftlichen Gestaltpsychologie beschäftigt. Was ihn daran interessierte, war vor allem die Vorstellung von der »unvollkommenen Gestalt« und der Tendenz zur »guten Gestalt«. Der gesunde Mensch ist nach Perls im Grunde auch so eine »gute« Gestalt (man könnte ebenso sagen, ein »vollkommenes Kunstwerk«): ein harmonisches Ganzes, in dem alle Wahrnehmungen, Gefühle, Erfahrungen und Handlungen in einem fließenden Gleichgewicht zueinander stehen.

Der neurotische, also seelisch gestörte Mensch hingegen ist wie die unvollkommene Gestalt, denn er hat aufgrund traumatischer Erfahrungen und Einflüsse in der Kindheit Teile seines Selbst abgespalten, verdrängt, von seiner Wahrnehmung ausgeschlossen, etwa Gefühle wie Haß oder Traurigkeit, etwa Bedürfnisse nach Nähe oder Kontakten, etwa aggressive oder sexuelle Wünsche. Mit anderen Worten: Der neurotische Mensch hat Lücken in seinen Empfindungen und Wahrnehmungen, er ist sich seiner selbst nur teilweise bewußt, und ebenso lückenhaft sieht er seine Umwelt. Auch ist er nicht in der Lage, die jedem Menschen innewohnenden gegensätzlichen Strebungen wie Haß und Liebe, Trauer und Freude, Altruismus und Selbstsucht vollkommen wahrzunehmen und zu akzeptieren, vielmehr neigt er dazu, den unbequemen Teil solcher Gegensatzpaare wegzuschieben, zu verleugnen, nicht zur Kenntnis zu nehmen.

In der Gestalttherapie gilt es, die Lücken in der Persönlichkeit des Klienten zu schließen. Hierbei kommt einem Begriff große Bedeutung zu, den Perls »unfinished business« – unerledigte Geschäfte – nannte. Damit sind unbewältigte Konflikte und Probleme der Vergangenheit gemeint; sie wollen erledigt werden, denn sie beeinträchtigen unsere Gegenwart, bilden sozusagen dunkle Flecken in unserer seelischen Existenz, so daß wir das Hier und Jetzt nicht richtig erleben, daß wir es nur verzerrt und lückenhaft wahrnehmen können. Hierzu Perls: »Das bekannteste der unerledigten Geschäfte ist die Tatsache, daß wir unseren Eltern nicht verziehen haben ... Du kannst den Eltern immer die Schuld zuschieben, wenn du das Du-bist-schuld-Spielchen spielen und sie für deine ganzen Probleme verantwortlich machen willst. Du hältst dich solange im Zustand eines Kindes, bis du willens bist, deine Eltern loszulassen ... Das ist Bestandteil der Therapie – die Eltern loslassen und vor allem ihnen vergeben, was für die meisten das Schwerste ist.«

Die Lücken zu füllen, die Teile seines Selbst, die der Mensch von seiner Wahrnehmung ausgeschlossen hat, wieder zu entdecken und sich zu eigen zu machen, kurz, wieder »ganz« und damit wirklich erwachsen zu werden, das bedeutet in der Gestalttherapie Verantwortung übernehmen für die eigenen Gefühle, Gedanken und Handlungen. Der neurotische Mensch projiziert vieles, was er an sich nicht ertragen kann, auf die Außenwelt. Er erlebt dann etwa die eigene »verleugnete« Aggression als Bedrohung durch die anderen. Oder er projiziert seine sexuellen Wünsche auf andere Menschen, um sich dann über deren Unmoral aufzuregen. Damit entzieht er sich der Verantwortung für seine eigenen Gefühle und Strebungen. In der Therapie wird der Klient dahin gebracht, diese Verantwortung wieder zu übernehmen, die abgespaltenen, projizierten, ungeliebten Anteile in sein Selbst zu integrieren, wieder »ganz« zu werden.

Die Gestalttherapie ist in ihrer Technik ungemein vielseitig und stellt an die Phantasie, die Intuition und Kreativität des Therapeuten enorme Ansprüche. Ich muß daher in diesem Kapitel von dem Prinzip abgehen, einen Therapieausschnitt vorzuführen, da eine solche Darstellung nur bruchstückweise das Wesen der Therapieform dem Leser nahebringen kann. Die Arbeit des

Gestalttherapeuten ist in der hier gebotenen Kürze am besten anhand einiger grundlegender Regeln darzustellen. Franziska Schnell (1982) hat dies in »Kindlers Handbuch Psychologie« ebenso konzis wie anschaulich getan:

*»Das ›Hier und Jetzt‹-Prinzip:* Nur das ist wichtig, was der Klient hier und jetzt, in der Gegenwart, erlebt, fühlt, wahrnimmt. Denn Gefühl und Erleben existieren nur in der Gegenwart, und mit diesem seinem Gefühl und Erleben soll ja der Klient wieder in Berührung kommen. Die Vergangenheit interessiert nur soweit, als sie – als unerledigtes Geschäft – in die Gegenwart hineinreicht. Der Klient nimmt vielleicht wahr, daß er einen Kloß in der Kehle hat, und dabei fällt ihm ein, daß er dieses Gefühl als Kind immer hatte, wenn er von seinem Vater bestraft wurde. Der Therapeut wird ihn bitten, diese Situation ›hier und jetzt‹ noch einmal durchzuspielen. Dabei empfindet der Klient den Zorn wieder, den er damals unterdrückte und der seine Kehle verspannte.

*›Wie‹ statt ›warum‹:* Die Gestalttherapie will nicht erklären, sondern verstehen. Nach dem Warum fragen, nach Ursachen suchen, führt zum ›Darüber-Reden‹, statt zum Erleben. Die Wie-Frage dagegen hilft dem Klienten, sich selbst und seine Gefühle wahrzunehmen und zu erleben. So spricht ein Klient vielleicht recht distanziert darüber, daß er Angst hat und warum das so ist. Der Therapeut aber sieht seine verkrampfte Haltung, seine flache Atmung, die Falte zwischen seinen Augenbrauen und fragt: ›Wie fühlst du dich gerade?‹

*›Ich‹ statt ›es‹ oder ›man‹:* Wenn jemand sagt, ›es ist beängstigend‹ oder ›das tut man nicht‹, so sind das allgemeine Aussagen, die keinen Zusammenhang mit ihm oder seinen Gefühlen zeigen. Sagt er aber ›ich habe Angst‹ oder ›ich kann das nicht leiden‹, so ist er allein durch diese andere Art des Ausdrucks in Kontakt mit seinen Gefühlen der Angst und der Abneigung, und vor allem übernimmt er die Verantwortung dafür. ›Es‹ und ›man‹ hingegen ist irgend etwas außerhalb eines Menschen, für das er nichts kann und mit dem er direkt nichts zu tun hat. Deshalb weisen Gestalttherapeuten ihre Klienten immer wieder auf diese Sprachunterschiede hin.

Neben diesen Grundregeln oder, wie Perls sagte, ›den Beinen, auf denen die Gestalttherapie geht und steht‹, gibt es viele wirkungsvolle und oft phantasievolle Möglichkeiten, dem Klienten zu helfen, wieder in Kontakt mit sich selber und seinen abgespaltenen Persönlichkeitsanteilen zu treten.

*Der Dialog:* Spricht ein Klient über seine Gefühle gegenüber einer anderen Person, zum Beispiel seiner Mutter, so schlägt der Therapeut vor: ›Sag es ihr selbst! Stell dir vor, sie sitzt hier auf diesem Stuhl, und nun sag ihr, was du fühlst.‹ Ein solcher Dialog mit dem ›empty chair‹, dem leeren Stuhl, scheint zunächst künstlich und aufgesetzt zu sein. Wer ihn aber selber oder in einer Gruppe erlebt hat, weiß, wie sehr er in Kontakt mit den eigenen Gefühlen bringt, wie plötzlich all das Nichtgesagte und Unterdrückte hochkommt – ein unerledigtes Geschäft eben, das hier und jetzt die Chance hat, erledigt zu werden.

Ein Dialog ist auch möglich zwischen zwei entgegengesetzten Strebungen im Klienten, zum Beispiel zwischen dem netten, angepaßten Teil in uns und der aggressiven, bösartigen Hälfte, die auch zu unserem Wesen gehört.

*Die Arbeit mit dem Traum:* Sie ist in der Gestalttherapie ungemein wichtig. Für Perls war der Traum ›der unmittelbarste Ausdruck der Existenz des menschlichen Wesens‹. Die verschiedenen Träume sind Bruchstücke unserer Persönlichkeit, und es gilt, ›uns diese projizierten, auseinandergebrochenen Teile unserer Persönlichkeit sowie auch das verborgene Potential, das im Traum erscheint, wieder zu eigen zu machen‹. So wird der Gestalttherapeut den Klienten, der einen Traum erzählt hat, auffordern, das zu sein, was in seinem Traum vorkam, etwa: ›Sei das Kind in deinem Traum. Was sagt es?‹

Die Traumarbeit der Gestalttherapie ist eines der faszinierenden Beispiele dafür, wie sich aus verschiedenen Einzelstücken eine harmonische Gestalt ergibt und auch, wie ein Mensch die Bruchstücke seines Selbst plötzlich als zu sich gehörig erkennt, wie dann bei ihm das Gefühl wächst, ganz und vollständig zu sein, wieder in sich zu ruhen.«

Die Gestalttherapie hat seit ihrem Entstehen in den vierziger Jahren immer mehr Anhänger gefunden. Ihr steigender Erfolg hing primär mit der ungewöhnlichen Persönlichkeit ihres Schöpfers zusammen, die man als eine Mischung aus hoher Intelligenz, geistiger Unabhängigkeit, Härte, Weisheit und Witz bezeichnen kann.

»Fritz« Perls arbeitete bis zu seinem Tode unablässig mit Klienten aus aller Welt (davon viele aus Deutschland), die ihn in Kalifornien aufsuchten, um an seinen therapeutischen Gruppen teilzunehmen. Indessen wurde seine Methode lange Zeit von den Fachleuten nicht ernstgenommen, vor allem deshalb, weil er nie ein klares, detailliertes wissenschaftliches Theorienkonzept vorlegte; das haben erst seine bedeutendsten Schüler Erving und Miriam Polster besorgt.

Ein Totalitätsanspruch für die Gestalt-Methode wird freilich von keinem seiner Nachfolger gestellt; das wäre wohl auch nicht im Sinne von Perls, der bei seiner Arbeit mit dem Klienten nie an starren Prinzipien festhielt, sondern der Intuition, der Phantasie und dem plötzlichen Einfall größten Spielraum ließ und durchaus Elemente der Psychoanalyse, der Jungschen Analytischen Psychologie oder des Behaviorismus mit einbezog.

Wie alle anderen Therapieformen ist auch die Gestalttherapie nicht auf jeden Klienten »zugeschnitten«, d. h. nicht jeder neurotische Mensch ist seiner psychischen Struktur und seiner Symptomatik nach fähig, auf ihre Techniken erfolgreich zu reagieren, so z. B. beim Dialog mit dem »empty chair« oder bei der unorthodoxen Bearbeitung von Trauminhalten. Wichtig erscheint mir allerdings, daß ein Psychotherapeut, welcher Couleur auch immer, sich mit dem Gestalt-Ansatz gründlich befaßt. Denn keine andere Methode ist so flexibel und variantenreich wie die von Frederick S. Perls und daher so geeignet, wenigstens in Teilen in eine andere Therapieform – z. B. die Klientenzentrierte oder die Behavioristische – mit eingebracht zu werden.

## 15. Kapitel

# Die Gruppe: Ich – Du – Wir

Haben Sie Probleme mit sich selber?

Finden Sie, daß Sie mit anderen Menschen nicht so zurechtkommen, wie Sie sich das wünschen?

Dann versuchen Sie es mit einer Gruppe!

Es gibt viele Arten von Gruppen: psychoanalytische, transak-
tionale, Gestalt-, Psychodrama –, ja auch der Urschrei wird in
Gruppen zelebriert. In allen kann Wichtiges, Dramatisches,
Heilendes geschehen, sie alle arbeiten nach bewährten Kon-
zepten. Welche von ihnen man wählt, ist Geschmackssache.
Oder auch Erfahrungssache.

Ich schreibe hier über die Encounter-Gruppe (nach Carl Rogers): für mich ist sie die natürlichste und deshalb effektivste.
Denn ihre Wirkung wird durch keine Ideologie und keinen
Maestro bestimmt, sondern durch das »Encounter«, ein Begriff, der am besten zu übersetzen ist mit »menschliche Begegnung«.

Menschliche Begegnung kann freilich überall stattfinden, auf
der Straße, im Restaurant, am Arbeitsplatz und natürlich auf
der Party. Aber wie menschlich ist die? »Guten Tag, wie
geht's?« – »Danke, ausgezeichnet.« Kaum jemand sagt, wie es
ihm wirklich geht, der andere will das ja auch gar nicht so genau
wissen. Danach das Fußball- oder Fernsehthema, die Kinder,
die Nachbarn, der Beruf, die Politik. Das alles läuft nach ziemlich dem gleichen Schema immer wieder ab, interessant oft,
manchmal sogar aufregend, aber die Distanz zum andern
bleibt, echte persönliche Probleme werden selten angerührt.

Wir alle tragen unsere Maske, hinter der wir Ängste, Aggressionen oder auch liebevolle Gefühle verbergen. Wir sind von
früh an dazu erzogen, diese Maske zu tragen, um in der Gesellschaft, der wir angehören, unseren Platz behaupten zu können,
oder einen besseren zu erobern.

Doch etwas Wesentliches kommt dabei zu kurz: die Wahrhaf-
tigkeit, die wir für ein erfülltes Leben notwendig brauchen. Da-

durch verschiebt sich alles in eine Welt des Unwirklichen, die aus Konventionen und zahllosen Zwängen besteht. Wir dürfen unsere echten Gefühle nur selten ausdrücken, vor allem nicht die negativen. Wir haben Furcht zu zeigen, wie wir wirklich sind, was wir wirklich empfinden (was könnten die anderen sagen!). Wir spielen nur noch die Rolle, die man von uns erwartet oder von der wir glauben, daß sie die »richtige« sei. Viele werden davon krank. Vielleicht auch Sie?

Wo ist ein Ausweg?

Die Encounter-Gruppe kann helfen. Sie brauchen nur hinzugehen. Es werden keine Bedingungen gestellt, weder Alter noch Bildung, noch gesellschaftliche Stellung ist wichtig. Es zählt dort nicht, was Sie *haben* (an Wissen oder Besitz), sondern *wer* Sie *sind* – in Ihrem Inneren.

Die Gruppe hat keinen Chef oder Führer, nur einen »Facilitator«, oder »Moderator«, ein erfahrenes Mitglied, das helfend eingreift, wenn der »Prozeß« zu stocken droht; denn sie arbeitet von selber, ohne Programm, ohne Vorschrift.

Die Gruppe gibt dem Teilnehmer die Freiheit, zu reden was er will, aber auch zu schweigen, wann er will. Er bekommt keine Anweisungen, er trägt die Verantwortung für sich und sein Tun. Er darf ja sagen und er darf nein sagen – mit einem Wort: er darf er selber sein, mit allen Stärken und Schwächen, die er hat.

Nur zwei Dinge sind verpönt: oberflächliches Gerede und intellektuelle Gespräche.

So einfach ist das. Und so schwierig.

Was ist so schwierig daran?

Besonders der Anfang.

Wenn Sie in eine Gruppe gehen, werden Sie in der ersten Sitzung wahrscheinlich eine Menge Unbehagen spüren. Da hocken rund zehn Menschen im Kreis, die einander nicht kennen, vielleicht nie gesehen haben. Kein Cocktailglas, an dem Sie sich festhalten, keine Zigarette, mit der Sie sich beschäftigen können. Alkohol und Nikotin setzen die Spannung herab, die Sie brauchen für die ehrliche Auseinandersetzung mit sich selber und mit dem anderen.

Es herrscht allgemeine Unsicherheit. Und garantiert wird nach langem peinlichen Schweigen irgendeiner sagen: »Ja, wozu sind wir eigentlich hier?« Oder: »Ich weiß gar nicht, was ich sagen soll« oder, zum Gruppenleiter gewandt: »Können Sie (kannst du) nicht mal einen Vorschlag machen?« Der

Gruppenleiter wird das wahrscheinlich nicht tun. Wieder Schweigen. Das Unbehagen wächst.

Wir sind nicht gewöhnt, Schweigen zu ertragen. Schweigen gilt als unhöflich oder ungeschickt. »Ein Engel geht durchs Zimmer«, pflegte meine Tante Lisbeth bei solchen Gelegenheiten zu sagen, und nach einem gequälten Lachen gab sich jeder Mühe, das genormte Gespräch wieder in Gang zu bringen.

Auf einer Party von heute würde Tante Lisbeth ihren Scherz nicht mehr anbringen können, denn dort wird Schweigen unter allen Umständen vermieden. Die platteste Bemerkung ist besser als Stille, und meist reden alle aneinander vorbei. In der Gruppe hingegen schweigt man, solange es nichts zu sagen gibt. Und wenn dann geredet wird, so ist es Wesentliches, das sich im Schweigen angestaut hat.

In jeder Gruppe ist immer mindestens einer, der sehr dringend über sich und sein Problem sprechen möchte. Der Zeitpunkt hängt davon ab, wie lange er braucht, um seine Befangenheit zu überwinden. Eine Frau, nennen wir sie Gerda, sagt zum Beispiel plötzlich: »Ich weiß nicht mehr, was ich tun soll.«

»Wieso? Was ist los mit dir?«

»Ich komme mit meinem Mann nicht zurecht . . .« Alle wenden sich ihr zu; das ist ja eine Bemerkung, die man nicht alle Tage zu hören bekommt. »Was meinst du damit?« fragt einer. »Streitet ihr euch?«

»Nein«, sagt Gerda, »das ist ja das Schlimme. Wir streiten uns überhaupt nicht. Es ist einfach alles tot.« Und nach einer Pause, in der sie Mut gefaßt hat: »Ich mag nicht mal mehr mit ihm schlafen. Manchmal ekle ich mich richtig vor ihm, wenn er mich anfaßt. Doch das mag ich ihm nicht sagen, das bringe ich nicht fertig. Aber ich kann auch nicht weg von ihm, es sind ja die Kinder da . . .« Sie spricht nicht weiter, weil ihr die Tränen kommen.

In der Gruppe wird viel geweint und natürlich ebensoviel gelacht. Auch hier wieder der Unterschied zur Party: Dort ist Lachen erwünscht, beinahe Pflicht. Weinen hingegen erregt größten Unwillen. Von zwei wichtigen Gefühlsregungen ist also die eine streng verboten.

Wenn Sie nun ein wohlerzogener Normalbürger sind, so finden Sie Gerdas Geständnis zunächst etwas peinlich. Sie spüren so etwas wie Abwehr. Wahrscheinlich werden Sie denken: Wie kann die so etwas Intimes erzählen? Woher nimmt die das Vertrauen zu uns? Die kennt uns doch gar nicht.

Und wenn Sie sich genau beobachten, werden Sie feststellen, daß hinter Ihrer Abwehr gegen das Intime des anderen Ihre eigene Angst steckt, sich vor der Gruppe zu offenbaren. Vielen anderen wird es anfangs ähnlich gehen. Aber Sie sollten wissen: Solange es Ihnen peinlich ist, brauchen Sie keine Geständnisse zu machen. Im Laufe der Zeit werden Sie lernen, der Gruppe zu vertrauen. Ich habe noch nie erlebt, daß über derartige Offenbarungen nachher geredet oder gar getratscht worden wäre.

Auch das ist ein Unterschied zu konventionellen menschlichen Begegnungen. Es ist möglich, daß die Dame Lo auf einer Schikkeria-Party ihrer Freundin Jo ähnliche Intimitäten über ihre Ehe erzählt. Aber sie tut es sozusagen hinter der vorgehaltenen Hand und mit der Absicht, sich entweder interessant zu machen, oder ihren Mann zu demütigen. Sie kann sicher sein, daß Freundin Jo es in der gleichen Weise weitererzählt. Und daraus erfolgt für niemanden Befreiung oder Erleichterung; das Ergebnis ist hintertückischer Gesellschafts-Klatsch.

Um zu Gerda zurückzukehren: Die Gruppe ist noch nicht so weit, auf ihr Geständnis einzugehen, ihre Mitglieder sind noch zu sehr mit sich selber und ihren Hemmungen beschäftigt. Doch der erste Schritt ist getan: da hat sich jemand geöffnet; sie sehen nun Gerda schon mit anderen Augen, und mancher wünscht sich den Mut, mit seinen Problemen genauso offen herauskommen zu können wie sie.

Peter zum Beispiel möchte gern über seine Ängste sprechen, aber vorläufig klebt er noch am Vergangenen. »Ich hatte damals immer Angst. Vor den anderen in der Schule, vor meinem Vater, vor meinem Lehrer, vor dem Pfarrer.«

»Und wie«, fragt der Gruppenleiter, »hast du diese Angst überwunden?«

Peter: »Ja, das ist eigentlich mein Problem: ich habe sie immer noch.«

»Vor wem?«

»Vor meinem Chef, vor den Kollegen, vor jeder blöden Behörde ...« Peter zögert. Dann gibt er sich einen Ruck. »Und vor euch. Ganz besonders vor dir!«

Da wird zum ersten Mal ein »Hier-und-Jetzt«-Gefühl geäußert, und zwar ein negatives: Angst vor dem andern. Das ist wichtig für den Gruppenprozeß, wichtig für jeden einzelnen.

In unserer Gesellschaft ist es nicht üblich oder sogar gefährlich, negative Gefühle offen auszudrücken. Jemand, der seinem

Chef oder einem Kollegen ins Gesicht sagen würde: »Sie sind mir verdammt unsympathisch« oder: »Ich habe Angst vor Ihnen«, würde mit allerlei Schwierigkeiten rechnen müssen. Denn kein Chef und kaum ein Kollege würde auf die Idee kommen, zu fragen: »Wie empfinden Sie das? Lassen Sie uns darüber reden. Es ist auch für mich wichtig zu erfahren, weshalb Sie mich nicht leiden mögen.«

So aber ist es in der Gruppe. Wenn Sie sich dort in dieser Form offen äußern, werden Sie erleben, daß solche Gefühle akzeptiert werden und daß sich daraus keine katastrophalen Folgen für Sie ergeben. Aus solchen Erfahrungen entwickelt sich immer mehr eine Atmosphäre des Vertrauens, und jetzt werden Sie vielleicht den Mut haben, etwas über sich mitzuteilen, was Sie bisher vor anderen peinlichst verborgen hielten. Etwa wie Klaus das tut.

Er sagt zu Gerda: »Zuerst konnte ich dich gut leiden. Aber seit du das mit deinem Mann erzählt hast, habe ich eine richtige Abneigung gegen dich.«

»Warum?« fragt Gerda erschrocken.

»Ich kann deinen Mann gut verstehen. Eigentlich fühle ich mich solidarisch mit ihm.«

»Wieso denn? Das begreife ich nicht.«

»Weil ich auch so eine Frau habe«, sagt Klaus.

»Eine wie mich?«

»Ja. Für deinen Mann muß das schlimm sein. Genau wie für mich.«

»Aber ich zeig's ihm doch nicht.«

»Genau wie meine Frau«, sagt Klaus, »die zeigt's mir auch nicht, die ist meistens freundlich und höflich, macht alles prima, den Haushalt und das Kind und so weiter, aber ich komme nie an sie ran.«

»Wieso kommst du nie an sie ran?« fragt Peter.

»Das ist wie eine Wand zwischen uns, eine Wand, die sie aufgerichtet hat. Und abends im Bett, da ist sie müde oder sie fühlt sich nicht wohl, irgendeine Ausrede hat sie immer, sehr freundlich natürlich, aber ich spüre, daß sie mich nicht mag, daß sie mich vielleicht sogar haßt. Und reden kann ich nicht mit ihr darüber, auch da komme ich nicht an sie ran. Das Schlimme ist, daß ich sie liebe. Ihr glaubt nicht, wie schrecklich das ist ...«

Und nun bricht auch Klaus, der große, starke Kerl, in Tränen aus.

Gerda ist plötzlich ganz aus der Fassung. Sie stürzt zu ihm hin, legt ihm die Arme um die Schultern. »Klaus, ist das wirklich so schrecklich? – Ja, natürlich muß das schrecklich sein!« Und nach einer Weile, ebenfalls weinend: »Ich glaube, ich bin ein ziemliches Biest.«

Ist damit das Problem von Klaus und Gerda gelöst? Gewiß nicht. Aber sie haben noch nie so darüber gesprochen wie hier, vielleicht haben sie's überhaupt zum ersten Mal getan.

Was Gerda betrifft: Vielleicht hat sie dabei gelernt, sich ein bißchen anders zu sehen, ehrlicher, selbstkritischer, daraus ergeben sich Lösungsmöglichkeiten.

Und Klaus? Er braucht sein Problem nicht mehr ganz allein mit sich herumzutragen, zum ersten Mal fühlt er sich von einem anderen verstanden, von einer Frau, die so ist wie seine.

Das Sich-verstanden-Fühlen ist eines der großen Erlebnisse in der Gruppe. Und dann die Erkenntnis: Mein Gott, der oder die da drüben hat fast die gleichen Sorgen wie ich: Ängste, Unsicherheiten, Mißtrauen oder das bange Gefühl, nicht geliebt zu werden. Es ist ein Ich-Erlebnis, ein Du-Erlebnis und ein Wir-Erlebnis.

Das Klima zunehmenden Vertrauens führt natürlicherweise zu Körperkontakten, Berührungen, Umarmungen, tröstendem Streicheln.

Haben Sie eine Abneigung dagegen? Wenn ja, dann stehen Sie in unserer Gesellschaft damit nicht allein. Umarmungen unter Männern – da taucht automatisch der leise Verdacht der Homosexualität auf, Umarmungen zwischen Mann und Frau: Aha, die haben was miteinander.

Carl R. Rogers schreibt darüber in seinem Buch *On Encounter Groups* (deutsch: Encounter Gruppen)[*]: »Ich glaube, daß unsere Gesellschaft hinsichtlich körperlicher Berührungen entsetzlich unfrei ist. Sie unterstellt ihnen immer nur eine Bedeutung: die sexuelle. Auf diese Weise bringen wir uns um sehr viel Wärme und Unterstützung.«

Freilich verursachen menschliche Nähe, Offenheit der Gefühle, unbefangene Körperkontakte in der Gruppe häufig eine Atmosphäre der Erotik. Aber sie ist anders als beispielsweise auf Partys oder im Büro, weniger verdeckt, weniger zielgerichtet, weniger »klebrig«, weil sie mit dem Mit-Leiden und Mit-Fühlen verbunden ist. Ein Mensch – Mann oder Frau –, der in der Gruppe andere liebevoll umarmt, bei dem sublimiert sich

[*] Erschienen 1974 im Kindler Verlag, München

174

sexueller Stau in humane Zärtlichkeit. Ein sexuell Gehemmter andererseits wird freier, unbefangener, seine Verklemmungen lösen sich.

In diesem Klima beginnen immer mehr Mitglieder einander ihre persönlichen Gefühle mitzuteilen, im Positiven wie im Negativen. »Ich kann dich nicht ausstehen, wenn du so daherredest.« – »Ich fühle mich durch dein ewiges Schweigen bedroht!« Oder: »Ich mag dich.« – »Ich habe dich richtig gern, weil du so offen bist.« Das sind Äußerungen, die Sie in einer gut laufenden Gruppe häufig hören können. Mit der Zeit werden auch Sie lernen, sich so zu verhalten. Sie werden dadurch an Freiheit gewinnen, sich selber und anderen gegenüber. Dieser Prozeß des Frei-Werdens bedeutet in jedem Fall ein Stück Heilung.

Das Gruppenerlebnis mag für Sie schmerzhaft sein. Sich selber zu erkennen oder von anderen erkannt zu werden verursacht meist Schmerzen. Sie haben jederzeit die Möglichkeit, aus der Gruppe »auszusteigen«. Aber tun Sie es nicht einfach deshalb, weil jemand Ihnen weh getan hat. Weh tun gehört dazu.

Eine Gruppe kann über Monate laufen, es finden sich dann die Mitglieder einmal in der Woche für ein paar Stunden zusammen; sie kann aber auch nach dem Marathon-Prinzip arbeiten – ein Wochenende mit 20 bis 30 Stunden. Fast immer bringt sie für den Teilnehmer Veränderungen, zum mindesten wichtige Erkenntnisse über sich selber.

Ich kenne Menschen, die regelmäßig alle zwei Jahre an einer Gruppe teilnehmen, »um mal wieder die seelischen Verkrustungen dieser Alkohol-Party-Fernseh-Fußball-Roboter-Geld-verdien-Heuchel-Gesellschaft loszuwerden«, wie einer es formulierte.

Ich kenne auch welche mit schlechten Erfahrungen. »Gruppe?« sagte mir einer von ihnen. »Einmal und nicht wieder. Das ist doch Hokuspokus. Frei soll die machen? Angst habe ich gekriegt!«

Woran lag das bei ihm? Dafür gibt es zwei Erklärungen. Entweder er war seelisch so labil, daß er die Offenheit und gelegentliche Härte der Gruppe nicht ertrug (für ihn wäre eine Einzeltherapie zunächst besser gewesen), oder aber er war an einen ungeeigneten Gruppenleiter geraten.

Denn darüber gibt es keinen Zweifel: Mit Gruppen kann auch viel Unfug getrieben werden. Eine Gruppe nämlich kann jeder aufmachen. Jeder kann sich die Aura eines Guru zulegen und einer Schar Einsamer oder Neugieriger irgendeinen Unsinn verkaufen.

Nun ist in unserem Lande weder das Treiben harmlosen Unfugs, noch der Verkauf von Unsinn verboten, und wer seelisch robust genug ist, wird keinen Schaden dabei nehmen. Problematisch indessen wird die Sache für den psychisch Labilen. Mir sind da zwei abschreckende Beispiele in Erinnerung:

- Ein junger Mann litt unter Selbstunsicherheit, fühlte sich minderwertig und hatte entsprechende Kontaktschwierigkeiten. Er suchte Hilfe in einer Gruppe, fand aber kein Gehör für seine Probleme, im Gegenteil, die Gruppe lehnte ihn ab, griff ihn an, »machte ihn fertig«, und der Gruppenleiter erklärte ihm, er müsse sich eben einfügen, andernfalls könne ihm niemand mehr helfen. – Es war nicht leicht, ihn in der Einzeltherapie so wieder aufzubauen, daß er seine Selbstmordideen überwand.

- Ein junges Mädchen mit sexuellen Ängsten schloß sich einer Gruppe an, die ein Student leitete. Dieser Herr verkündete als soziales Allheilmittel die absolute sexuelle Freiheit. Das junge Mädchen verliebte sich in ihn und ging bereitwillig mit ihm ins Bett. Für sie war es das große Erlebnis, für ihn dagegen nur das Abenteuer einer Defloration. Zwei Wochen später erklärte er ihr, sie sei nun »gruppenreif« und wandte sich einer anderen Anbeterin zu. Das Mädchen landete mit schweren Depressionen in einer psychiatrischen Klinik.

Wenn Sie in eine Gruppe gehen, sprechen Sie vorher mit dem Leiter und sehen Sie sich ihn genau an. Er muß nicht unbedingt studierter Psychologe sein, es gibt hervorragend ausgebildete Gruppenleiter ohne abgeschlossenes Studium. Allerdings bietet das akademische Kürzel »Dipl.-Psych.« vor oder hinter dem Namen einige Gewähr dafür, daß es sich nicht um einen Scharlatan handelt. Im übrigen vertrauen Sie bei diesem Gespräch auf Ihr Gefühl.

Ganz allgemein warne ich den Unerfahrenen:

- vor dem »Gruppenscheich«. Dies ist ein Mann, der seinen Narzißmus (das Verliebtsein in sich selber) als Gruppenleiter auslebt; die Gruppe ist für ihn ein Mittel zum Zweck. Man erkennt ihn daran, daß er sich ziemlich autoritär gibt, daß er alles weiß, für alles eine psychologische Erklärung hat und fast immer über eine Anzahl glühender Verehrer verfügt, denen er je nach Laune die Gnade seiner Zuneigung schenkt.

- vor dem »Gruppenprofi«. Er (oder sie) hat schon mindestens zehn Gruppen mitgemacht, weiß genau, wie die Sache laufen muß und reißt – wenn der Leiter zu schwach ist – die Führung rasch an sich. Er labert sich wortreich über sein Ich aus, attackiert und analysiert andere und verhindert durch sein unentwegtes Agieren, daß aus der Gruppe eine wirkliche menschliche Gemeinschaft wird. Lassen Sie sich von ihm nicht einschüchtern!

- vor dem Gruppendruck. Dies ist ein Phänomen, das in nahezu allen Gruppen auftritt und das den einzelnen oft zwingt, etwas zu sagen oder zu tun, was er gar nicht will, weil er glaubt, die Gruppe werde ihn sonst nicht akzeptieren. Widerstehen Sie diesem Druck, man wird Sie dennoch oder gerade deswegen akzeptieren, sofern die Gruppe bzw. deren Leiter etwas taugt.

Trotz solcher Vorbehalte: Wenn Sie mit sich allein nicht zurechtkommen – versuchen Sie es mit einer Gruppe. Sie werden es kaum bereuen. Für diesen Fall gebe ich ein paar wichtige Ratschläge an Sie weiter, die ich dem Buch »Psychoboom« von George R. Bach und Haja Molter entnommen habe:

1. Sie sind für Ihr Erleben, Tun und Handeln in der Gruppe verantwortlich. Die Teilnahme ist Ihre persönliche Entscheidung.
2. Übernehmen Sie auch die Verantwortung für Ihre Gefühle, auch die sogenannten negativen. Versuchen Sie, diese direkt auszusprechen, anstatt sie hinter Fragen, Vermutungen und Verallgemeinerungen zu verstecken.
3. Sprechen Sie für sich selber, nicht für andere. Vermeiden Sie Ausdrücke wie »man tut dies oder das (nicht)«, »wir sind alle hier der Meinung«, oder: »es war schon immer so«.
4. Vermeiden Sie, andere auszufragen. Hinter Ihren Fragen stehen meistens Vermutungen oder Hypothesen. Sprechen Sie diese direkt aus. Fragen, besonders Warum-Fragen, drängen in die Verteidigungshaltung.
5. Reden Sie nicht über Teilnehmer, sondern sprechen Sie diese direkt an.
6. Vermeiden Sie Klatsch über Abwesende.
7. Wenn Sie die Worte »ich kann nicht« als Entschuldigung gebrauchen, weil Sie eine Übung nicht mitmachen wollen,

überlegen Sie, ob »ich will nicht« oder »mir paßt das nicht« eine aufrichtigere Antwort ist.

8. Störungen haben absoluten Vorrang.

Um den Leser nicht zu einseitig zu informieren, gebe ich noch ein paar Hinweise auf andere therapeutische Gruppenmethoden, auch hier ohne Anspruch auf Vollständigkeit:

*Die Analytische Gruppe.* Hier schafft der Therapeut eine Atmosphäre, die den einzelnen ermutigt, sich über seine Verhaltensweisen, Gefühle und Gedanken in Vergangenheit und Gegenwart zu äußern. Er gibt Deutungen und Interpretationen, wobei er sich gelegentlich der übrigen Gruppenmitglieder als Hilfstherapeuten bedient. Die in der Einzeltherapie wichtige »Übertragung« (der Patient erlebt den Analytiker z. B. als Vater) vervielfältigt sich, d. h., der Patient erlebt vergangene Gefühle und Konflikte aufs neue in der »Familien«-Konstellation der Therapiegruppe.

*Die Gestaltgruppe.* Der Gestalttherapeut versucht, den Klienten durch Konfrontation mit sich selber dahin zu führen, daß er seine Persönlichkeitslücken schließen und sich als Ganzes (als Gestalt) erleben kann. In der Gruppe geschieht dies auf dem sogenannten »heißen Stuhl«, auf den sich jeder setzen kann, der mit dem Therapeuten arbeiten will. Der Therapeut achtet nicht nur darauf, was der Klient sagt, sondern auch, wie er es sagt (Klangfarbe, Gesichtsausdruck, Körperhaltung, Gesten). Gelegentlich fordert er ihn heraus, an einem Rollenspiel zwischen zwei Seiten seiner Persönlichkeit teilzunehmen oder einen Traum in allen seinen Teilen vorzuspielen. Die Gruppe schaut dabei hauptsächlich zu, gibt aber jedenfalls »Feedback«, d. h., sie äußert sich darüber, wie sie den Klienten auf dem heißen Stuhl erlebt und beurteilt. (s. auch 15. Kapitel.)

*Psychodrama.* Hier agieren die Gruppenmitglieder ihre Konflikte im Rollenspiel allein oder mit anderen aus. Z. B. spielt eine Teilnehmerin, die Schwierigkeiten mit ihrer Mutter hat, deren Rolle, während eine andere ihre eigene übernimmt – oder umgekehrt. Beim Psychodrama lernt der Patient nicht nur seine eigenen Gefühle kennen und auszudrücken, er lernt auch die Gefühle anderer zu begreifen, deren Rollen er spielt.

*Verhaltenstherapeutische Gruppe.* Für das verhaltenstherapeutische Konzept ist die Gruppenarbeit von besonderer Bedeutung, weil das Üben bestimmter Angstsituationen im Zusammenspiel mit anderen wirksamer ist.

# Der Therapeut

## Seine Verantwortung, sein Können,
## seine (Miß-)Erfolge

Ich denke an eine Klientin, die wegen einer Depression zu mir kam. Ihr Arzt hatte sie zwei Jahre lang mit Valium gefüttert, natürlich mit verheerendem Erfolg. Zwar machen Valium und ähnliche Tranquilizer nicht süchtig im Sinne von Rauschgiften, bei längerem Gebrauch aber gerät der Mensch in eine Art Abhängigkeit, weil er meint, ohne die sanfte Pille gehe gar nichts mehr und deshalb mit ihr schon den Tag beginnt – »für alle Fälle!«

Diese Abhängigkeit spürte die Klientin, wollte davon loskommen und setzte nun ihre Hoffnung auf Psychotherapie. Ihr Problem: Eine ausgeleierte Ehe, ein gestörtes Verhältnis zu ihren heranwachsenden Kindern und schließlich »dieses Gefühl von Leere und Lustlosigkeit, nichts macht mehr Freude, obwohl wir uns doch jetzt alles leisten können«. Gelegentlich spielte sie mit Selbstmordgedanken.

Nach den ersten Sitzungen ging sie jeweils hochgestimmt nach Hause, eine Folge des Primärerlebnisses, das am Anfang fast jeder Behandlung steht: Zum ersten Mal hatte sie ausführlich über sich und ihre Sorgen sprechen können, und ein anderer, noch dazu ein »Fachmann«, hatte ihr geduldig zugehört. Bald jedoch versiegte der Strom ihrer Mitteilungen, es war, wie sie sagte, nichts mehr zu berichten. Sie sah mich dann erwartungsvoll an, und ich spürte die stumme Aufforderung: Nun tu mal was für dein Geld!

Alle Versuche, gemeinsam in die tieferen Schichten ihrer Gefühlswelt einzudringen, blieben vergeblich. Sie schien unfähig zu begreifen, daß Psychotherapie nicht Tröstung, sondern intensive Arbeit bedeutet, die mit Enttäuschungen und Schmerzen verbunden ist. Ihre uneingestandene Angst vor peinlichen Entdeckungen war größer als der Wille zur Selbstverwirklichung. Schließlich fragte sie, ob es nicht besser mit Hypnose ginge, und als ich verneinte, blieb sie weg.

Eine Niederlage. Für sie. Und für mich.

Über Mißerfolge im Bereich der Psychotherapeutik hört man wenig, weniger noch als in dem der Medizin. Publiziert werden fast ausschließlich erfolgreiche Fälle. Das ist menschlich verständlich, hat aber den Nachteil, daß die Öffentlichkeit unzureichend über klinische Effizienzen und therapeutische Möglichkeiten informiert wird.

Was ist eine erfolgreiche Behandlung? Von wem hängt Erfolg oder Mißerfolg ab? In jedem Fall von Therapeut *und* Klient, wobei der größere Teil der Verantwortung beim ersteren liegt. Der Psychotherapeut gibt keine Spritzen, verschreibt keine Medikamente und erteilt (hoffentlich!) keine wohlgemeinten Ratschläge. Die Qualität seiner Arbeit hängt weitgehend ab von der Qualität der Beziehung zwischen ihm und dem Klienten.

Diese Beziehung ist rein menschlicher Natur, das bedeutet, daß der Therapeut sich selber, so wie er ist, einbringen muß, und daß er auf die Attitüde des Meisters von vornherein verzichtet. Persönliche Bescheidenheit und ein sensibles Verständnis für die Welt des Klienten und dessen Schwierigkeiten bilden die Grundlage für jede Art von psychologischer Behandlung. Das heißt natürlich nicht, daß der Therapeut seine Gefühle vorsätzlich in rosa Wolken des Wohlwollens und der Liebenswürdigkeit einhüllt. Es gibt Therapeut–Klient–Konstellationen, die aufgrund extrem unterschiedlicher Persönlichkeitsstrukturen von vornherein den Erfolg ausschließen. Solche Unterschiede zu erkennen, ist Sache des Therapeuten. Er sollte in diesem Falle seine emotionalen Schwierigkeiten dem Klienten mitteilen und ihn an einen Kollegen oder eine Kollegin überweisen.

Das alles erfordert viel Ehrlichkeit, Selbstkritik und eine immerwährende Lernfähigkeit. Sind diese Voraussetzungen vorhanden, dann verliert die Frage nach der Therapieform – der »Schule« – eigentlich an Bedeutung. Allerdings sind mir jene Kollegen nicht ganz geheuer, die auf eine einzige therapeutische Technik schwören und alle anderen Richtungen als »unwissenschaftlich« oder »oberflächlich« denunzieren. Die psychischen Strukturen des Menschen sind viel zu kompliziert, die Krankheitsbilder zu differenziert, als daß es eine Einheitsmethode für ihre Behandlung geben könnte, von einer Einheitstheorie ganz zu schweigen.

Hierzu wäre noch einmal Freud zu zitieren: »Es gibt viele Arten und Wege der Psychotherapie. Alle sind gut, die zum Ziel der Heilung führen.«

Aus diesem Grunde sollte ein guter Psychotherapeut neben der von ihm bevorzugten Methode noch andere Interventionstechniken beherrschen, um bestimmte Störungen auch mehrdimensional angehen zu können. Denn, wie der amerikanische Psychologe Abraham Maslow einmal sagte: Wer als einziges Werkzeug einen Hammer hat, neigt dazu, alles wie einen Nagel zu behandeln.

Solchermaßen informiert, mag der sogenannte Laie in leichte Verwirrung geraten. An wen soll er sich wenden? Wer garantiert ihm die bestmögliche Behandlung? Abgesehen von der Empfehlung, auf den Titel »Diplom-Psychologe« bzw. beim Mediziner auf den Zusatztitel »Psychotherapie« zu achten, fällt mir hierzu nichts besseres ein als ein Satz von Thomas Kiernan: »Im übrigen neigen Analytiker genauso zur Heuchelei wie andere Menschen.« Diese knappe Wahrheit trifft natürlich auch auf die Vertreter aller übrigen Richtungen zu. Der Klient sollte sich daher bei der Auswahl des Therapeuten auf nichts anderes verlassen als auf sein Gefühl, das ihm mit Sicherheit sagen wird, ob er ihm vertrauen kann oder nicht.

Um am Ende noch einmal auf den Therapieerfolg zurückzukommen: er ist relativ und nie absolut meßbar. Am besten kann ihn der Klient (Patient) selber beurteilen. Wer eine Psychotherapie beginnt, sollte freilich wissen, daß es dabei nicht um den Erwerb von Glück und Zufriedenheit geht, sondern darum, sich soweit zu verändern, daß man mit den äußeren und inneren Problemen des Daseins hinreichend umgehen kann. Eine erfolgreiche Psychotherapie bedeutet also nicht künftiges Wandeln in einem Rosengarten, sondern die wiedergewonnene Fähigkeit, im steinigen Gelände der Realität vorwärts zu kommen, ohne ständig zu stolpern.

Das schönste Kompliment, das ich nach abgeschlossener Behandlung von einem Klienten hörte, war dies: »Sie haben mir geholfen, mein neurotisches Unglück in gemeines Unglück umzuwandeln. Mit dem gemeinen schlage ich mich lieber herum.« Er hatte Freud gelesen.

# Literatur

*Alexander, F.:* Psychosomatische Medizin. De Gruyter, Berlin [3]1977

*Bach, G. R. / Molter, H.:* Psychoboom. Eugen Diederichs, Düsseldorf 1976

*Bräutigam, W. und Christian, P.:* Psychosomatische Medizin. Georg Thieme, Stuttgart 1975

*Freud, S.:* Sexualleben. In: S. Fischer Studienausgabe, Frankfurt/M. 1972

*Freud, S.:* Die Traumdeutung. In: S. Fischer, Studienausgabe, Frankfurt/M. 1972

*Freud, S.:* Abriß der Psychoanalyse. Fischer TB, Frankfurt/M. [26]1976

*Freud, S.:* Darstellung der Psychoanalyse. Fischer TB, Frankfurt/M. [8]1976

*Grede, K.* (Hrsg.): Einführung in die psychosomatische Medizin. Fischer Athenäum, Frankfurt/M.

*Holland, J. G. / Skinner, B. F.:* Analyse des Verhaltens. Urban und Schwarzenberg, München [2]1974

*Jores, A.:* Der Kranke mit psychovegetativen Störungen. Vandenhoeck & Ruprecht, Göttingen 1973

*Jones, E.:* Sigmund Freud, S. Fischer, Frankfurt/M. 1969

*Kanfer, F. H. / Phillips, J. S.:* Lerntheoretische Grundlagen der Verhaltenstherapie. Kindler, München 1975

*Kockott, G.* (Hrsg.): Sexuelle Störungen. Urban & Schwarzenberg, Münschen 1977

*Kiernan, Th.:* Psychotherapie. S. Fischer, Frankfurt/M. 1978

*Lewis, H. und M.:* Heilerfolge der psychosomatischen Medizin. Krankheiten und ihre seelischen Ursachen. Kindler, München 1975

*Levi, L.:* Streß – Körper, Seele und Krankheit. Musterschmid, Göttingen 1964

*Luban-Plozza, B. / Pöldinger, W.:* Der psychosomatisch Kranke in der Praxis. Springer Verlag, Berlin [3]1977

*Masters, W. H. / Johnson, V. E.:* Die sexuelle Reaktion. Rowohlt, Hamburg 1966

*Pawlow, I. P.:* Die bedingten Reflexe. Kindler, München 1973

*Perls, Frederick S.:* Gestalt-Therapie in Aktion. Klett, Stuttgart 1974

*Polster, Erving / Polster, Miriam:* Gestalt Therapy Integrated. Vintage Books Edition, 1974

*Riemann, F.:* Grundformen der Angst. Ernst Reinhardt, München [11]1976

*Rogers, C.:* Die nicht-direktive Beratung. Kindler, München 1976

*Rogers, C.:* die Klientbezogene Gesprächspsychotherapie. Kindler, München 1976

*Rogers, C.:* Encounter Gruppen. Kindler, München 1974

*Schnell, Franziska:* Psychotherapie: Wiedererleben, Erkennen, Verstehen. In: Kindlers Handbuch Psychologie, München 1982

*Skinner, B. F.:* Wissenschaft und menschliches Verhalten. Kindler, München 1973

*Stafford-Clark, D.:* Was Freud wirklich sagte, Fritz Molden, München

*Tausch, R.:* Gesprächspsychotherapie. Hogrefe, Göttingen [6]1974

*Uexküll von, Th.:* Grundfragen der psychosomatischen Medizin. Rowohlt, Hamburg 1976

*Yalom, I. D.:* Gruppenpsychotherapie. Kindler, München 1974

# Ein vollständiger Überblick über die moderne Psychologie.

»Zwischen Statistik und Seelenheil ist das Handbuch eine rechtschaffene ungeschminkte Abrechnung mit der zeitgenössischen psychologischen Forschung.
Den Autoren gelingt es immer wieder, die hochgestochene Wissenschaftsterminologie hintanzustellen und ein allgemeinverständliches, mitunter sogar spannendes Bild aus der Werkstatt ihrer Wissenschaft zu zeichnen, ohne die Richtschnur der intellektuellen Redlichkeit aus dem Auge zu verlieren.
Wie es sich für ein solches Kompendium gebührt, ist es mit einem Lexikon psychologischer Fachbegriffe, einem ausführlichen Anhang mit Literaturhinweisen und einem umfangreichen Register ausgestattet. Darüber hinaus ist der Band durchgehend mit originellen, teils farbigen Photos und Illustrationen versehen; sie verdeutlichen zusätzlich, in welchem Ausmaß die Psychologie − trotz ihrer »Unterentwicklung« − das Leben in unserer Welt schon beeinflußt hat.«
(Rolf Degen, Psychologie heute)

**Kindlers Handbuch der Psychologie**
Herausgegeben von Reinhart Stalmann.
516 Seiten, zahlreiche Fotos und Zeichnungen.

# Psychologische Ratgeber

**Legasthenie**
Herausgegeben von Michael Angermaier. Band 6306

George R. Bach / Herb Goldberg
**Keine Angst vor Aggression**
Band 3314

George R. Bach / Peter Wyden
**Streiten verbindet**
Spielregeln für Liebe und Ehe. Band 3321

Hellmuth Benesch / Walther Schmandt
**Manipulation und wie man ihr entkommt**
Band 3310

Dieter Boßmann
**Die verdammten Hausaufgaben**
Was können Eltern tun? Band 3012

Cliff Cunningham / Patricia Sloper
**Hilfe für Ihr behindertes Baby**
Früherkennung und Therapie. Band 3303

Elisabeth Dessai
**Kinderfreundliche Erziehung in der Stadt**
Band 3330

Ann Faraday
**Deine Träume – Schlüssel zur Selbsterkenntnis**
Ein psychologischer Ratgeber. Band 3306

Mechthild Firnhaber
**Legasthenie**
Wie Eltern helfen können. Band 3327

## Fischer Taschenbuch Verlag

# Psychologische Ratgeber

**Fischer Taschenbuch Verlag**

fi 8/2b

# Psychologie

Dirk Blasius
**Der verwaltete Wahnsinn**
Band 6726

Ernest Borneman
**Die Ur-Szene**
Band 6711

Hilde Bruch
**Der goldene Käfig**
Band 6744

Hans Jürgen Eysenck
**Neurose ist heilbar**
Band 6713

Ernst Federn (Hg.)
**Freud im Gespräch mit seinen Mitarbeitern**
Band 6774

Anna Freud/
Thesi Bergmann
**Kranke Kinder**
Band 6363

Georg Groddeck
**Das Buch vom Es**
Band 6367
**Krankheit als Symbol**
Schriften zur
Psychosomatik
Band 6396

Georg Groddeck
**Die Natur heilt**
Die Entdeckung der
Psychosomatik
Band 6776

Erna M. Johansen
**Betrogene Kinder**
Band 6622

Theodore Lidz
**Familie und psycho-soziale Entwicklung**
Band 6763

Margaret S. Mahler/
Fred Pine/Anni Bergmann
**Die psychische Geburt des Menschen**
Band 6731

Erich Neumann
**Kulturentwicklung und Religion**
Band 6388

Nosrat Peseschkian
**Psychotherapie des Alltagslebens**
Band 1855
**Der Kaufmann und der Papagei**
Band 3300

**Fischer Taschenbuch Verlag**

# Psychologie

Nosrat Peseschkian
**Positive Familien-
therapie**
Band 6761
**Auf der Suche nach Sinn**
Band 6770

Jean Piaget/
Bärbel Inhelder
**Die Psychologie des Kindes**
Band 6339

Theodor Reik
**Hören mit dem
dritten Ohr**
Band 6766
**Der unbekannte Mörder**
Band 6767
**Aus Leiden Freuden
Masochismus und
Gesellschaft**
Band 6768

Gitta Sereny
**Ein Kind mordet –
Der Fall Mary Bell**
Band 6721

A. C. Robin Skynner
**Die Familie.
Schicksal und Chance**
Band 6729

Stuart Sutherland
**Die seelische Krise**
Band 6720

Thomas S. Szasz
**Psychiatrie**
Band 6389
**Recht, Freiheit und
Psychiatrie**
Band 6722
**Schizophrenie**
Band 6743

Birgit Volmerg/
Ute Volmerg/
Thomas Leithäuser
**Kriegsängste und
Sicherheitsbedürfnis**
Band 6772

Claire Wesley/
Frank Wesley
**Die Psychologie
der Geschlechter**
Band 6728

Rainer Winkel
**Pädagogische Psychiatrie
für Eltern, Lehrer und
Erzieher**
Band 6709

Lew S. Wygotski
**Denken und Sprechen**
Band 6350

**Fischer Taschenbuch Verlag**

# Kranke Umwelt –
# kranke Gesellschaft

**Fischer Taschenbuch Verlag**

fi 30/1

# Sozialwissenschaften

Howard S. Becker
**Außenseiter**
Zur Soziologie abweichen-
den Verhaltens
Band 6624

Daniel Bell
**Die Zukunft der
westlichen Welt**
Kultur und Technologie
im Widerstreit
Band 3411

Peter Berger/
Thomas Luckmann
**Die gesellschaftliche Kon-
struktion der Wirklichkeit**
Eine Theorie der
Wissenssoziologie
Band 6623

Gisela Bleibtreu-Ehrenberg
**Homosexualität**
Die Geschichte
eines Vorurteils
Band 3814

Ernest Borneman
**Das Patriachat**
Band 3416

Wilfried Gottschalch/Marina
Neumann-Schönwetter/
Gunther Soukop
**Sozialisationsforschung**
Materialien, Probleme, Kritik
Band 6503

E. Heller
**Wie Werbung wirbt:
Theorien und Tatsachen**
Band 3839

Kurt Jürgen Huch
**Einübung in die
Klassengesellschaft**
Band 6276

Erna M. Johansen
**Betrogene Kinder**
Eine Sozialgeschichte der
Kindheit
Band 6622

Gerhard Kraiker
**§ 218 – Zwei Schritte vor-
wärts, einen Schritt zurück**
Eine Analyse der Reform des
§ 218 in der Bundesrepublik
Deutschland
Band 3835

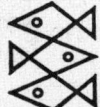

# Fischer Taschenbuch Verlag

# Neil Postman

## Das Verschwinden der Kindheit

*Aus dem Amerikanischen von Reinhard Kaiser*
*191 Seiten. Broschur*

Dieses Buch bricht den faulen Frieden, den die Erwachsenen mit der Gleichgültigkeit geschlossen haben, um die Welt bis in die Nischen hinein nach ihrem Bilde einzurichten. Es handelt von dem vielleicht folgenschwersten kulturellen Kolonisierungsunternehmen in der Gegenwart: der Zerstörung der Kindheit durch Mißachtung oder Destabilisierung ihrer Spielräume, ihrer inneren Geschichte und ihrer spezifischen Zeitrechnung. Brisant ist nicht nur Postmans (gut belegte) These, daß in der abendländischen Zivilisation die Idee der Kindheit im Verschwinden begriffen sei, sondern auch seine intelligente Analyse der elektronischen Medien, die er als die machtvollen Beschleuniger dieser Entwicklung bestimmt. Postmans Kritik gilt der Allianz von Kommerz, Ideologie und Gedankenlosigkeit gegen die Ansprüche der Kinder auf eine eigene, freie Lebenszeit: auf die Kindheit nicht als eine biologische, sondern vielmehr als eine kulturelle Erfahrung. Die Vorstellungs- und Empfindungswelt der Kindheit ist endgültig dann abgeschafft, wenn die Kinder und Jugendlichen nur noch zu Erwachsenen-Wünschen fähig sind.

## S. Fischer

fi 318/1